全面依法治国视域下
商事仲裁机构法人论

刘君之 著

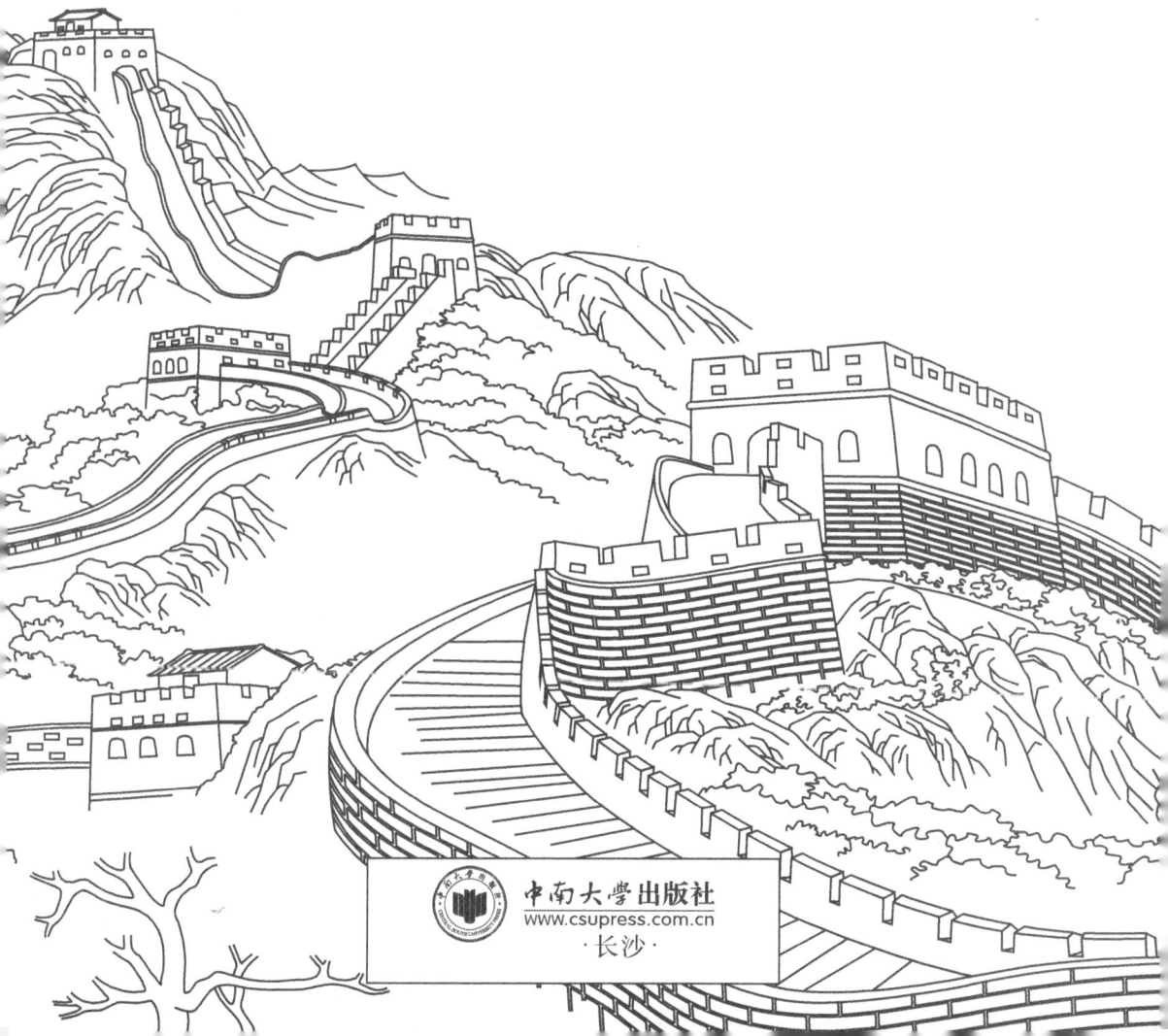

中南大学出版社
www.csupress.com.cn
·长沙·

图书在版编目(CIP)数据

全面依法治国视域下商事仲裁机构法人论 / 刘君之
著. --长沙:中南大学出版社,2025.4.
ISBN 978-7-5487-6102-0

Ⅰ. D926.12

中国国家版本馆 CIP 数据核字第 20246NL482 号

全面依法治国视域下商事仲裁机构法人论

QUANMIAN YIFA ZHIGUO SHIYU XIA SHANGSHI ZHONGCAI JIGOU FARENLUN

刘君之　著

□出 版 人	林绵优	
□责任编辑	浦　石	
□责任印制	唐　曦	
□出版发行	中南大学出版社	
	社址:长沙市麓山南路	邮编:410083
	发行科电话:0731-88876770	传真:0731-88710482
□印　　装	广东虎彩云印刷有限公司	

□开　　本	710 mm×1000 mm 1/16	□印张 12.75	□字数 227 千字
□版　　次	2025 年 4 月第 1 版	□印次 2025 年 4 月第 1 次印刷	
□书　　号	ISBN 978-7-5487-6102-0		
□定　　价	68.00 元		

前言 ◁ **Preface**

    提高仲裁公信力，推进仲裁机构的法人规范化体系建设是依法治国背景下促进仲裁事业健康发展的要求。当前我国仲裁事业改革步伐不断加快，对仲裁机构在尊重当事人意思自治的基础上，有效便捷地定纷止争，以及依法独立地开展工作、治理结构优化、仲裁制度改革创新提出了更高要求，更加强调仲裁机构的法律服务非营利性法人法律地位，这是仲裁机构设置的基础。长期以来，我国仲裁机构的法律地位和属性始终较为模糊，缺少统一权威的结论，仲裁机构在组建方式、性质定位、管理等方面没有摆脱行政权力的干预，存在与政府的隶属关系，成为仲裁事业健康发展的障碍，推动仲裁机构法人制度的完善势在必行。在理论意义方面，对仲裁机构法人开展研究有助于明确我国仲裁机构的法律地位，丰富仲裁机构法人理论的研究成果；在现实意义方面，有助于深化仲裁机构的改革，提高仲裁机构的治理和监管效能，强化仲裁机构的法律服务属性。

    契约性、自治性、公益性是仲裁法的本质。在计划经济条件下，仲裁机构法人制度与计划经济是一种依附关系，仲裁机构法人体现出较浓郁的行政化色彩，即仲裁机构是国家行政机关。市场经济环境下的仲裁有助于维护公平的市场交易，优化市场资源的配置，在市场资源的配置与交换过程中，纠纷和争议的产生为仲裁的产生提供了土壤。仲裁机构法人地位的目的性价值体现在公平、效率和秩序，仲裁机构法人地位的工具性价值体现在实现当事人意思自治、形成仲裁的公信力。在保障法人独立地位的前提下，仲裁机构以当事人意思自治的合法性和合理性作为基础和前提，同时基于公正和正义，行使其自治权；明确仲裁机构法人定位有利于仲裁机构去行政化，推动仲裁机构的正本清源。

通过对我国 203 家仲裁机构的独立性进行测度发现，我国仲裁机构的独立性总体不足，主要体现在：仲裁机构的性质主要为事业单位和参公单位；仲裁委员会主任主要由政府官员兼职担任；仲裁机构的登记管理机关主要为市政府及其办公室、法制办与司法局；仲裁机构的经济来源大多依靠财政全额或差额拨款；仲裁机构的人员构成以行政和事业单位成员为主。一线城市仲裁机构的独立性指数最高，事业单位和参公事业单位的仲裁机构独立性指数较低，而"社会组织与社团法人、法律服务机构、企业"的独立性指数较高。我国仲裁机构法人地位的现实困境为仲裁机构性质模糊，《中华人民共和国仲裁法》(以下简称《仲裁法》)的制定未明确仲裁机构的性质，仲裁机构与政府的关系模糊不清，仲裁机构与行政和事业单位的边界不确定。仲裁机构在组织体系设置、管理、财务、人事管理、监督等方面缺少独立性。仲裁机构法人治理错位，仲裁机构内部治理不到位，外部治理法治化不足。仲裁机构法人地位存在问题的原因为：市场经济转型环境导致政府对仲裁机构经费和财务管理、人事管理的介入过多，地方政府将仲裁机构的设立作为政绩指标；全社会缺乏对仲裁的正确认知，仲裁机构自身对仲裁作为法律服务的本质认识不够；仲裁机构设立和运行主体不规范，仲裁机构由政府主导设立，缺乏仲裁机构的退出机制；仲裁机构的运行机制和监督制约不完善，仲裁委员会的角色定位模糊，仲裁机构的运行机制、监督制约不健全。

从国际仲裁机构法人的法制史来看，仲裁机构法人起源于商事贸易的发展，在民间商人的自觉推动下，仲裁机构成为民事主体，在国家强制力的保障和推动下仲裁机构在法律上的人格化，确立了法人地位，并在全球经济一体化的作用下，使其法人地位不断巩固。从国内仲裁机构法人的法制史来看，我国 1986 年建立法人制度后至 1995 年《中华人民共和国仲裁法》出台期间，仲裁机构完全依附行政机关，其机构往往下设在行业行政管理部门，具有较强的行政化特点。《仲裁法》出台后，虽然仲裁机构的法人定位仍然以事业单位为主，但已出现了社会组织、社团法人、法律服务机构、公司等少数其他类型的法人，我国仲裁机构的法人定位正朝着多元化、非行政化的方向发展。通过仲裁机构法人地位的比较法考察，具有明确的法人地位、"非营利性"是其法人的共同属性、法人具有较强的独立性、提供公益性的仲裁服务、广泛参与市场竞争是国外仲裁机构法人地位对我国的重要启示。大陆法系国家和地区仲裁机构的法人定位主要是为了遵循传统的《中华人民共和国民法典》的法人分类方式，以社会团体为主；英美法系的国家和地区大多将仲裁机构定位为公司，但是公益性的性质。无论是大陆法系还是英美法系的仲裁机构，其法人定位均为非营利性的。国外仲裁机构法人的独立性体现在不受政府的行政权力干预，其在收费、人事安排、仲裁程序、规则和组织机构等方面的独立性则体现在当事人可以自由地选择仲裁员、仲裁地，自主地选择和组建仲裁庭，选择仲裁规则等。专业的仲裁服务是大陆法系和英美法系仲裁机构的共同特点，这些专业的服务基于其公益性的法人定位。对比国外仲裁机构的法人地位，我国应进一步明确仲裁机构的法人地位，消除其行政色彩，避免仲裁机构的行政化，不断完善仲裁机构章程和组织机构建设，明确法人能力、财产和责任，建立仲裁机构的决策、执行、监督权力制衡机制，全面加快法人制度建设进程，使其在市场竞争中发挥更广泛的社会公益性法律服务作用。

仲裁机构作为民事主体，意思自治与公信力要求其具有独立人格，以及独立的民事权利和行为能力，独立承担责任，这决定了其成为法人的必然性。由于仲裁非全民公益性的需求、仲裁可通过市场作用完全实现资源配置、事业单位分类改革中没有与其对应的法人类型，我国仲裁机构不应该定性为事业单位法人；由于仲裁机构非依法行使国家权力机构、经费非全部由国家预算拨给，我国仲裁机构不应该定性为机关法人；由于仲裁机构不实行会员制、与"会员利益和意愿"的设立基础不符，我国仲裁机构不应该定性为社会团体法人；由于在我国民间组织非严格的法律概念、民间组织缺少相应的立法，民间组织发展基础薄弱，将仲裁机构法人定性为民间组织也欠妥。考虑到仲裁机构具有非营利性、非政府性、组织性、自治性等特征，仲裁机构法人地位的定性方向应为非营利法人。"公益性"永远是仲裁应秉持的重要标准，仲裁服务化的观念也是仲裁的精髓所在。考虑到仲裁机构提供社会公益性法律服务，我国仲裁机构法人可定位为非营利法人，并建议为公益性社会服务机构法人。该定位符合《中华人民共和国民法典》对非营利法人、社会服务机构法人的种类划分，有助于明确仲裁机构法人的独立性和社会功能，有助于仲裁机构在仲裁协议的效力确认、仲裁程序、财产保全等方面的独立性，有助于仲裁机构推进内部结构治理，并形成外部的有效监督，有助于尊重当事人的合意与自治，为解决商事主体当事人的纠纷提供便捷高效的途径。

我国仲裁机构法人规范体系的建设应规范仲裁机构法人设立条件和法人人格的取得，在依法的基础上，拥有自己的名称、组织机构、住所、财产或者经费，能够独立承担民事责任，不应由秘书处进行法人登记，由秘书处担任法人，而是应探索将委员会作为法人登记注册的主体。明确仲裁机构不能变更法人性质和进行法人分立，允许其进行法人合并，可自行解散、破产与合并实现终止，仲裁机构的终止需要政府部门或法院介入。当事人的自治与合意是仲裁机构权利产生的源头，契约自由权是仲裁机构权利产生的基础，仲裁机构的本权利是自治权。在仲裁机构经过核准登记后，其就会拥有独立的主体资格。应明确法人财产的独立性和公益性、法人产权的积极外在性和不可转化性。在法人责任方面，仲裁机构法人应承担民事与刑事责任，且承担有限民事责任。在法人组织机能方面，仲裁机构应具有完整地反映法人意志的组织机能，以及独立的组织形式，法人组织机构内部相互作用并明确分工。应进一步完善仲裁机构法人内部治理结构，完善仲裁机构的决策及执行职能，实现仲裁机构的决策职能，加强秘书处的执行职能；加强仲裁机构权力制约，加大对仲裁委员会工作效率的监督，建立信息披露制度，加强以专家治理为主体的内控机制建设；理顺仲裁委员会与仲裁庭的管辖关系，仲裁管理权作为仲裁权的重要组成部分应还予仲裁庭，使仲裁庭对仲裁协议的有效性作出决定。出于对效率的考虑，仲裁委员会可以对仲裁权的异议进行审查，但最终决定权还是应由仲裁庭行使；明确仲裁机构与仲裁员的契约关系，改进仲裁委员会对仲裁员名册的权限，将现有的"强制名册"去名册化，改为"推荐名册制"。

推进仲裁机构法人制度的完善及衔接的途径为加强仲裁机构法人制度的立法与衔接。通过《仲裁法》明确仲裁机构法人地位，并理顺《仲裁法》与部委、地方政府法规政策间的关系。推进全国人大执法对仲裁机构法人制度开展检查。对仲裁机构落实仲裁法要求的独立性情况、办案程序和自身建设、与政府及组成部门的关系开展检查。构建独立的外部治理体系，推进政府监督由直接"干预"向"准入式"过程监督转变，推进司法监督由程序和实体的双重审查转向程序单一审查，加强社会监督。强化仲裁机构行业自律，建立中国仲裁协会。推动仲裁制度全面深化改革，加强仲裁机构的自治化程度，提高仲裁机构的专业化水平，推进仲裁机构的社会化进程，加强对仲裁制度的正确认知，推动仲裁机构广泛参与国际竞争。

目 录 ◁▌Contents

第 1 章
绪　论

1.1　研究背景及意义

1.1.1　研究背景

1.1.1.1　仲裁机构拥有独立法人地位是仲裁健康发展的需要

现代仲裁制度本身源于市场经济，以市场主体的需求为导向而产生。仲裁作为一种灵活的纠纷解决方式，以及居中定纷止争的形式，其产生与发展的土壤是市场经济，并随着贸易的频繁而日益完善。仲裁机构本身也参与市场竞争，依靠当事人的选择来获得发展。仲裁机构建立在双方当事人自治与合意的基础上，采取灵活的裁决方式，要求其有必要通过市场化来满足当事人争议和纠纷解决的需要。实现资源配置的优化，促进商品流通和公平交易是市场经济发展的基础。仲裁是市场经济发展中的制度性要素，是一种基于自愿的居中公断，其异于审判与强制调解，具有裁决终局性特点。仲裁的出现为当事人提供了更加便捷的纠纷解决方式，促进降低当事人纠纷解决的交易成本，有助于市场资源的优化配置。与司法和行政权力相比，仲裁不以社会权威为基准，其将第三方的裁决作为纠纷矛盾解决的方式，是一种双方自愿的公断方式，这就要求仲裁机构必须具有独立法人地位。仲裁被全球的贸易所认可，其依托当事人的意思自治,与司法审判相比具有便捷、高效的优势,是市场经济发展的重要助手。为了加快仲裁机构的发展,增强仲裁的独立性和公信力,2018年12月31日,中共中央办公厅、国务院办公厅出台了《关于完善仲裁制度提高仲裁公信力的若干意见》,旨在建立行政指导和行业自律相结合、以仲裁机构独立法人地位为基础的仲裁发展模式,充分发挥仲裁在矛盾调解中的作用,构建多元化的矛盾和纠纷调解,服务经济社会发展大局。然而长期以来,由于我国仲裁机构缺少明确的法人地位,在组织机构设置、人事和财务管理、内部和外部治理等方面仍然存在严重的行政化倾向,不仅导致仲裁机构的公信力受到影响,也降低了我国仲裁机构的国际影响力。因此,只有赋予仲裁机构独立的法人地位,解决仲裁机构"是否是法人""是何种类型的法人"的问题,才有助于构建规范的法人体系,推动仲裁制度的完善,形成仲裁制度健康发展的内生动力,推动仲裁制度改革。

1.1.1.2 仲裁机构的法律地位和属性模糊

仲裁机构解决纠纷的角色必须是"第三方"。仲裁来源于当事人的意思自治,并且属于"非司法"程序。仲裁作为一种解决民间商事争议和纠纷的制度,拥有悠久的历史。学者们认为,商业仲裁是伴随着商业活动发展起来的,自古以来就有"公同议罚"和"同业公议"等定纷止争的方式来处理和解决矛盾,在古代的"调节""公断"基础上,随着市场经济的快速发展,逐步形成了现代的仲裁制度。20世纪50年代以来,利用仲裁的手段解决商事纠纷和争议在国外发展迅速,西方各国相继颁布了《仲裁法》。与传统的诉讼相比,仲裁具有裁决方式灵活、基于当事人双方自愿、公平公正、效率较高的优点,其裁决易得到全球其他国家法院的认可,故而成为一种高效的商事纠纷争议解决机制,得到众多国家和商事主体的推崇。1958年,联合国通过了《承认和执行外国仲裁裁决的公约》(以下简称《纽约公约》),《纽约公约》中对缔约国承认与执行其他国家仲裁的义务和条件进行了规定。当前,全球经济一体化不断推进,商事主体间的来往日益密切,仲裁也被广大商事主体所认可,通过仲裁制度解决纠纷已成为国际贸易的主要做法。我国仲裁走出国内、走向全球,更广泛地参与全球商事仲裁的步伐不断加快。根据我国《仲裁法》,由仲裁机构负责受理平等主体间产生的合同及其他财产权益纠纷。法律地位是仲裁机构法律上的"人格",是作为一个法律上人的资格,是仲裁机构行使权力、履行义务的法律场面的条件。然而长期以来,我国各地仲裁机构(仲裁委员会)作为"从事仲裁活动的机构"的法律地位和属性问题始终缺少权威的定论。仲裁机构的法律地位是一种法律人格的"拟制",是仲裁机构的特点、任务在法律上的体现,仲裁机构法律地位是其区别于其他社会组织之所在。

1.1.1.3　仲裁机构的行政化严重

我国仲裁机构的发展有着自己特定的历史轨迹。① 在决定建设社会主义市场经济体制之后,为了更广泛地参与国际合作,更好融入全球贸易,我国颁布了《仲裁法》。为贯彻实施《仲裁法》,重新组建独立于行政机关的仲裁机构,国务院办公厅相继颁发了《关于做好重新组建仲裁机构和筹建中国仲裁协会筹备工作的通知》(国办发〔1994〕99 号)、《关于进一步做好重新组建仲裁机构工作的通知》(国办发〔1995〕38 号)等文件,要求"仲裁机构重新组建工作由省、自治区和有关城市人民政府的法制局(办)牵头",由地方人民政府负责组建。然而,自《仲裁法》颁布 20 多年来,全国各地的地方政府不仅负责组建仲裁委员会,还参与仲裁委员会的主任任命、经费拨付及监管、人事管理等具体工作事项之中。仲裁机构的独立性不足,经费来源于财政拨款,事业编制人员、公务员在其人员构成中占有较大比重,仲裁委员会的主任通常为政府官员。纵观所有的法律和政策,只有《仲裁法》提出了仲裁机构与行政机关没有隶属关系,种种现象表明,我国仲裁机构远远不像《仲裁法》和中央文件要求的那样,"独立于行政机关,与行政机关没有隶属关系"。

因此,对我国仲裁机构法人制度进行研究的重要动因在于仲裁机构的行政化严重。自产生伊始,我国仲裁制度就是在对苏联的仲裁制度进行模仿的基础上建立的。目前《纽约公约》成为各国仲裁界的重要遵循,并赋予了仲裁机构的独立法人地位。但由于我国的商事仲裁在 20 世纪 90 年代才步入法制化的轨道,与国外的仲裁机构相比,我国仲裁机构与行政机关相伴生,受行政权力的干预较大。近年来,随着我国市场经济的快速发展,特别是我国加入 WTO 以

---

① 根据《经济合同法》(1982 年)、《经济合同仲裁条例》(1983 年)、《技术合同法》(1987),我国的仲裁机构起源于行政仲裁,工商局下设工商局经济合同仲裁委员会,由经济合同仲裁委员会行使国家授予的经济合同纠纷的仲裁权,仅有少量对外的仲裁委员会作为国际仲裁窗口。技术合同纠纷由国家科委部门负责行政仲裁,房产纠纷由国家房产管理部门负责行政仲裁。

后，更广泛地参与国际贸易合作，仲裁这种公立居中的纠纷解决方式在商事贸易中的作用更加突显。相对于国外与行政权力的完全脱离，我国仲裁机构只有进一步增强独立性，才能够广泛参与和解决国际商事纠纷事务。《仲裁法》规定"仲裁依法独立进行，不受行政机关、社会团体和个人的干涉"。中共中央办公厅、国务院办公厅印发的《关于完善仲裁制度提高仲裁公信力的若干意见》（中办发〔2018〕76号），明确提出"仲裁委员会独立于行政机关，与行政机关没有隶属关系，不得将仲裁委员会作为任务部门的内设机构或者下属单位"。当前，推进仲裁机构的改革，消除仲裁机构的行政化色彩已成为学者们的共识。学者们认为，《仲裁法》的深入实施，以及事业单位改革的加快都成为推动仲裁机构独立性的因素。但是仲裁机构在组建方式、性质定位、财务和人事管理等方面仍然笼罩在行政权力之下，成为仲裁事业健康发展的障碍。仲裁机构的独立性缺失更容易造成行政权力对仲裁机构的干预，导致以权谋私、不公正裁决、侵占机构利益等情况的出现。仲裁的根本价值在于"公平和效率"，作为通过当事人的权利让渡与处分来进行定纷止争的重要工具，保持独立性是公平仲裁，提高仲裁公信力的关键。纵观西方国家的仲裁机构，大多以民间性、独立性和公益性作为本质属性，仲裁机构具有较强的自主权，对于行政权力没有依赖，行政权力对仲裁机构也没有干涉。而当前我国仲裁机构的法人制度建设与国外仲裁机构的独立性和民间性大不相同，我国仲裁机构的行政化不但体现在定位和性质上，更体现在仲裁机构的日常运营和管理上。不受行政权力干涉，推动仲裁机构法人规范体系建设，消除行政化，是增强仲裁机构独立性的前提。

1.1.1.4 推动仲裁机构法人制度的完善势在必行

2018年8月24日，习近平总书记在中央全面依法治国委员会第一次会议上指出："要加快建设覆盖城乡、便捷、高效、均等普惠的现代公共法律服务体系，统筹研究仲裁等工作改革方案，让人民群众切实感受到法律服务更加便捷。"仲裁不仅是我国法律服务与国际化贸易纠纷解决方式的接轨，也是构建完善的社会主义制度的重要因素，完善仲裁制度，打造具有国际影响力的仲裁机构，对于提升我国经济外向发展水平具有重要意义。提高仲裁的公信力，加快仲裁机构法人制度的完善进程，构建社会服务机构法人是新时代中国特色社会主义事业发展对仲裁机构提出的新要求。然而长期以来，虽然我国的《仲裁法》及相关的文件都对仲裁机构的改革及仲裁委员会、仲裁协会做出了要求，但是对于仲裁机构的法律定位和属性尚没有明确规定。由于仲裁机构法律定位不清、法人制度不健全导致仲裁机构与政府的关系模糊不清、仲裁机构内部治理与外部体制理顺不清、仲裁机构与行政和事业单位的边界划分不明确等问题仍然突出，不仅违背了《仲裁法》的立法初衷，也限制了仲裁机构自身的发展，影响仲裁机构与市场的接轨。仲裁机构改革与法律地位确立不仅是所有改革的关键，也是回应党的十八届四中全会提出"完善仲裁制度，提高仲裁公信力"的改革任务的"牛鼻子"。当前我国仲裁机构的改革步伐不断加快，要想实现我国仲裁机构与国际的密切接轨，应使得仲裁机构独立于政府，与政府没有隶属关系，能够独立地享有权利和承担义务，秉持公益性和非营利性。

1.1.2 研究意义

1.1.2.1 理论意义

(1)有助于明确我国仲裁机构的法律地位。

目前学术界对仲裁机构的法律定位开展了系列研究，并对仲裁机构的民间性、公益性、非营利性等诸多特征进行了探讨，关于仲裁机构的法律定位有诸如"事业单位、社会团体、民间组织、中介机构、非营利"等学说，但是从总体上看，这些现有的学说有的以偏概全，有的对概念的界定不清晰，缺少针对性和可操作性，特别是这些学说没有明确仲裁机构"是否是法人""应为何种类型的法人"等问题。为社会提供法律服务是世界各国仲裁机构基本职能的体现，纵观大陆法系和英美法系的仲裁机构，无不是按照国际通用法人的分类，属于非营利性组织。基于这一性质及定位，笔者认为，我国仲裁机构的法人定位应朝着"公益性社会服务机构法人"的方向发展，摆脱与政府的直接管理关系，政府主要对仲裁机构进行指导与监督，而不是直接参与具体事务的管理。仲裁机构的法人性质、人员构成、财务和人事管理等方面应该体现出独立性，不应该受到行政权力的影响。只有保障这些方面的独立性，才能够增强我国仲裁机构的公信力，更好地融入国际商事事务中。对我国仲裁机构法人制度存在的不足，特别是对仲裁机构的行政化问题进行分析，这对发展我国现代商事仲裁制度具有重要意义。

(2)有助于丰富仲裁机构法人理论研究成果。

对于仲裁机构法人制度的研究，目前学界尚无明确研究，涉及的相关文献也较少。在此背景下，对我国仲裁机构的法人开展研究所依托的理论基础和现有文献较少，是一种创新性的尝试。但在我国仲裁机构全球化接轨的当下，对我国仲裁机构法人制度开展研究和探讨，对于明确我国仲裁机构的法律地位具有重要意义。要有效地推进我国仲裁机构法人制度的完善，首先要明确的问题就是仲裁机构的性质和定位，这直接决定着我国仲裁体制改革的方向与成败。目前纵观整个国际商事仲裁法学界，只有中国学者更加热衷对仲裁机构"姓公"还是"姓私"开展探讨，并对仲裁机构是否具有法人地位、怎样的法律定位进行争论。仲裁机构的法人定位直接关系其是否能够独立享有权利、承担义务和责任，以及仲裁庭是否能够做出公允的裁决，因此完善和丰富仲裁机构法人理论是本书研究的重要意义。

1.1.2.2 现实意义

（1）有助于深化仲裁机构的改革。

构建更加完善、更加具有公信力的仲裁机构是仲裁机构改革的目标。但是如果无法明确仲裁机构的法人地位，则会使得仲裁机构的改革成为无源之水，缺少改革的方向。本书通过研究，明确我国仲裁机构的法人定位，不仅使得仲裁机构的法人定位不再摇摆不定，也为仲裁机构的改革提供明确的途径选择。公益性社会服务机构的定位既符合我国仲裁机构"去行政化"的改革方向，又有利于提升我国仲裁机构的国际化水平。目前非营利机构相关理论已在我国卫生领域和科研领域的改革上获得了广泛的应用，通过非营利机构理论的引入，明确了一些医院和科研机构的属性，但是非营利机构理论与仲裁机构的结合并不密切，对仲裁机构改革缺少指导。本书以非营利机构理论为基础，不仅对我国仲裁机构的社会服务机构法人开展研究，也将对我国仲裁机构的改革提供方向性的指导，推动我国仲裁机构广泛参与国际商事贸易事务，加强仲裁输出。

（2）有助于提高仲裁机构的治理和监管效能。

纵观国内外，无论是何种性质和定位的仲裁机构，建立有效的监督机制，形成高效的治理结构都是对仲裁机构的必然要求。当前，推进仲裁机构去行政化已是大势所趋。然而，在仲裁机构正本清源的过程中，除了政府减少行政手段的干预，更要求仲裁机构构建完善的监管和治理机制。仲裁机构的去行政化并不是说任其自由发展，而是需要以构建完善的外部治理体系为前提。从本质上看，仲裁机构治理的完善就是处理好仲裁机构内外部的关系，在此基础上提高仲裁机构的公信力，明确其公益性和非营利性质，加强人、财、物的管理和内控，进一步促进"仲裁三率（及时结案率、调解结案率和自动履行率）"的提升，构建高效的纠纷解决机制。

（3）有助于强化仲裁机构的法律服务属性。

仲裁机构的法律服务属性是契约理论的具体实践，作为区别于诉讼与审判、强制调解的一种自愿型公断方式，仲裁与契约理论所强调的平等、自愿、自由等特征相符合。然而长期以来，由于法律定位的不清晰，使仲裁机构在受行政化影响的前提下，影响了独立性和法律服务属性的实现。因此，本书在由浅入深、由表及里地对仲裁机构现有问题进行分析的基础上，建议仲裁机构定位为公益性社会服务机构法人，并提供了相应措施作为支撑，有助于在塑造仲裁机构公信力的基础上，进一步增强其法律服务属性，使仲裁机构朝着非营利性法人的方向发展，并建议向"公益性社会服务机构法人"的方向发展，逐步实现与政府脱钩，全面推进仲裁机构实现自治与合意下的纠纷有效解决。

1.2　研究综述

1.2.1　国外研究综述

1.2.1.1　关于法人的相关研究

一是关于法人概念的研究。"法人"一词来源于德语"juristische person"，原义是"法律上的人"，是由德国学者萨维尼（1840）在《现代罗马法体系》中提出的。法人的概念来源于"非独立的共同体"（如殖民地等），而后向教堂、手工业社会组织、社会团体等实体主体靠拢。17世纪后期，贸易团体的快速发展成为法人制度最终产生和完善的土壤。法人的本质和核心问题是社会组织获得民事主体资格的"主体性"问题。Heise（1898）将法人的概念界定为"在某一个国家范围内，除自然人外可被承认的能够作为权利主体的一切事物称之为法人"。Wening-Ingenheim在此基础上，将法人定义为："所有能够被承认的权利主体都可以是法人。"英美法人理论则认为，法人必须以社团的形式存在，人或财产的结合体构成了法人。法人概念与财产的关系奠定了英美法人理论的基础，以萨维尼为代表的现代法人理论认可这种观点。在大陆法国家和地区，法人概念的标准不以其成员是否承担责任为唯一特征。Anna Yeatman 对大陆法系的《德国民法典》中的法人概念进行了研究，认为法人成员应承担无限责任，不应担任有限责任。虽然在法国的商法典中明确了公司法人的有限责任，但是也肯定了其他各类责任形态的商事组织的主体地位。

二是关于公法人和私法人的研究。关于公法人和私法人的划分，有"目的说""主体说""生活关系说"等不同的理论来源，这些学说分别将公法人和私法人从公益性的服务、法律主体的性质、规定权力关系、公共生活关系等方面进行了区分。公法人和私法人分别以保护公共利益和私人利益为目的，以是否为"公共团体"来判别公法人和私法人，以两者是权力关系与对等关系来区别公法人和私法人。Werner Thieme 等德国公法学者认为："公法学所强调的主体概念，是随着国家法人而发展起来的。"Domke 和 Cohn 等学者认为，公法人和私法人呈现对立的关系，公法人的法人人格更注重人格独立，以及作为行政分权的手段，而私法人的法人人格更注重其产权、收益权、使用权责任的承担，仲裁机构应为公法人。Ferraro 等学者认为，公法人依附国家公权力而设立，具有一定的强制性，而私法人则是基于意思自治的基础上，是自发成立的。总体上看，学者们普遍认为公法人的权力是国家赋予的，其具有较为独立自主的法人人格，表现为公法人的团体。公法人的行为虽具有强制性，但国外对于公法人权力行使的限定性更强，对其法律行为有效性的要求也较为苛刻。

三是关于法人价值的研究。目前关于法人价值的学说主要有"法人拟制说""法人实在说""法人否定说"三类主要学说。"法人拟制说"强调法人作为一个独立存在的实体，强调法人与自然人的平等。"法人实在说"认为民事权利主体应建立在自然人基础上，非自然人是由于在法律的约束下，使其拟制为自然人。德国法学家萨维尼是法人拟制说的代表，他认为，民事权利的主体应以自然人为限。"法人否定说"认为，法人的概念并不存在，只是由不同的个体组织的集合，而所有具体的社会事务都可以划分为组织每个个体的事务。虽然"法人否定说"有一定的标新立异和创新价值，但是其对于共有财产与法人财产划分不清，导致"法人否定说"并没有得到发展。纵观法学的发展历史，随着社会的发展，"法人拟制说"依托其通俗性和通用性，以及对法律事件的解释等方面，均要比"法人实在说"具有较大的优势，有助于社会人格化。因此，本书以"法人拟制说"作为理论基础。

1.2.1.2 关于法人制度的研究

BATIA M. WIESENFELD(2008)认为：法人制度是对法人设立、变更、终止、能力、财产、责任等方面内容的制度固化。EA Lange(2018)认为：法人是与自然人相对立的概念，与自然人相比，法人是具有独立的财产，集合的民事主体，是参加民事活动的组织。法人是社会组织法律上的人格化，拥有独立的财产是其实质主体，也是独立法人的标志。Smith(2014)认为："法人制度建设是由自然人向法化深化的一种过程和趋势。公益部门的法人制度建设是指其依法成立的，由政府所设立的机构，所拥有和强化法律地位的过程。"S. T. Perrone(2010)认为："法人制度建设是个动态的过程，法人制度建设是某一组织赋予法人资格、引入新组织运作方式的过程"。日本的一般法人通常是"社会团体法人"和"财团法人"的统称，日本的法人制度强调法人的独立人格获得，日本《一般法人法》不禁止所有法人类型从事收益性事业。津田利治(2003)认为，日本的非营利法人类型体系中设立"一般性的非营利法人类型"，在于区分推动公益性法人的层次化设置。松本烝治(1904)首次提出了法人的"利益分配说"，他认为：营利法人包括了以营利为目的的社会团体，同时商事公司从事公益性活动也具有非营利法人的属性。森泉章认为：日本在某些领域的法人制度不完善，主要表现为一些同窗会、爱好者协会、社会志愿者好友会等从事公益性活动的团体缺少法人资格，使得不利于这些社团公益性的发挥，以及正当权益的获得。相泽哲等学者则认为：在赋予特殊公益性法人与一般非营利法人同等的财产使用自由的同时，应进一步保障公益性法人不会滥用权力，并应加强公开章程、预算的审查。神作裕之认为：非营利机构法人制度建设的关键在于其进行公益活动的同时，保障其产权及收益权的完整。非营利法人并不代表其不能拥有收益，重点在于其收益不能进行分配，只能用于机构自身的发展壮大。龙田节等学者对日本的《民法》第 34 条进行了研究，认为目前日本对公益法人的"学术、技艺、宗教、社会福祉"法人的类型划分不合理，应在消除公益性法人设立采许可主义的同时，进一步加强公益法人人格的保护，使不属于上述类型的法人权益也能够得到保护。星野英一认为日本的《中间法人法》扩大了公益性法人的概念范围，可以将所有以社会成员为共通利益而设立的，不以分配利润为目的的团体纳入中间法人，获得法人资格。松井英树认为：一般社团法人的社员仅负有经费支出的法定义务，并可将该义务在章程中进行书面化表述。来住野究认为：法人制度建设的核心在于推进法人格的获得与法人的公益性判断相统一，应理顺法人资格的获得与公益性判断的关系，使得更多的公益机构具有法人人格。高鸟正夫认为：法人制度建设有助于使行使公益性职能的行政机关具有法人资格，增强这些机构的自主性发展地位，减轻政府的支出负担。能见善久等学者则认为：对权力和行为能力的赋予是法人制度的核心要义。

1.2.1.3 关于仲裁机构性质和法律地位的研究

一是仲裁机构性质的研究。长期以来，对于仲裁机构的性质问题，学者们一直没有达成统一的观点，因此对于如何进行性质的界定也缺少相关权威性的论述。但可以根据 Andrew Tweeddale 的《仲裁法的实践方法》、Ronald Bernstein 的《仲裁实践手册》、Lars Heuman 的《瑞典仲裁法实务与程序》等对仲裁本身的论述，来管窥学者们对于仲裁机构性质的观点。美国学者 Gray B. Bom 认为："仲裁是在尊重当事人自愿的原则下，由第三方无相关利益关系的主体进行争议和纠纷解决的方式。"他认为，仲裁具有非官方性质，是由民间主体进行裁定的一种纠纷解决方式。又如法国学者 Philippe Fouchard 认为："仲裁是指解决不同当事人间的纠纷和争议的工具，由被委任的责任主体根据相关的私人协议依法进行决断，而非国家公权力机关的干涉。"Nadia Darwazeh 等学者认为仲裁机构的法律性质与市民社会的发育程度密切相关，随着市民社会的发育和成熟，应不断推进仲裁机构由官方控制转变为民间性质，使仲裁成为一种商事主体的自发行为。James J. Fishman 认为仲裁机构的性质起源于商品经济，随着商品的生产和交换日益频繁，促进了居中仲裁活动的产生，其自由商业性要求其性质定位应是民间性的，民间性也是仲裁机构的主要定位。在一个社会信用体系健全的社会，完全可以保障仲裁的私力救济，摆脱仲裁的行政干扰。Yoshio Iteya 等专家学者们普遍认为：仲裁机构具有非营利机构和非政府组织的特征，主要由于仲裁机构符合非营利机构普惠性、民间性、自治性和公益性的特征，因此将其性质定位为非政府组织较为合理。John Yukio Gotanda 认为：仲裁机构的法律性质定位应体现在仲裁机构与其下设的常设办事机构及其行使仲裁权的机构的平等性，并且不受司法和行政部门的干预。M. F. Hoellering 认为：仲裁机构的法律地位具有任意性和民间性的特征，与司法属性的要求相差甚远，其权力的实现与当事人的选择密切相关，因此其法律地位不应为司法属性，而应是其民间性和自治性。总体上看，由于西方国家以契约理论为民治的基础，因此西方国家仲裁机构的性质问题也秉持民间性和非营利性。

二是仲裁机构法律地位的研究。对仲裁机构的法律地位，西方学者们也开展了相关的研究。Barbara Alicja Warwas（2016）认为："非营利机构是仲裁机构的法律定位，主要归咎于其的公共管理和公共服务职能，以及仲裁机构不以经济收益作为目标，而是以公平公正地解决纠纷为目标。"W. Laurence Craig（2016）认为商事仲裁的法律地位与国家政治治理密切相关，可以分为三个阶段：第一阶段为国家完全不干预；第二阶段为过度干预；第三阶段为适度干预，伴随着不同的阶段，相应的仲裁机构法律地位也发生着变化。D. B. Reiser（2013）认为，仲裁机构的法律地位体现在其独立于审判机构，并不受行政权力的干预。D. Sabharwal 和 R. Zaman（2014）指出："英美法系与大陆法系在仲裁机构的定位上具有较大的区别，主要体现为前者主要以中介担保公司的名义来进行设立，而后者则是以社会团体法人的形式来进行设立。"Barbara Alicja Warwas（2017）认为："仲裁之所以能够独立并区别于诉讼，主要是由于其便捷性和高效，使得当事人节约公共资源的占用。"M. Domke M 和 O. Glossner（2013）认为："仲裁机构是用于解决双方民事争议的社会服务组织。仲裁机构定位为非营利法人，推动仲裁的市场化和民间化进程，减少法律和政治资源的占用，更有效地发挥仲裁的独立性职能。"仲裁作为与诉讼平行的纠纷解决机制，决定了仲裁机构应与司法和行政机构也应是相平等的关系，并且拥有完整的法人地位。J. D. Hitch（2016）与其他学者的观点相悖，他认为："虽然仲裁是委员机构与社会公众的委托关系，但是仲裁裁决的执行则需要社会公权力做保障，因此仲裁机构的法律地位不应具有民间性属性。"V. V. Yarkov（2017）提出："仲裁是当事人利用民间力量或第三方组织对双方或多方的争议与纠纷进行解决的方式。"D. G. Henriques（2015）认为：仲裁机构的法律地位是毋庸置疑的问题，主要因为仲裁机构产生于民间商会，不同于营利性法人，因此仲裁机构应为民间组织。从以上研究可以看出，虽然国外学者们对于仲裁机制的性质与法律地位的研究成果较多，但是总体上杂乱无章，观点和认识也不统一。大多数国外学者认为公益性、非营利性、民间性是仲裁机构所应具有的特征。仲裁机构不仅不应是政府机构，也不应受到政府机构的干涉。但是对于仲裁机构是否应完全属于民间性，国外的研究尚没有一个明确的定论。

三是仲裁机构独立性的研究。关于仲裁机构的独立性研究，目前国外的研究成果也不多，比较典型的著作有德拉奥萨（Drahozal）和奈马克（Naimark）主编的《国际仲裁科学探索：实证研究精选集》，对仲裁机构的独立性进行了判定，发表了独到的见解。这些学者普遍认为，仲裁机构的独立性关系其与司法、行政权力的关系，应通过独立性增强仲裁机构解决争议快捷的优势，使得仲裁机构的权利能够在司法与行政权力中得到体现，更好地保护当事人的合法权益。总体上看，目前围绕着仲裁机构的独立性，学术界有以下论断和观点：第一种观点认为，司法性是仲裁机构的主要性质。Klein 认为："只有国家才能行使审判权，仲裁机构应为行政公共职能的机构，当事人也应在公权力的范围内提交仲裁，其仲裁的仲裁裁决也是具有与法院判决同等地位。"这种观点的依据在于仲裁活动必须以法律为准绳，仲裁的范围、程序都应具有权威性和强制性，因此仲裁制度应属司法制度范畴。第二种观点认为，仲裁机构是行政性质的。Henriques、Sawada 等学者持这一观点，其原因为仲裁裁决与法院判决的区别在于其是一种行政性的决定，作为一种公权力，仲裁权也来源于政府，不但被政府所承认，而且政府的行政权是仲裁权的保障，其权威性既不是来源于市场主体，也不是来源于法律专家的普遍认同，而是来源于行政公权力的保障。第三种观点认为，仲裁机构是民间性质的。Baizeau、Warwas 等绝大多数国外学者认为仲裁来源于双方当事人通过自身来进行权利的救济，本身就具有私力属性。仲裁机构的行为必须以当事人的意思自治为前提，这种仲裁的自主性、灵活性、公平性决定了其具有民间性的特征。仲裁行为起源于民间，根植商会与行业协会，虽然仲裁机构必须以法律为遵循，但是仲裁裁决不同于法院判决，法律所赋予的是仲裁庭做出的裁决本身的效力，仲裁机构的主要职能是为商事主体提供法律服务，这种法律服务并不是行政或者司法手段，因此民间性质是其应然属性。

1.2.2　国内研究综述

在对国内的文献进行检索过程中发现，目前国内尚无直接对仲裁机构法人制度进行研究的专著和论文，对仲裁机构的研究成果大多集中在现状和问题剖析方面，重点在于对仲裁机构法人相关的研究成果专著不多，学术论文也较少，研究成果以期刊论文类为主。

1.2.2.1 关于法人的相关研究

一是关于法人概念的研究。随着我国依法治国进程的加快，国内学者们对法人概念也开展了相应研究。罗玉珍(1990)和马骏驹(2004)等一批学者认为：萨维尼对法人概念的界定具有一定的局限性，萨维尼的法人概念建立在当时的罗马社会环境基础上，罗马法没有建立规范的法人制度体系，主要由于当时的研究并非在商业团体分析的基础上形成的，法人概念的本质就是法律的人格。陈晓军(2007)认为：公司的出现促进了法人制度的产生，后期将法人制度拓展为非营利组织。法人的概念成立条件应界定为有独立的名称、组织机构、场所、经费，拥有民事主体资格，并且能够承担相关的民事责任。二是关于公法人和私法人的研究。大陆法系的法人理论将法人划分为公法人和私法人。但是一直以来这种方式在学术界并不被所有学者认可。史尚宽(2000)等学者认为：法人必须以私人化为基础，如果违背了这一基础条件，就不存在法人。屈茂辉(2017)认为：将法人区分为公法人和私法人是大陆法系对于法人的基本分类，也是我国民法上一直延续的做法。关于两者的划分标准，学术界拥有不同的意见，但是其共同点在于将法人的设立行为、设立目的、法人身份三个方面作为公法人和私法人的划分依据。对公法人和私法人进行区别的目的也是对公法人的权力进行规范与约束。因此，我国将法人是否拥有公法上的特殊权力作为判断法人是公法人还是私法人的重要标准。

1.2.2.2 关于仲裁机构性质和法律地位的研究

在对仲裁机构性质和法律地位的研究中，集中在仲裁机构的"行政化"和"民间化"方面。这主要反映出学者们对于当前我国仲裁机构性质和法律地位的认可程度不高，力求改进仲裁机构受行政和司法权力干预这一现状，加强独立性和民间性。存在的问题主要体现在仲裁机构缺少独立性，与政府及其组成部门存在交叉，学者们的研究集中在仲裁机构的人事、经费、运营管理、监督等方面，受行政影响较大，仲裁机构缺少相应的独立性。理论界主要从应然的角度对仲裁机构的性质和法律地位进行研究，其研究成果往往处于理想化的状态，缺少与现实社会制度环境的结合。目前对仲裁机构性质和法律地位研究的理论主要有"事业法人说""法律服务机构说""非营利机构说""社会团体法人说""中介服务类组织说""新型社会组织说"等。

涉及仲裁机构性质和法律地位方面研究的著作比较少，通过资料查询，主要有袁忠民的《仲裁机构的学理与实证研究》①、袁发强的《中国商事仲裁机构现状与发展趋势研究》②、陈福勇的《未竟的转型：中国仲裁机构现状与发展趋势实证研究》③等少数专著。袁忠民在《仲裁机构学理与实证研究》一书中，将仲裁机构的性质和法律地位描述为："仲裁机构应作为一种独立于政府干预之外的非营利的社会机构。仲裁机构的独立性体现在仲裁协议、程序、执行等方面的独立性，以及仲裁机构的设立、人、财、物管理方面的独立性。作为对当事人提供纠纷解决机构的仲裁机构，应不以营利为目的，而应以社会效益为目的，更不应受到行政权力的干涉。仲裁机构在财务上应保持"自收自支"，其虽然不以营利性为目的，但并不代表其不可以获得经济收益，其经济活动也应受到政府和社会的广泛监督。"袁发强在《中国商事仲裁机构现状与发展趋势研究》一书中，对我国仲裁机构的发展现状进行了分析，剖析了存在的问题并提出相应对策。他认为："我国仲裁机构的设立过程中，政府起到了积极的推动作用。但是随着市场经济的发展，这种传统的以事业单位管理及参照事业单位管理的方式，已经不适应仲裁机构发展和改革的需要。"陈福勇在《未竟的转型：中国仲裁机构现状与发展趋势实证研究》一书中，对行政化权力下的仲裁机构发展进行了研究，提出仲裁机构应走专业化之路，并减少行政权力的干涉。

肖海军在《商会法律制度研究》一书中，在深入分析商会与商事仲裁的关系基础上，指出我国仲裁机构法律地位存在着仲裁机构依附政府的特点明显、仲裁机构缺少民间性、仲裁机构脱离于商会等问题。要加强我国仲裁机构的立法定位，应增强仲裁机构的民间化进程，真正发挥商会在仲裁机构设立中的主体

① 该著作在对仲裁的司法性质、行政性质、民间性质等不同观点进行对比的基础上，认为仲裁机构是非营利性组织，属于独立于行政和审判机关的民间组织，这种独立性既是仲裁机构存在的重要意义，也是其独特性和优越性的重要体现。当前我国仲裁机构存在的独立型、半独立型、依赖型等组建形式是出于我国仲裁机构的生存需求。我国仲裁机构本质属性的民间组织回归是当事人意思自治的必然要求。

② 该著作分析了仲裁机构的运营方式，以及仲裁机构转型的路径，认为仲裁机构存在于"国家—社会"框架内，应不断由行政化向民间化演进。

③ 该著作认为仲裁机构应推动其去行政化、去官方化，并处理好仲裁机构与行政权力、司法监督间的关系，其监督的重点在于保持仲裁机构不受行政权力干预，建立良好的内控机制和治理结构，提高仲裁机构的运营效率。为了加强我国仲裁机构民间化进程，应推进仲裁机构不断由大众化向专业化转变。

作用，推动仲裁机构的去行政化。可参照律师制度的管理模式，减少司法权力干预。陈清泰在《商会发展与制度规范》一书中，重点对不同国家的商会发展开展了研究，探讨了商会的性质、职能及作用。由于仲裁机构与商会间有着密切关系，仲裁机构法人根植和源自商会，因此对商会法律制度的研究，对于仲裁机构性质和法律地位具有较强的学习参考和借鉴意义。

在期刊方面，汪祖兴（2010）在《仲裁机构民间化的境遇及改革要略》一文中，分析了我国仲裁机构法律地位存在的问题，提出应从人事、财务、运营管理等方面增强仲裁机构的独立性。刘晓红、冯硕在《制度型开放背景下境外仲裁机构内地仲裁的改革因应》中指出："应通过减少仲裁机构的司法审查，在仲裁机构的设置、登记等方面减少行政化干预，处理好仲裁机构与外部环境的关系，以便于与国际接轨。"郑金波（2010）在《中国仲裁机构定位研究》一文中认为，我国仲裁机构应定位为独立的非政府组织，在财务收支、人员配置、运营管理等方面增强仲裁机构的独立性，为公信力的塑造提供保障。王红松（2019）认为："长期以来，我国仲裁机构过于依赖于政府的扶持，仲裁机构自身缺少发展和成长的动力，对政府的依赖性较强，与政府或组成部门存在隶属关系，与国际惯例背道而驰。针对我国的国情现状，可以在过渡时期选择由政府购买服务的方式，发挥政府对仲裁机构的服务职能，而非管理职能。"姜丽丽（2019）在《论我国仲裁机构的法律属性及其改革方向》一文中，对我国仲裁机构的性质和法律地位进行了系统化的论述，认为："仲裁机构存在的当前法律属性不明确问题的重要原因在于《仲裁法》的不完善，将仲裁机构定位为采取了'限制性的否定'，在仲裁机构参照事业单位组建，并参与事业单位改革后，对其并没有明确地提出仲裁机构的法律定位。仲裁机构为了和国际化接轨，有必要定位为非营利法人类型，进一步加强结构治理和内外部的监督，推进制度的整体完善。"梅傲（2020）在《仲裁机构地域性困局究因》一文中指出，仲裁机构不因行政区划来进行设立，正是体现了仲裁机构与行政化的脱离，是仲裁的发起设立民间化的重要体现。周江（2007）在《也谈仲裁机构的民间性》一文中指出，应进一步修订现有的《仲裁法》，明确仲裁机构的法律定位，对仲裁机构的设立条件、机关组建、人员结构、仲裁与行政和司法之关系、与政府的关系进行明确的界定。涂卫和王晓川（2012）在《我国仲裁机构的法律定位：以仲裁管理体制改革为背景的考察》一文中，结合当前的仲裁机构改革，对其法律定位进行了研究，提出我国仲裁机构应向着独立性、民间性、非营利性组织的发展方向发展，将仲裁机构定位为"提供法律服务的非营利法人"。

学者们对于现有的研究成果分歧较多，对于仲裁机构的法人属性众口不一，然而对于其应然性质的讨论一直在延续，并且尚未一锤定音。对于事业单位、机关、社会团体、民间组织、中介机构等法人类型均有学者认同。在对于仲裁机构法人定位的研究方面，或将仲裁机构的法律定位归类于事业单位的"公益三类"，或照搬国外的做法，将仲裁机构的法律定位归类于中介机构和民间组织。因此，有必要从仲裁机构的本质出发，对我国仲裁机构应定位进行深入挖掘，对其"是否应为法人""应为何种类型的法人"进行深入的探讨和研究。

1.2.2.3 关于仲裁机构改革的研究

近年来，仲裁机构改革与贸易自由化、全球化相衔接的呼声不断升高，对仲裁机构的公信力建设提出了更高要求，《完善仲裁制度提高仲裁公信力的若干意见》(以下简称《若干意见》)从仲裁机构的设立、独立性、当事人意思自治、内部治理结构、仲裁制度改革创新、全方位监督等方面做出了具体要求。根据《若干意见》的要求，"仲裁委员会独立于行政机关，与行政机关没有隶属关系，不得将仲裁委员会作为任何部门的内设机构或者下属单位。仲裁委员会之间也没有隶属关系"。[①] 该《若干意见》的出台不仅为我国仲裁机构的法律地位提供了指引，也为仲裁机构的改革提供了方向性的引领。

虽然当前学界较为关注我国仲裁机构的改革，学者们大多结合仲裁机构的改革，对我国仲裁机构的定位进行了一定研究，但主要集中在仲裁机构的管理模式、财务、人事、立法、市场化、仲裁文化等方面，大多是单纯地从现实需求的角度出发开展研究，缺少从改革的内在机理角度，将仲裁机构改革与法人规范体系建设相联系的研究。陈忠谦在《仲裁机构市场化问题探析》一文中提出："市场化除了可以促进市场资源的优化配置，还可以使得仲裁制度通过市场化的选择，获得更大的发展空间。在对仲裁机构市场化引导的前提下，有助于仲裁机构公信力的提升。"林一飞在《中国仲裁机构改革初论》一文中对我国仲裁走民间化道路进行了研究，分析了我国仲裁机构的产生及发展历程，他认为："我国仲裁机构的改革应沿着去行政化、社会化和市场化的路径，强化为社会提供法律服务职能的行使这一职能。"赵秀文(2005)在《论我国经济贸易仲裁机

---

① 中共中央、国务院办公厅.关于完善仲裁制度提高仲裁公信力的若干意见[Z].2018-12-31.

构制度的改革与完善》随着商事制度的发展，应承认临时仲裁的法律地位，实现我国仲裁制度与国际的对接，广泛参与国际仲裁机构的竞争。沈四宝、薛源（2006）在《论我国商事仲裁制度的定位及其改革》一文中指出，应进一步厘清仲裁庭与委员会间、仲裁庭与仲裁员间的关系，以当事人契约和意思自治为前提，进行仲裁机构的独立性定位。曾晓阳（2009）在《"第四权力"的法理思考》中指出："仲裁机构的权力来源于社会权力，而非国家的公权力，是公民权力的社会化让渡。因此仲裁机构的改革重点在于更好地赋予仲裁机构的这种社会权力。"刘奕君（2010）在《我国仲裁机构改革之研究》一文中指出：我国仲裁机构应明确现有的法律性质和定位，加强仲裁不同主体间责任和权利的划分，在财产独立的基础上，实现法人人格的独立。张祖平（2011）在《我国商事仲裁机构的性质与改革困境》一文中指出，在改革过程中，应解决好仲裁机构"公"与"私"的问题，进一步明确仲裁机构的性质，使得仲裁机构不能属于政府的组成部门或二级机构，而应具有独立的运营基础和运作方式，在加强体制和机制创新的同时，应确保仲裁机构程序的公正和效率的提升。屈广清、周清华、吴莉婧等学者认为：国外的仲裁机构具有较强的民间性，在财务管理、人事管理、运营管理等方面具有较好的独立性。贺嘉（2017）在《供需关系视域下我国仲裁机构改革路径探析》一文中对我国仲裁机构未来改革应采取的措施进行了研究，提出仲裁的发展应与市场供需关系相适应，建立市场化的竞争机制，使得仲裁机构在市场化的环境中得到健康发展。

由于仲裁机构的法人制度是一个动态的概念，对法人制度的研究不能仅停留在现状的研究，随着我国仲裁机构的改革步伐不断加快，法人的性质和地位也不断发生着变化，因此应对仲裁机构的法人制度进行横向对比以及纵向的历史研究，这样才能够增强研究的系统性。同时，仲裁机构法人制度的动态性还表现为建立在仲裁机构独立完整人格条件下的高效运营方式，深化仲裁机构参与市场竞争的能力，促进仲裁机构适应市场经济的发展，满足各类商事主体的需要，塑造仲裁机构的公信力，为商事主体提供更多仲裁业务选择。因此，有必要在厘清仲裁机构法人性质的前提下，针对仲裁机构法人制度现存的问题，提出仲裁机构法人制度的完善路径。

1.2.2.4 理论界对仲裁机构法人地位的观点争议

纵观当前国内外理论界对仲裁机构法人地位的研究，学者们对于现有的研究成果分歧较多，对于仲裁机构的法人属性尚没有形成统一权威的研究成果和观点，对于"仲裁机构法律地位和法人性质类型"等问题没有统一论断。虽然大陆法系仲裁机构的法人定位大多为非营利性的社会团体，英美法系仲裁机构的法人定位大多为非营利性的公司(担保公司)，但是对于仲裁机构究竟应该是什么类型的法人，仍然缺少学理性的研究。从我国自身情况来看，当前严重的行政制约性是我国仲裁机构的重要特点，在仲裁机构的建立、运营、财务管理、人事管理、组织结构设置等方面均有行政的干预。究其根源，主要是由于我国民间组织立法的缺位，使得仲裁机构的公益性无法完全实现，而明确仲裁机构的法人地位，对其依法独立开展工作、治理结构优化、仲裁制度改革创新、促进我国仲裁机构更广泛地参与国际贸易、拓展国际业务、增强全球知名度具有重要意义。对于仲裁机构的法人地位，在法律层面并没有明确规定，当前关于仲裁机构法人地位具有以下几种观点：

一是事业单位法人说。持事业单位法人说观点的学者主要认为，仲裁机构由政府投资建立，并且接受政府的管理和监督，仲裁的裁决不等同于法院的判决，而是一种行政性的决定。主要理由是国家是仲裁权力和事务行使的重要保障，虽然双方当事人在合意和自治的前提下进行仲裁，但是仲裁的协议效力、仲裁行为、仲裁裁决都是一种国家授权下的行为。仲裁需要在国家权威的影响下活动，仲裁具有的排除诉讼管辖之效力、仲裁的一裁终局的裁决机制必须由国家进行授权。司法权作为国家专属之体现，仲裁行为的产生必须依赖司法权。因此，仲裁隶属于国家的司法体系，仲裁的裁决效力与法院审判后的判决效力一致。仲裁裁决和法院审判的判决在性质上相同，仲裁的裁决也是经过国家授权的法院判决。事业单位法人说在学界具有较多的拥护者，主要原因在于我国仲裁机构的事业单位化和参照公务员化已经成为一种既定的事实，在此前提下，学者们对于仲裁机构事业单位法人说的推崇和认同也就不足为奇。学者们认为，如果国家权力机关和法院对仲裁协议和仲裁裁决的效力不予认定，仲裁裁决则无效。如果没有司法的授权，裁决也将是一纸空文、毫无效力；仲裁是国家权力的代表，是国家在司法和行政上无法有效进行配置资源的领域，由仲裁代表国家来行使权力。在《仲裁法(草案)》的讨论过程中，原全国人大常委会法制工作委员会主任顾昂然强调，我国各地仲裁机构的建立有其历史必然性，本着减少行政权力对仲裁机构干预的原则，应推进仲裁机构成为独立的事业单位法人。在此基础上，形成了《仲裁法(草案)》修改稿中关于仲裁机构法人属性的描述："仲裁机构是非营利性的事业单位法人。"①在国家政策法规方面，为事业单位法人说提供支撑的主要依据是国务院《事业单位登记管理暂行条例》(国务院令第 411 号)中关于事业单位的界定，"事业单位是以社会公益为目的，由国家机关或由其他组织利用国有资产依法设立的，从事社会公共服务的组织"。以及为了贯彻落实 1995 年 9 月 1 日开始施行的《仲裁法》，国务院办公厅印发的《重新组建仲裁机构方案》(国办发〔1995〕44 号文件)(以下简称《方案》)中的"在仲裁委员会设立初期，应参照有关事业单位的规定"。强调了仲裁机构的成立应由政府主导，由政府解决其资金问题，并将仲裁机构的支出和收入纳入政府的财政预算，由政府进行统一的资金统筹和下拨。但是实际执行过程中，仲裁机构往往忽视了《方案》中所强调的"设立初期"和"参照"两个关键词，而是长期按"事业单位"执行，把"参照"当作了"按照"，将仲裁机构按照事业单位的规定进行管理。国家政策是造成仲裁机构事业化的重要推手。1996 年 7 月，中办和国办联合下发了《中央编制委员会关于事业机构改革若干意见》(中办发〔1996〕17 号文件)，提出："推进有条件的全额拨款的事业单位按照有关规定开展有偿服务，逐步向差额补贴过渡；差额补贴的事业单位要进一步创造条件，向自收自支或企业化管理过渡。"在 2000 年的《关于加快推进事业单位人事制度改革的意见的通知》(人发〔2000〕78 号文件)中对仲裁机构描述为："应对仲裁机构改变用管理党政机关工作人员的办法管理事业单位人员的做法。"这种提法是对仲裁机构事业单位法人属性的确认和强调。国家政策对仲裁机构定位的这种做法导致的直接问题就是我国诸多省份将仲裁机构纳入事业单位或者参照公务员管理单位。例如：在《山东省参照〈中华人民共和国公务员法〉管理的单位审批办法》中，明确要求省仲裁委员会为参照公务员管理机构，仲裁委员会的组成人员纳入参照公务员招聘、考核、培训、管理、薪酬福利分配、退休等范围。这种做法在我国仲裁机构中较为普遍。

随着事业单位改革步伐的加快，对仲裁机构公益性的回归也愈加强烈。仲裁机构的公益性与国务院《事业单位登记管理暂行条例》中对事业单位的定义

---

① 在仲裁法(草案修改稿)讨论过程中，法律委员会委员的意见集中在明确仲裁机构为仲裁委员会，提出删除仲裁委员会的事业单位法人定位，并明确仲裁委员会主任和副主任、委员的产生办法。(参见薛驹. 关于仲裁法(草案修改稿)和审计法(草案修改稿)修改意见的汇报. 中国人大网, 1994.8. 30.)

相吻合,并与《关于事业单位分类试点的意见》(2011年3月开始实施)中"公益三类","服务具有公益属性,可在国家政策支持下基本实现由市场进行资源配置的单位"要求相一致。持这一观点的学者认为,仲裁机构的服务具有公益属性,且其仲裁活动可基本实现由市场进行资源配置。因此,将仲裁机构作为"公益三类"法人也是目前我国仲裁机构的一种走向。作为"公益三类"的事业单位在经费和人事管理上实行自主管理。如根据《深圳仲裁委员会管理办法》,将深圳仲裁委员会定位为"不以营利为目的的事业单位",是深圳市人民政府依照《仲裁法》组建的法定民商事争议解决机构。将深圳仲裁委员会明确定位为依照《仲裁法》成立并规范的法定机构在国内属首创。深圳仲裁委员会自主制定薪酬制度,权力层连任或不超两届,依法自主管理人、财、物。深圳仲裁委员会决策机构设理事长1人、执行机构设主任1人、副主任若干人,主任与理事长不得兼任。除执行机构主任、副主任由市政府聘任外,其他岗位均自主招聘、自主管理。

二是社会团体法人说。社会团体法人除具有法人的性质外,还是社会组织。根据《民法典》,社会团体法人建立在会员制基础上,其成立的目的和宗旨在于维护会员的利益。具有法人条件的社会团体既可以办理法人登记,也可以无须办理法人登记。根据《社会团体登记管理条例》,社会组织中会员的共同意愿、非营利组织是社会团体的特征。除国家机关外,其他社会组织均可以作为会员加入社会团体。作为与财团法人相对应的法人类型,"会员、章程、财产"是社团法人的要素。首先,仲裁机构的存在价值在于市场需求,仲裁机构只有更好地适应市场需求,才能够获得生存和发展。虽然仲裁机构由政府辅助组建,但是不应由政府全权托管,而应实行自主管理。社会团体法人作为仲裁机构的定位,有助于吸引社会力量进入,构建更加密切的社会组织合作关系,提高仲裁机构自身素质,获得长足的发展,增强仲裁机构的竞争力。其次,社会团体性质的法人与单纯的民间组织相比,又具有行业的人才和技术力量作为支撑,有助于仲裁职能的行使。最后,将仲裁机构定位为社会团体法人有助于吸纳更多的社会力量作为会员,参与仲裁机构的建设。总体上看,仲裁机构(各地仲裁委员会)不是建立在社会团体所要求的"会员制"和"会员利益和意愿"基础上,仲裁机构是为全社会提供仲裁服务的,因此仲裁机构不应定位为社会团体法人。

三是民间组织法人说。仲裁作为民间的私力救济,来源于当事人的意思自治，并属于非司法程序。虽然仲裁是纠纷解决的一种方式，是全社会纠纷和矛盾多元化解决体系的重要一环，但是从法理的角度来看，仲裁的本质是一种"私人裁判"行为，而非"国家裁判"行为。主要由于仲裁产生于当事人的达成合意，如果当事人不同意将争议和纠纷交予仲裁处理，那么则不会产生仲裁；仲裁机构、仲裁程序、规则、仲裁员等都可以由当事人进行自主选择，由当事人进行商定，是一种当事人契约的体现；当事人之所以选择仲裁的方式，意味着当事人与当事人之间、当事人与仲裁机构之间形成了契约关系。当事人与仲裁机构是一种合同性质的关系。随着现代仲裁理论的发展，仲裁员作为当事人代理人的观点被纠正，认为仲裁协议和仲裁裁决都属于合同约束力的范畴。基于此，商事主体双方当事人选择仲裁机构作为纠纷解决的途径属于典型的私法救济。无论仲裁机构的性质还是经费来源、人员构成等都不可与国家行政权力机关和司法机关同日而语，仲裁不同于司法诉讼的强制性，而是具有其自身所具备的合意与自治。作为解决纠纷的两种方式，诉讼与仲裁具有本质上的区别。诉讼可以发生于任何当事人之间，诉讼来源于法律的规定或授权，在双方当事人发生纠纷后，双方当事人的任何一方均有权单方面向法院提出起诉，根据法律标准控告另一方；而仲裁则要求双方当事人必须是平等的主体，如果有任何一方当事人不同意使用仲裁定纷止争，则无法形成仲裁，这也是诉讼和仲裁区别之体现。虽然诉讼和仲裁都具有解决纠纷的功能，但法院作为国家的审判机关对诉讼的审理代表了国家的意志，是国家意志在双方当事人诉讼上的体现，而平等的当事人选择的仲裁程序则不属于国家司法程序的范畴，因而仲裁的本质具有一定的民间性。

根据《社会团体登记管理条例》《民办非企业单位登记管理暂行条例》，民间组织由民政部门登记，其范围包括社团、民办非企业等。民间组织拥有财产权、名称权、名誉权、知识产权、减免税权和诉讼请求权。《社会团体登记管理条例》将民间组织描述为非营利性社会组织；在《民办非企业单位登记管理暂行条例》中，将民间组织描述为从事非营利性社会服务活动的社会组织。目前纵观整个国际商事仲裁法学界，仲裁机构的民间性已被大陆法系和英美法系所默认，同时只有中国学者更加热衷对仲裁机构的民间性进行研究，并且对于仲裁机构的法律定位争论不止。由于"民间性"并不是一个严格的法学概念，我国缺少民间组织的土壤和相关实践，因此将民间组织与仲裁机构相联系的主要目的在于帮助仲裁机构摆脱政府的干预，增强仲裁机构独立运作水平。主要包括组织设立、裁决私权和财政、人事上的独立性。持"仲裁机构民间性"这一观点的学者们是在对国外的仲裁机构法人地位进行借鉴基础上形成的理论观点。伦敦国际仲裁院（LCIA）、瑞典斯德哥尔摩商会仲裁院（SCC）、美国仲裁协会（AAA）等都是依托商会设立的非营利社会团体与非营利性的公司（担保公司）等形式成立的，其具有较强的独立性和民间性。虽然这些非营利社会团体与非营利性的公司（担保公司）依托商会而建立，或者在称谓上叫作"公司"，但是这些仲裁机构是非营利性的，其仲裁是民间行为，并且与立法、行政和司法机关没有任何依附关系。仲裁机构的民间组织性质包括但不限于社会团体和民办企业、基金会。将仲裁机构定位为民间组织法人有助于体现仲裁机构的公益性、非营利性和独立性，实现仲裁行为的独立和公正，有助于仲裁机构自主发展和自主完善。而目前由于作为除党政机关、企事业单位以外社会中介性组织的民间组织在我国发育较为缓慢，缺少制度基础，法律缺位、效力过低等问题的存在使得将仲裁机构定位为民间组织法人广泛推行困难较大。虽然我国的宋连斌等学者认为仲裁机构的民间组织化是明确其法人的重要途径。但是由于我国在民间组织方面的"立法缺失"，如果将仲裁机构法人定位为民间组织，则必然使得仲裁机构的法律效力受到影响。

纵观学者们对于仲裁机构法人属性的研究，虽然民间性的呼声较高，并且广大学者们认为通过仲裁机构的民间化，有助于我国仲裁机构与国际仲裁发展的接轨。但阻碍我国仲裁机构民间化的一个重要问题就是仲裁机构最初的组建是由政府主导和投资的。仲裁机构财产与国有资产的关系一直无法厘清，仲裁机构的民间化不但涉及法律称谓的问题，还涉及所有制的问题。因此，要推进仲裁机构的民间化，就必须从法律的角度明确仲裁机构的成立过程中政府的投入行为属于何种性质、仲裁机构的产权和使用权如何划分等。从仲裁机构民间组织法人学说的研究目的来看，推动仲裁机构的民间化，其目的也是保障仲裁机构公正的裁决，赋予仲裁机构更大的自主权，不受行政权力的干预和制约。然而，当仲裁机构真正走向民间化后，由谁来监督和管理仲裁机构、使仲裁机构的自主权力不滥用、如何建立完善的内部控制机制和外部监督体系，这些问题在民间组织说的理论研究中并没有得到有效解决。

四是非营利法人说。根据《非营利组织国际分类法 ICNPO 细表》，非营利性组织可为当事人提供公益性的法律服务和协助。国内学者们较为认同莱斯特对于仲裁机构的特征的描述，即"组织性、民间性、自治性、公益性"。李登华、孙茜等学者认为仲裁机构定义为民间机构缺少法律依据，并且民间组织在我国发展得不成熟。考虑到仲裁机构具有非营利机构"组织性、民间性、非营利性、自治性、公益性"的特征，因此可将仲裁机构定位为非营利组织。仲裁的发展起源于当事人之间的商事合同纠纷，以及当事人为了解决纠纷和争议而形成的私人契约。但是这种契约仅仅是私人的契约，法律效力较差，因此仲裁应是司法权与契约理论的集合，既是公法的体现，又是私法的体现，这两种互相关系的存在不仅推动着仲裁的发展，也使得仲裁的发展获得平衡。索瑟·霍尔在国际法协会会议的报告中指出："虽然仲裁起源于私法，属于私人契约的范畴，但是这并不代表仲裁和公法没有关系。仲裁只有依赖于公法的授权，才能够拥有纠纷和争议的解决能力，助力于当事人争议和纠纷的解决。"北京大学法学院非营利组织法研究中心的金锦萍主任认为：仲裁机构由于其法律服务的性质，其目的和宗旨是为社会提供仲裁法律服务，因此可将仲裁机构定位为非营利法人，可以使得仲裁机构更"名正言顺"地行使自己的责任。持非营利法人说观点的学者们的主要理由是仲裁机构作为一种为当事人提供仲裁的组织，其既非事业单位法人，又非企业法人，不像企业具有营利性，作为提供公益性法律服务的机构，仲裁机构定位为非营利机构较为适合。非营利机构的"非营利性"表现为三重含义：一是不以营利为目的，而是以在一定范围内实现社会为目的；二是不能够将收入分配给股权人，而是应用于维持机构的发展和运营；三是非营利法人的资产不能以任何形式变更为私人财产。非营利机构所强调的是仲裁机构不能够追求利润的最大化，并且其利润不能分配，但是不禁止仲裁机构获得收益。目前仲裁机构的独立性和去行政化已纳入我国对外贸易的承诺中，仲裁机构服务的商品属性和机构的公益属性决定了其必须符合市场规律。司法部于 2021 年 7 月 30 日发布的《中华人民共和国仲裁法（修订）（征求意见稿）》中提出：仲裁机构是依照本法设立，为解决合同纠纷和其他财产权益纠纷提供公益性服务的非营利法人，包括仲裁委员会和其他开展仲裁业务的专门组织。仲裁机构经登记取得法人资格。[1] 因此，仲裁机构的法律地位可归类于非营利性法人。根据当前我国仲裁机构对政府依赖严重的问题，将仲裁机构的法律定位为非营利性法人，既可以解决民间组织法律地位不明确的问题，又可以缓解仲裁的行政化，增强仲裁的独立性。

---

[1] 参见：中华人民共和国司法部. 中华人民共和国仲裁法（修订）（征求意见稿）. 2021.7.30.

五是市场中介组织说。市场中介组织也是仲裁机构的重要学说。在1993年11月14日第十四届中央委员会第三次全体会议发布的《中共中央关于建立社会主义市场经济体制若干问题的决定》中，提出大力发展"仲裁机构"等市场中介组织。在我国加入WTO的谈判过程中，也承诺将仲裁收费定位为"中介服务性收费"。根据国家计委等部门颁布的《中介服务收费管理办法》（计价格〔1999〕2255号文件），也将仲裁作为中介服务收费纳入其中，将仲裁收费定位作为"公证性"中介机构收费。中介组织位于市场与政府、社会与公众之间，起到市场行为补充和衔接的作用，为社会提供广泛的服务。市场中介组织为社会提供客观的信息，在市场起到资源配置决定性作用的基础上，弥补市场的不足，在社会商事活动中充当着"桥梁"的功能。笔者认为，仲裁机构定位为市场中介组织并不妥当，主要由于市场中介组织是用于衔接政府与企业间、企业与企业间、个人与单位间的联系，为商事主体提供公证、代理、服务、检验的社会组织机构，"衔接性"和"辅助性"是市场中介组织的主要功能。中介组织可以根据其功能，划分为社会中介组织与市场中介组织。营利性与非营利性、非营利性的自律组织（如行业协会、专业协会、基金会）和营利性的服务组织（如各类金融、法律事务、代理、信息咨询、培训、经纪机构）等各类组织均有可能属于中介机构。而仲裁机构既不是非营利性的自律组织，也不是营利性的服务组织；既不是社会中介组织，也不是市场中介组织。因此，市场中介组织的营利性和社会中介组织的自律性决定了仲裁机构不应作为中介组织。

总的来说，现在的学者们大多认识到了仲裁机构的行政化对仲裁机构发展的不利影响，以及仲裁定位的不明确对仲裁机构公信力建设的阻碍。国内外学者们对于仲裁机构法律定位的现有研究在仲裁机构的民间性、公益性、非营利性等方面进行了详细表述，具有一定的合理性。但有的"就事论事"，缺少理论研究深度，仅是揭示问题存在的表象，而缺少对问题背后原因的研究；有的照搬照抄，往往将大陆法系和英美法系的理论直接套用到我国仲裁机构的法人定位上，没有将仲裁机构的法人制度与我国的社会环境相结合，类似纸上谈兵，缺少实践基础；有的以偏概全、表述不够完整，虽然对理论进行了回顾，但是对于如何将理论与实践相结合研究得不够；有的虽然在理论层面进行了论述，但是难以付诸法律的实践，缺少操作性，没有明确仲裁机构是否是法人、是何种法人，怎样推动仲裁机构的法人制度建设，没能从仲裁的本质角度深入揭示仲裁机构的根本法人属性。

1.3 研究的主要内容和方法

1.3.1 研究内容

本书的研究思路框架如图 1.1 所示。本书按照"仲裁机构法人地位逻辑起点—法人地位的现实困境及原因分析实证研究—法制史与比较法考察—法人类型的应然选择—法人规范体系—法人制度的完善和衔接路径"的研究思路,共分为 8 个部分。

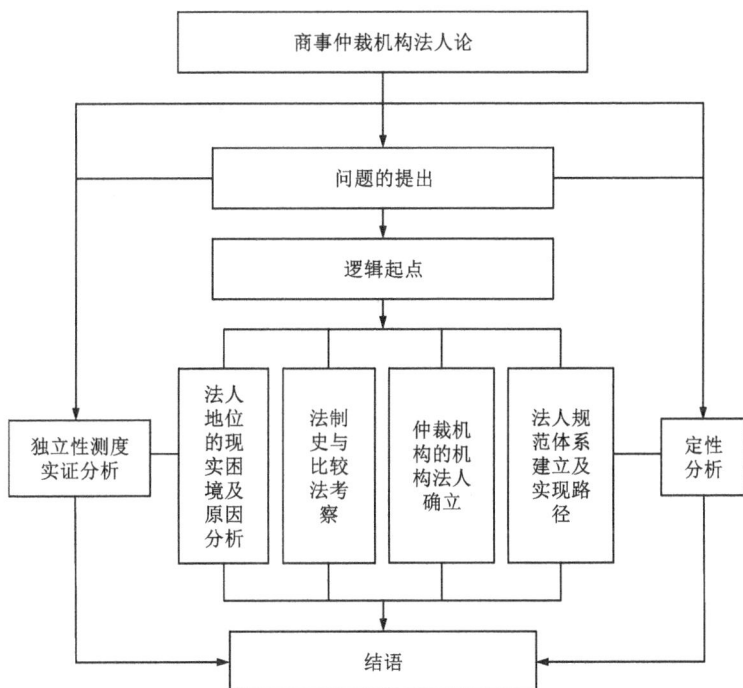

图 1.1 研究思路框架

本书第 1 章是绪论部分。首先概述了本书的研究背景和研究意义;其次对国内外仲裁机构性质和法律地位、仲裁机构改革等文献进行了综述;最后介绍了研究的内容、思路框架、研究方法。

本书第 2 章是仲裁机构法人地位的逻辑起点。在分析仲裁和法人的本质基础上，对仲裁机构法人地位的基础与价值进行了探析。

本书第 3 章是我国仲裁机构法人地位的现实困境及原因分析。在我国仲裁机构独立性测度基础上，分析了我国仲裁机构法人地位的现实困境，以及仲裁机构法人地位存在问题的原因。

本书第 4 章是仲裁机构法人地位的法制史与比较法考察。在对国际和国内仲裁机构法人的法制史开展考察的基础上，结合大陆法系和英美法系仲裁机构的法人地位，总结归纳比较法考察对我国仲裁机构的启示。

本书第 5 章是仲裁机构法人类型的应然选择。分析了仲裁机构成为法人的必然性，探究了我国仲裁机构法人类型的应然选择，对我国仲裁机构法人类型进行了确立，对我国仲裁机构社会服务机构法人进行了构建，建议仲裁机构定性为公益性社会服务机构法人。在此基础上，再次对我国仲裁机构公法人性质进行了深入探讨。

本书第 6 章是我国仲裁机构法人规范体系的构建。从仲裁机构法人的设立、变更和终止、法人能力、财产及责任、法人组织机构和章程、法人内部治理结构等方面构建我国仲裁机构的法人规范体系。

本书第 7 章，是仲裁机构法人制度的完善及衔接路径。从加强仲裁机构法人制度的立法与衔接、推进全国人大执法对仲裁机构法人制度检查、地方实践中完善仲裁机构法人制度及衔接的路径等方面提出了仲裁机构法人制度的完善及衔接路径。

本书第 8 章是结语。主要为研究的结论、局限性和未来展望。

1.3.2　研究方法

1.3.2.1　文献研究法

文献研究法是对文献进行查阅、整理和分析，从而认识某种现象或得出某种结论的研究方法。在本研究中，广泛收集国内外学者关于仲裁机构法人制度的研究文献和国家关于仲裁机构的指导性文件、有关仲裁机构的性质、法律地位、仲裁机构发展和改革的研究论文和专著、国内外与仲裁机构法人制度相关会议资料等，并对它们进行整理和分析，从而把握仲裁机构法人制度研究的全貌，在此基础上开展自己的研究。关于文献阅读与分析，笔者利用实体图书馆、互联网资源来获取资料。同时，利用从事仲裁相关工作的机会，掌握我国各地仲裁机构法人制度建设的第一手资料。

1.3.2.2 法解释学和规范研究法

法解释学是关于与文本相关联的理解过程的理论，解释学的核心就是寻求回答对于一个给定的文本的有效解释何以可能的问题。为了完善我国仲裁机构法人制度，对现有的法律条文开展法解释学研究。通过对于选定的文本，按照文义解释、立法目的解释、体系解释、客观目的解释等解释学的方法诠释仲裁机构法人理论，并根据文本本身来了解文本。全面剖析现行仲裁法某个条款的内容及释义，研究仲裁法修订的背景和意义，分析立法者的立法目的和意图，了解不同法律法条间的逻辑关系。通过规范研究法，主要关注法的合法性、法的运行效果、法的实体内容，全方位考察法的构成要素。

1.3.2.3 比较研究法

鉴于仲裁机构法人制度是舶来品，并且我国现有的法律制度中尚缺少对仲裁机构法人制度的规定，因此研究不可避免地需要运用比较研究方法，通过对各国仲裁机构法人制度的比较研究，探讨我国仲裁机构法人制度的规范化。本书通过叙述、评价、沿革等比较法，对大陆法系的瑞典斯德哥尔摩商会仲裁院、国际商会仲裁院、日本商事仲裁协会，以及英美法系的美国仲裁协会、伦敦国际仲裁院、新加坡国际仲裁中心等仲裁机构的法人地位进行研究，找到大陆法系和英美法系仲裁机构的法人地位经验启示。通过比较法，找到我国仲裁机构法人地位的现实困境及原因，借鉴大陆法系和英美法系仲裁机构的法人地位，找到完善我国仲裁机构法人制度的途径。

1.3.2.4 实证研究法

运用计量方法辅助，全面分析仲裁机构性质定位、经费来源、管理机构、人员构成等方面的数据，以数量关系、以数字形式构建和呈现我国仲裁机构的独立性指数，较之以往对于仲裁机构缺少独立性的思辨研究，实证研究更能够体现科学的检验逻辑和研究程序，有助于对传统研究模式进行改进和创新。通过调取 2017 年末至 2019 年初所有地级市可查询到的事业单位年度报告或者政府的公开报告，剔除存在数据不完整的仲裁机构，共选取各类数据完整的仲裁机构 203 家。运用熵权法来构建仲裁机构独立性指数，对 203 家仲裁机构的独立性指数进行测度，并对影响仲裁机构独立性指数的因素进行灰色关联度分析和回归分析。与相关专家、学者针对仲裁机构的法人制度问题进行访谈，探讨我国仲裁机构法人地位存在的不足。借助定量研究方法，通过我国仲裁机构独立性测度及分析，使我国仲裁机构法人制度的研究更加全面客观。

1.4　研究的创新之处

1.4.1　探索仲裁机构的法人定位

虽然国内外学者们对仲裁机构的事业单位法人说、社会团体法人说、民间组织法人说、非营利法人说、市场中介组织说开展了广泛的研究，但是大多属于纯理论性的定性研究，即基本解决了仲裁机构的法人定位"是什么"的问题，但是对于仲裁机构法人定位"为什么"的问题研究尚不透彻。总体来看，仲裁机构的"去行政化"和"民间性"一直是一对悖论问题，本书的创新点在于运用比较法、实证法依据分析等方法，基于契约理论和非营利法人说，立足探索我国仲裁机构的非营利性法人，并建议定位为公益性社会服务机构法人这一崭新的视角，对仲裁机构现有的问题进行揭示和分析，明确仲裁机构的法律定位，从公益性社会服务机构法人的视角揭示仲裁机构的本质属性。

1.4.2　构建仲裁机构法人制度的理论系统体系

从当前学术界对仲裁机构法人制度的研究中可以发现，现有的理论研究与实践脱节严重，仲裁体制与我国市场经济的要求存在不适应的问题。对仲裁机构的法律定位、财务收支与预算管理、专业人员的配置，以及仲裁机构与法院、仲裁机构与政府的关系没有明确的论述。在如何与我国国情相结合，构建适应我国经济社会发展和法律体系要求的仲裁机构法人制度体系方面的研究较为匮乏。因此，通过定性分析与定量分析相结合，能够克服传统仲裁机构法人研究"从理论到理论"的空洞和不足，从而构成对仲裁机构法人研究的反思和补充。通过定量分析，全面分析仲裁机构性质定位、经费来源、管理机构、人员构成等方面的数据，使得研究更加接近科学，摆脱主观臆断之名，突出我国仲裁机构法人制度的一些特殊问题。基于此，本书运用熵权法来构建仲裁机构的独立性指数，对 203 家仲裁机构的独立性指数进行测度，并对影响仲裁机构独立性指数的因素进行灰色关联度分析和回归分析。在此基础上，揭示仲裁机构法人现实存在的问题，对仲裁机构独立性指数与仲裁机构性质的关系实证开展分析，论证仲裁机构的法人独立地位确立的必要性，提出我国仲裁机构建议定性为公益性社会服务机构法人，以及仲裁机构的机构法人与法律完善措施。本书立足解决当前学术界对仲裁机构法律定位模糊的问题，在此基础上，提出我国仲裁机构法人的规范体系和路径，为未来我国仲裁机构的发展提供新的思路与借鉴。

1.4.3　力争为我国仲裁法的修订提供参考

当前，国家层面对仲裁机构改革的要求，以及公信力的形成高度重视，相继印发了《关于进一步规范和加强仲裁机构登记管理的意见》《关于完善仲裁制度提高仲裁公信力的若干意见》等系列文件，目的在于增强仲裁机构的独立性，建立行政指导和行业自律相结合，以仲裁机构法人独立地位为基础的仲裁机构发展模式，充分发挥仲裁在矛盾调解中的作用，构建多元化的矛盾和纠纷调解，服务经济社会发展大局。司法部于 2021 年 7 月 30 日发布了《中华人民共和国仲裁法(修订)(征求意见稿)》，首次在仲裁法中提出仲裁机构是非营利法人，但也是寥寥数语、点到为止，尚没有对仲裁机构法人制度建设的详细规定。同时作为基础性法律的《民法典》也缺少对于非营利法人的一般性规定。针对这些问题，都要求明确仲裁机构的法律地位，加快仲裁机构的法人进程，对仲裁机构的设立、运营等事项进行规范。基于此，本书的研究力争进一步丰富仲裁机构作为非营利法人的法律支撑，为我国仲裁法的修订提供参考。

第2章

仲裁机构法人地位的逻辑起点

要探讨仲裁机构的法人地位，就应明确仲裁机构法人地位的逻辑起点。法人的本质是条件，法人的地位是结果。研究仲裁机构法人地位必须明确其法人的本质。法人制度的价值是法人制度的有用性，是法人制度建立的根本用意之体现。

2.1 仲裁与法人的本质

仲裁的法本质是体现在由当事人意思自治和法律认可的前提下，以强制力保证实施的规范体系，仲裁应尊重当事人意思自治，其裁决具有法律效力，仲裁的法本质体现在契约性、自治性和公益性等方面。法人的法本质是法人作为独立的民事主体所具备的资格内涵，其外延体现在法人的民事权利、权利能力和行为能力等方面，可从民事主体的角度和法人认定的角度来探讨法人的法本质。

2.1.1 契约型、自治性和公益性是仲裁的法本质

仲裁是双方当事人在产生纠纷和争议后，自愿达成的协议，由仲裁机构对争议事项进行裁决。仲裁以双方当事人达成的契约协议为前提，以独立于行政权力和司法为特征，以服务社会公益为目的。因此契约性、自治性和公益性是仲裁的法本质。

2.1.1.1　契约性

作为一种建立在当事人意思自治基础上，由仲裁机构向双方当事人提供仲裁服务的行为，仲裁的本质决定了其具有契约性的重要属性。仲裁是一种服务，而这种服务以提供劳动的形式满足他人的需求，并因此获得一定的物质报酬。马克思认为：服务是劳动价值的一种特殊形式，虽然其产出不表现出一种实体，但是现实存在的一种活动形式。仲裁作为一种服务，是一种商业化的模式，已经得到业内的认可和推广。仲裁机构作为为双方当事人提供法律服务的机构，建立在契约的基础上，仲裁的实质是法律服务契约。仲裁员与当事人之间是一种委托的契约关系，这种契约关系直接体现在仲裁协议上。作为约定当事人双方权利、义务的协议，仲裁协议也必须以契约作为基础。一旦签订了仲裁协议，双方当事人间的契约关系便已经形成，在合意的前提下进行仲裁，并按照仲裁的裁决予以执行。仲裁区别于法院的审判，以及行政权力，其核心问题在于体现为建立在双方当事人合意基础上的私力救济。与商业契约相比，仲裁的裁决受到法律保护，也如同法院的判决，具有强制性。与此同时，契约性也是仲裁机构法人与其利益相关者关系特点的主旨，考虑到仲裁机构为全社会的商事主体提供法律服务，因此仲裁机构与全社会的商事主体间也存在契约关系。

2.1.1.2　自治性

当事人的意思自治是仲裁机构存在和发展的前提条件，当事人具有自主选择仲裁，以及选择何种形式仲裁，并且不受其他组织干涉的独立的权利。当事人意思自治始于查尔斯·杜摩林，他在《巴黎习惯法评述》中指出："基于契约的前提，当事人的意愿决定了其能够适用的法律。即便当事人在契约中并没有对法律进行选择，法律也应尊重当事人的意愿。"当事人的意思自治是仲裁制度存在的基础。自治与合意不仅是仲裁成立的基础，也是商事双方当事人选择通过仲裁的方式解决纠纷和矛盾的必要条件。在仲裁事务实践中，双方当事人通过仲裁协议的方式来确定仲裁行为作为解决双方纠纷的方式。从这方面可以看出，双方当事人的授权是仲裁行为产生的来源，以及进行仲裁的正当性之体现。根据《英国仲裁法》，当事人有选择仲裁解决方式的权利。[①]《瑞士国际仲裁法》中规定："当事人通过意思自治来选择仲裁。"[②]根据《联合国国际贸易法委员会示范法》，仲裁机构的自治是强调当事人当争议发生后，有选择何种方式进行争议解决的自由。在自治性的基础上，仲裁能够公平、公正、高效地解决纠纷，仲裁机构法人独立的地位正是为仲裁机构的自治与合意提供保障。当前，虽然我国的仲裁机构将当事人的自治与合意作为仲裁行为的关键，但是由于缺少法人的独立性，直接影响了当事人的意思自治。自治性是仲裁合法性和合理性的前提条件，是商事主体选择仲裁的重要理由，也是仲裁优于诉讼的重要特点，法人独立性不强导致的自治性缺失直接影响当事人对仲裁这种形式的选择。在仲裁机构获得独立的法人地位后，可进一步推进仲裁范围的拓展，将当前的"合同纠纷和其他财产权益纠纷"拓展为民商事的所有争议，合理设置仲裁协议的要求，只有在当事人意思自治的基础上，才能够确保仲裁协议的成立，当事人的意思自治是仲裁协议成立的充分条件，而非必要条件。在调解过程中，应加强仲裁民间性和合意性的结合，将其与官方性和强制性的诉讼有效地区分开来，进一步兼顾当事人意思自治与法律规范间的协调与衔接，实现两者的融合。

2.1.1.3 公益性

仲裁是一种法律服务行为，是仲裁机构对社会提供的公益性法律服务。仲裁机构为社会提供仲裁服务，能够产生社会效益，仲裁机构的权力是当事人授予的，具有非营利性、独立性、民间性。强调仲裁机构与行政机关、司法机关的独立性关系就是使其仲裁结果不受任何机构的影响。仲裁的公益性体现在不以利润回报为目的，虽然仲裁机构可以收取相应的仲裁业务相关费用，但是仲裁机构的收入不能用于分配，仲裁机构的效益也不以经济利益为目标。由于诉讼的程序严谨且烦琐，使其不得不以牺牲效率和经济的原则来增强公平公正，当事人没有选择的自由。而与诉讼相比，仲裁在效率和保护隐私等方面具有较强的优势，能够发挥当事人处理自己事务的意思表示与实际效果。仲裁机构的权利能力仅限于其章程所规定的公益范围，不能从事营利性活动，但可以向服务对象收费，其收费也仅用于公益和自身建设。

---

① 《英国仲裁法》第 1 条规定，"当事人自由约定争议解决方式"。
② 《瑞士仲裁法》第 187 条规定，"当事人可自由选择法律规则"。

2.1.2　团体性和独立人格性是法人的法本质

法人的本质在于团体性和独立人格性。所谓的团体性是指法人必须是一个组织或人的集合，而不能是单单的一个人；独立人格性是指法人必须能够拥有独立的民事权利能力和行为能力，能够独立地承担民事责任，拥有独立的民事主体资格。[①] 关于法人的法本质，目前学术界有法人拟制说、否认说、实在说三类主流的理论观点。法人拟制说是通过法律观念上的创设，将组织拟制为"人"，从而赋予其一定的民事权利能力；否认说认为任何组织本身存在都没有任何社会意义，只是因为该组织由一个个活生生的自然人组成并执行组织事务而已，将组织视为法人存在没有意义；实在说认为，法人和自然人一样，作为独立的法律实体存在于社会生活中。虽然当前在西方国家法人拟制说被学界认为历史较为久远，不适应现代法人制度发展的需要，法人否认说又比较偏激，法人实在说占有重要的地位。然而总体上看，法人拟制说符合马克思主义对于人的本质的判断，即"人的本质不是单个人所固有的抽象物，在其现实性上，它是一切社会关系的总和"，因此法人拟制说是法人制度的基础。其一，拟制法以法人人格作为前提条件。法人没有自然人的生物性质，而自然人在拥有生物性质的同时，也具有独立的人格。法人作为自然人的集合，通过法律的拟制，也具有法人的人格。其二，法人人格是法律对自然人人格的提炼与集合，是法律根据自然人人格的特点对法人人格的拟制。

2.1.2.1　民事主体的角度

民事主体是法律关系的参加者，其最根本的特征是能够享有民事权利并承担民事义务。民事主体又被称为权利主体、权利能力主体和民事法律关系主体。[②] 民事主体体现在名义、意志、财产、责任等方面的独立性，这些是民事主体的构成条件，也是民事主体与法人的共同点。关于法人法本质的认识最终可

[①]　法人本质具有团体性和独立人格性的特征，法人者，团体人格也。（参见江平：《法人制度论》，北京：中国政法大学出版社，1996 年版，第 1 页。）

[②]　我国法学界对于法律关系主体概念的一种观点是认为法律关系的参与者即是法律关系主体。另一种观点认为不应将法律关系的参与者完全等同于法律关系主体。（参见蒋学跃：《法人制度法理研究》，北京：法律出版社，2007 年版，第 9 页。）笔者认为，虽然参与法律关系的并不一定是法律主体，但是法律主体必然参与法系关系。

以归纳到民事主体上。法人与民事主体的关系并不是充要关系，而是充分不必要的关系。法人是在某一个国家范围内，除自然人外可被承认的能够作为权利主体的一切事物。根据《民法典》对法权力与义务的"独立"之强调，①从民事主体的角度研究法人的法本质，法人使民事主体（自然人或非法人组织）成为能够具有独立的民事权利和行为能力，能够独立享受民事权利并承担民事义务和责任，成为独立自主、权责对等的法人。法人的成立依托于社会组织，是按一定的原则和宗旨目标成立的，具有社会目标的组织体。通常法人不是一个个人，而是一个组织和自然人的集体。法人是某一组织在法律上的人格化，是某一团体，是民事主体的集合，而非"生命体"。法国学者米休德和塞莱斯在法人组织体理论的论述中提到，法人之所以能够成为民事主体，根源在于其是适合作为权利能力的组织体，具有适合成为民事主体的组织机构和议事机关。如果某一组织不具备名义、意志、财产、责任方面的独立性，那么就无法成为民事主体，也就无法成为完整意义的法人。

法人是法律对社会组织法律人格的赋予。萨维尼认为民事权利主体应以自然人为准，非自然人是在法律的约束下，使其拟制为自然人。民事权利的主体应以自然人为限。法人是对民事主体资源的承认，将团体与个人的权利与义务进行差异化对待，形成了现代民法的基础。法人与自然人同样作为民事权利主体，如果说由于拟制的作用才出现的法人，这并不准确。法人是随着经济社会的发展而存在的，其产生有一定的历史必然性。作为"民事权利主体"与"人格化"的集合体，法人的这种人格化是一种拟制的过程，是法律赋予的某一民事主体的法律人格。法人成立的前提条件就是法律的赋予。法人需要法律的构造与拟制，通过法律的力量将某一团体拟制为独立的"法律人格"。②结合上述关于民事主体的理论分析，仲裁机构作为解决民事纠纷的社会组织，如果法律没有赋予其人格、承认其存在，那么仲裁机构就无法成为争议当事人所共同信任的第三者进行公断。但是，并非社会组织都能取得法人资格，只有法律赋予某一组织人格后，该组织才具有相应的民事权利，承担民事责任。因此在各国的

---

① 《中华人民共和国民法典》第 57 条规定，"法人是具有民事权利能力和民事行为能力，依法独立享有民事权利和承担民事义务的组织"。

② 法人的本质是法律的人为构造物，是通过法律手段，进行自然人的一种模仿物，是具有独立人格的拟制的人。（参见梁上上：《中国的法人概念无需重构》，现代法学，2016 年，第 1 期：30-31。）

《民法典》中,大多有"法人需依法成立"的规定,目的在于法人的设立与国家和社会的利益相一致。

2.1.2.2　法人认定的角度

法人拥有独立法律人格。法人是社会组织在法律上的人格化,是法律意义上的"人"。拥有的独立法律人格也被称为民事主体资格,这种人格并不是与生俱来的,而是在法律框架范围性被拟制的,体现在组织、财产、责任上的独立性。法人独立的人格体现在组织的独立性,应具有必要的组织机构;财产的独立性,拥有必要的经费,其财产独立于出资者及其他法人,不受其他组织和个人干预;责任的独立性,作为民法上我国特有的研究焦点问题,体现为法人在责任的承担上不受外部影响。根据人格学,"人格"中的"人"是指某种民事权利主体,而"格"则是具有这种民事主体的资格和资质。法人的意志通过法人机关来实现,通常包括议事机关、执行机构、监督机构等。虽然自然人和法人都是民事主体,但是法人的财产、行为活动、意志并不代表其组成的自然人,而是仅代表法人组织本身。

基于公法与私法的分类,可以将法人划分为公法人与私法人。公法人与私法人设立行为、执行任务、身份性质等方面具有差异性。公法人以公益性为目的,满足社会公众需求;而私法人则以私人利益为目的。公法人依据公权或者公法设立;而私法人则建立在私法基础上,或者以设立的合同或捐助行为为基准而设立。公法人的主要任务是执行国家的意志。公法人以公法的强制手段来对待其成员或者非成员。总体上看,公法人与私法人的法本质区别在于社会利益和公共利益,公法人以维护社会利益和公共利益为设立的前提,而私法人则是为了私人利益或者某一团体的利益。公法人与私法人的划分建立在公法与私法的不同调整对象上。

无论是拟制说还是否认说,抑或实在说,本质上都是以"自然人"为参照物,通过不同的方式对"组织"进行解读,赋予其民事权利能力和民事行为能力,将其纳入社会生活中,通过法律来管理。同样,仲裁机构亦是社会生活中的组织,也是由"自然人"组成的社会团队,其法本质定性不清是导致我国仲裁机构法人地位现实困境的根源所在。

2.2 仲裁机构法人制度的基础与价值

仲裁机构随着市场经济的发展而产生，虽然我国在计划经济时代也有仲裁，但当时更多的是行政权力的行使。国外的仲裁机构产生于商会，商会的基础性作用使得仲裁机构保持民间性，商会是仲裁机构的仲裁规则制定者。现代仲裁制度本身源于市场经济，作为在意思自治基础上解决商事主体纠纷和矛盾的方式，仲裁起源于自由市场经济发展中的"三方公断"，即商事主体自愿将纠纷和争议交由第三方裁决。

2.2.1 仲裁机构法人制度的基础

2.2.1.1 仲裁机构法人制度的产生与计划经济的关系

在计划经济条件下，由行政指令负责对经济发展进行调控，对生产、资源分配及产品消费进行计划性的干预。仲裁机构法人制度与计划经济是一种依附的关系，仲裁机构法人体现出较浓郁的行政化色彩，仲裁机构是国家行政机关。如苏联的仲裁机构具有较强的计划经济色彩。1922年，由苏联劳动国防委员会牵头成立了最高仲裁委员会，其业务范围在于解决所有苏联境内的各类单位和部门间的纠纷。1931年3月，苏联中央执行委员会和人民委员会撤销了最高仲裁委员会，将所有仲裁业务交由法院，使得仲裁与审判一体化。1959年7月，苏联部长会议发布《关于改进国家仲裁工作》后，苏联恢复了国家仲裁署的职能，从完成国家经济计划、加强宏观经济调控的角度，使苏联国内所有仲裁业务拥有仲裁权力。1974年，苏联部长会议通过《关于进一步完善国家仲裁机关组织和工作的决议》，根据该决议，苏联划分为国家仲裁和部门仲裁，仲裁机构按照行政层级和区划设置。总体上看，苏联的仲裁机构属于行政机关法人性质，执行的是公权力。在计划经济环境下，国家的所有资源均要由行政权力进行调配，仲裁机构完全代表了公权力，是公权力在仲裁机构的行使。仲裁机构的自治性、契约性、公益性大打折扣，仲裁机构等同于行政机关，在人员配置、经费来源、运营管理等方面都有"计划"的身影。我国的仲裁制度模仿苏联，1955—1966年"文革"前，我国照搬苏联的仲裁制度，将仲裁作为一种国家行政权力进行行使。从我国的对外贸易仲裁委员会、经济合同仲裁委员、科学技术行政管理部门仲裁机构来看，无一不是建立在计划经济体制基础上。在计划经济条件下，这些仲裁机构是国家机器的重要组成，仲裁权不但作为国家的公权力行使，同时受到行政权力和司法权力的干预较为严重，仲裁双方当事人的自治性和合意性没有得到体现。

2.2.1.2 仲裁机构法人制度的产生与市场经济的关系

经济发展是仲裁机构法人产生的基础。现代仲裁制度本身源于市场经济，在商品和劳务的交换过程中，从事交易的商事主体产生纠纷和矛盾，从而促进了仲裁的产生。可以说，在资源的配置与交换过程中，纠纷和争议的产生为仲裁的产生提供了土壤。早在古希腊、古罗马时代，随着商品经济的发展，在产生了商事纠纷后，商人们自发地通过聘请中间人的方式来进行裁决。随着全球贸易的发展，以及商事往来的日益频繁，仲裁的内容、领域、主体也不断拓展，国际商事、海事、劳动仲裁纷纷登上历史舞台。特别是"二战"后，《承认及执行外国仲裁裁决公约》的出台和公布成为各国所默认和遵循的约定，推动了仲裁的国际化发展。仲裁机构法人地位以经济发展为基础，经济的发展推动了仲裁活动的开展，仲裁活动的公平、公正和效率要求仲裁机构必须拥有独立的法人地位，独立于行政权和司法权，这样才能够在商事主体间形成应有的公信力。商品交换的日益频繁，使得仲裁不断由临时仲裁向机构仲裁转变升级。随着大机器、大生产、大消费的产生，以及全球经济一体化的快速发展，其贸易的多样性、市场的自由竞争决定了仲裁这种便捷、公平地定纷止争的方式成为商事主体的选择。直至 1892 年世界上第一家仲裁机构——伦敦仲裁院以非营利性的担保公司的法人成立。开放和自由竞争是市场经济的本质，多边贸易体系的产生和建立推动着仲裁制度的完善，全球经济贸易快速发展，使得各国认识到机构仲裁相对于临时仲裁的重要意义。瑞典斯德哥尔摩仲裁院、美国仲裁协会、日本商事仲裁协会等仲裁机构逐步建立。市场经济越发达，其对商事仲裁的依赖就越严重。不同国家间的经济交往不断增多，相互沟通、相互访问也不断加快，对市场经济产生的纠纷解决的需求更加迫切，上述这些国际仲裁机构在市场经济的作用更加显著。

商会是仲裁机构产生的土壤，作为一种以工商业经营者为主体的民事结社契约行为的结晶，商会产生于其组成人员对于共同利益的追求。仲裁机构与商会间有着密切的关系，仲裁机构法人根植和源自商会。从瑞典斯德哥尔摩商会仲裁院、国际商会仲裁院、伦敦国际仲裁院等仲裁机构的法人制度的建设来看，仲裁机构的产生是商会自治性的体现，商会的基础性作用使得仲裁机构保持民间性；商会是仲裁机构的仲裁规则制定者；商会所享有的内部自治权与处罚权保障了仲裁机构裁决的权威性和执行力；商会是仲裁机构案件的重要来源。[①] 仲裁机构的法人地位和效力由组建它的商会所赋予。例如：瑞典斯德哥尔摩商会仲裁院依托斯德哥尔摩商会成立、国际商会仲裁院是附属于国际商会成立、伦敦国际仲裁院依托伦敦城市仲裁会和伦敦商会成立。

2.2.2 仲裁机构法人制度的价值

日本学者四宫和夫提出了法人的价值性契机，强调法人制度的价值是法人制度的有用性，是法人制度建立的根本用意之体现。韦伯认为，工具与价值是一个整体，法人的价值性需要通过工具来展现。法人的价值可以分为目的性价值和工具性价值，其中，法人的目的性价值体现在法人的价值取向，是法人制度所承载和追求的根本目的价值，法人的工具性价值体现在法人制度在运用和实施过程中，所要达到根本目的价值所采取的手段和成果。仲裁机构法人制度的目的性价值包括公平公正、效率、稳定等方面的价值；工具性价值包括实现当事人意思自治、提升公信力等方面的价值。

2.2.2.1 目的性价值

仲裁机构法人地位的目的性价值体现在公平公正、效率和秩序等方面。

一是公平公正价值。公平公正是法律的基本价值，是仲裁的价值之所在，是仲裁机构法人的价值追求。商事主体之所以选择仲裁作为定纷止争的工具，重要目的是基于仲裁机构公平性的考量。仲裁裁决的过程是商事主体间进行权利和义务重新划分、界定的过程，使得双方当事人能够在有序的环境中解决纠纷。仲裁的公平公正价值代表着仲裁程序与法律准确适用，有助于避免矛盾和纠纷的激化。拥有独立的法律人格是仲裁机构法人能够实现公平裁决的重要保

---

① 商会的发展不但是商事仲裁产生的基础，同时在商会的组织和干预下，也有助于商事仲裁机构专业化水平的提高，以及法律地位独立性的增强。（参见肖海军：《商会法律制度研究》，北京：中国人民大学出版社，2010年版，第101页。）

障，只有法律地位明确，才更不容易使仲裁活动受外部条件的影响，突显仲裁的公平公正价值。

二是效率价值。法人的价值体现在法律关系的简化，便于明确法人的法律地位，使法人拥有独立的人格，便于民事主体交易行为的简化。作为解决纠纷和争议的重要方式和机制，仲裁在尊重当事人意思自治的基础上，通过裁决终局，与传统的诉讼等纠纷解决方式相比，仲裁更加便捷，能够减少市场主体间的信息不对称，降低纠纷解决的成本。通过"民主"和"协商"来进行解决纠纷与矛盾的方式，仲裁存在的价值正是效率价值的体现。仲裁机构法人地位的效率价值主要体现在通过法人地位的明确有助于法律关系的简化，有助于增强仲裁机构的独立性，不受行政权和司法权的制约，从而达到便捷化的"公断"目标。法国学者米旭曾提出：交易主体的明确只有依赖于明确的法律人格，如果没有明确的人格，则无法进行便捷的交易。如果仲裁机构没有独立的法律人格，当事人就无法与仲裁机构形成有效的契约。

三是秩序价值。仲裁与诉讼、调解等共同构成了多元化的纠纷解决方式。仲裁根植市场经济的发展，而又服务和作用于市场经济的发展，仲裁机构法人制度建设有助于构建完善的仲裁秩序。与司法权力、行政权力相比，仲裁不通过当事人的诉讼，而是通过当事人的权利让渡与处分来解决矛盾和纠纷。仲裁机构的独立法人地位有助于使仲裁更好地服务商事主体，构建和谐稳定的商事仲裁秩序环境，促进自由贸易的开展。特别是在现代市场经济条件下，全球化的市场经济的发展要求各国的仲裁机构都应拥有独立的法人地位，这样才能够与世界发达经济体接轨。

2.2.2.2　工具性价值

实现意思自治，提升仲裁的公信力是仲裁机构法人地位的工具性价值之体现。

一是实现意思自治。仲裁机构法人具有意志的永久性特征，法人在设立后，以其章程作为行为的载体，便可通过议事机关拥有了行为能力。仲裁机构的意思自治体现在两个方面：一个方面是仲裁机构自身的意思自治，另一个方面是当事人的意思自治。仲裁机构必须能够依托当事人的仲裁协议，独立地进行案件的受理，而不受其他任何组织和个人的干预。当事人的意思自治是仲裁存在的基础，以仲裁的方式进行纠纷的解决，可有效实现尊重当事人的意思自治，使得当事人能够从公平、公正、便捷的角度，选择仲裁途径。从国外仲裁来看，无不是以当事人意思自治作为前提，在取得当事人授权的基础上，才能够进行仲裁裁决。也只有确保仲裁机构法人的独立性，才能够在当事人意思自治的前提下，行使仲裁，充分尊重当事人选择仲裁机构、仲裁程序、仲裁协议，确定纠纷解决方式。仲裁机构的独立法人地位不但更容易使得当事人合意得到尊重，同时在仲裁协议的要求、条款、仲裁庭上对当事人选择权提供了制度性的保障。英国法学者施米托夫认为："仲裁是基于合同争议的一种制度，应根据合同的安排，尊重当事人的意思自治。"仲裁起源于市场经济，并服务市场经济。在审理者、审理原则、程序等方面仲裁均与诉讼在自治性上有区别。仲裁机构的法人制度对当事人自治意思的保障还体现在仲裁机构的独立性，使得当事人拥有更多的自主选择权。在保障法人独立地位的前提下，仲裁机构以当事人意思自治作为其存在合理性的条件，同时基于公正和正义行使其自治权。仲裁机构的法人制度建设使得仲裁机构在仲裁原则（自愿、裁决、协议、公正及时、不公开、一裁或多裁等），仲裁裁决，仲裁程序（仲裁的提起、仲裁庭的构成、仲裁案件审理方式、程序、内容等），以及仲裁庭（仲裁地、使用的语言、适用法律、证据审查及采用等）等方面拥有独立性。

二是提升公信力。拥有独立的法人地位是提升仲裁公信力的必要保障。作为国际通行的纠纷解决方式，仲裁具有占用行政成本、公共资源较低、便捷高效的优势。特别是随着国际贸易的日益频繁，以及市场经济的发展，仲裁机构在市场经济发展中的作用更加突显。如果仲裁机构没有独立的法人地位，便容易使其发展处于杂乱无章的状态，仲裁机构受行政权力的影响和干涉较为严重，当事人也就无法放心地选择仲裁作为解决纠纷和矛盾的途径，使得仲裁机构的公信力受到影响。一些当事人宁愿选择诉讼或者其他途径解决纠纷，也不愿意选择仲裁，阻碍了仲裁机构健康发展的步伐。仲裁机构独立的法人地位也有助于纠正扰乱仲裁发展秩序的行为，使得仲裁机构能够围绕自己的仲裁执业范围不越轨，规范变更登记事项。明确仲裁机构法人定位，使仲裁机构不再受到行政权力与司法权力的干扰，有利于仲裁机构真正地回归于民间化和独立性，推动仲裁机构的正本清源。在财产和经费管理方面，仲裁机构的法人制度建设有助于加大对于仲裁机构的"内部人控制"问题的遏制，以及将仲裁机构非营利性的性质改变为营利性质，对收入进行分配，使仲裁委员会为其他单位或者个人提供担保、借贷等行为进行规范。明确产权的归属问题，不至于由于产权归属的不清晰产生的"公地悲剧"，保证仲裁委员会财产的不可分割和完整性。通过法人制度的完善，使得仲裁委员会、仲裁业务不能以任何形式承包给单位或者个人，增强仲裁的规范性，避免仲裁机构为争抢案源违规降低仲裁收费或者采取其他不当竞争的现象出现。

2.3　本章小结

　　法人的本质是社会组织在法律上的人格化。法人的本质决定了法人的地位，法人的本质是条件，法人的地位是结果。本章对仲裁与法人的本质，以及仲裁机构法人制度的基础与价值进行了探讨，发现契约性、自治性、公益性是仲裁的法本质。契约性体现在双方当事人的契约关系，以及当事人与仲裁机构间的契约关系，仲裁行为的本质决定了其具有契约性的重要属性；自治与合意不仅是仲裁成立的基础，也是商事双方当事人选择通过仲裁的方式解决纠纷和矛盾的必要条件，体现在双方当事人对仲裁的选择行为不受任何组织和个人干预，双方当事人的授权是仲裁行为产生的来源；仲裁的公益性体现在不以利润回报为目的，仲裁机构的效益也不以经济利益为目标。法人的法本质体现为法人是社会组织、法人拥有独立法律人格、法人是法律对社会组织法律人格的赋予。

　　在计划经济条件下，由行政指令负责对经济发展进行调控，对生产、资源分配以及产品消费进行计划性的干预。仲裁机构法人制度与计划经济是一种依附的关系，仲裁机构法人体现出较浓郁的行政化色彩，仲裁机构是国家行政机关。市场经济是仲裁发端的源泉，仲裁有助于维护公平的市场交易，优化市场资源的配置，在市场资源的配置与交换过程中，纠纷和争议的产生为仲裁的产生提供了土壤。

　　法人制度的价值是法人制度的有用性，是法人制度建立的根本用意之体现。作为仲裁机构在法律上人格化的法人本质与仲裁机构法人制度的价值，是仲裁机构法人地位的逻辑起点。仲裁机构法人地位目的性价值体现在公平公正、效率和秩序等方面。商事主体之所以选择仲裁作为定纷止争的工具，重要目的是基于仲裁机构公平性的考量，仲裁的公平公正价值代表着仲裁程序与法律准确适用；仲裁存在的价值正是效率价值的体现，通过法人地位的明确，有助于法律关系的简化，以及增强仲裁机构的独立性，不受行政权和司法权的制约，从而达到便捷化的"公断"目标；仲裁机构的独立法人地位有助于使仲裁更好地服务商事主体，构建和谐稳定的商事环境，促进自由贸易的开展。仲裁机构法人地位工具性价值体现在实现当事人意思自治、形成仲裁的公信力等方面。在保障法人独立地位的前提下，仲裁机构以当事人意思自治的合法性和合理性作为基础和前提，同时基于公正和正义行使其自治权；明确仲裁机构法人定位有利于仲裁机构去行政化，推动仲裁机构的正本清源。

第3章
我国仲裁机构法人地位的现实困境及原因分析

通过比较法研究发现，大陆法系的国家和地区仲裁机构的法人定位主要以社会团体为主；英美法系的国家和地区则主要将仲裁机构定位为公司，但是公益性的性质。无论是大陆法系还是英美法系的仲裁机构，其法人定位均为非营利性的，法人均具有较强的独立性。作为服务性的机构，仲裁机构既不是权力机关，更不是行政机关和事业单位意志的执行者，不应像法院那样，根据法律规定代表国家行使司法审判权。仲裁机构的市场化和去行政化进程要求其必须建立在具有较强独立性的基础上，只有仲裁机构法人具有较强的独立性，才能够确保完整的法人民事主体资格，具有良好的公信力。然而长期以来，我国仲裁机构缺少独立性，受行政干预严重，已成为法学界的一个共识。我国仲裁机构的建立依赖行政权力的推动，仲裁机构的性质、经费来源、举办机关、人员结构等均具有较强的行政色彩。我国仲裁机构的独立性究竟如何，怎样通过量化的指标来对我国仲裁机构的独立性进行测度，在此基础上揭示我国仲裁机构法人地位的现实困境，以及对仲裁机构法人地位存在问题的原因进行分析，这些都成为亟待解决的问题。

3.1 我国仲裁机构独立性测度及分析

当前虽然学者们对仲裁机构法人的性质、定位、独立性等开展了研究，但是大多局限于定性研究，从宏观的角度开展分析，基于全国数据调查的实证研究较少。针对定量分析不足的问题,本书通过调取 2017 年末至 2019 年初所有地级市可查询到的事业单位年度报告或者政府的公开报告,重点对 264 家仲裁机构(主要以设区的市的仲裁机构为主)的性质、经费来源、登记管理机关、人员构成等数据进行整理、分析,剔除存在数据不完整的仲裁机构,共选取各类数据完整的仲裁机构 203 家。运用熵权法来构建仲裁机构独立性指数,对 203 家仲裁机构的独立性指数进行测度,并对影响仲裁机构独立性指数的因素进行灰色关联度分析和回归分析。与相关专家、学者针对仲裁机构的法人制度问题进行访谈,探讨我国仲裁机构法人地位存在的不足。

3.1.1　定量实证研究的意义

在传统的法学研究中,过分倚重价值分析和规范分析,往往缺少具体的数据分析,不利于对研究对象做出科学准确的评价。[①] 长期以来,虽然学者们对仲裁机构的法人制度进行了一定研究,但是以往有关仲裁机构法人研究普遍存在着理论与实践、定性与实证相脱节的现象,过于注重价值和规范性分析,而忽视了我国仲裁机构法人制度现状,尚没有形成仲裁机构法人属性的理论体系。运用计量方法辅助,全面分析仲裁机构性质定位、经费来源、管理机构、人员构成等方面的数据,以数量关系、数字形式构建和呈现我国仲裁机构独立性指数,较之以往对于仲裁机构缺少独立性的思辨研究,实证研究更能够体现科学的检验逻辑、科学的研究程序,有助于对传统研究模式进行改进和创新。通过将定性分析与定量分析相结合,能够克服传统仲裁机构法人研究"从理论到理论"的空洞和不足,从而构成对仲裁机构法人研究的反思和补充,使得研究更加接近科学,摆脱主观臆断之名。独立性是推动仲裁机构法人规范体系建设的前提条件,只有仲裁机构拥有较高的独立性,才能够增强其公信力。如果仲裁机构的独立性不强,受到行政权力的干扰与制约,必然影响到裁决的公正性。因此,仲裁机构的法律地位和法人制度建设进程必然受到仲裁独立性的影响。借助定量研究方法,通过我国仲裁机构独立性测度及分析,使我国仲裁机

[①] 计量方法有助于探索法律现象背后各影响因素间的相互关系,进而达到评价现行制度的运作效果并预测未来社会新规则的发展趋势之目的。计量方法的运用有助于法学研究对象的全面把握、法律规则制定、适用、评价的科学化、中国法学研究的国际化。(参见屈茂辉,张杰,张彪:《论计量方法在法学研究中的运用》,载《浙江社会科学》2009 年第 3 期,第 22–23 页。)

构法人制度的研究更加全面客观。

3.1.2　我国仲裁机构独立性较差

根据《仲裁法》，仲裁机构的独立性主要体现在以下几个方面：一是仲裁机构的设立不以行政区划和行业为基准；二是仲裁机构与行政机关、不同仲裁机构之间相互独立。要了解我国仲裁机构独立性的情况，就有必要对我国仲裁机构的独立性开展测度研究。

3.1.2.1　独立性测度指标选取

根据《仲裁法》和《关于完善仲裁制度提高仲裁公信力的若干意见》，仲裁委员会应当依法独立开展工作，其独立性体现在以下几个方面：一是组织上的独立，即仲裁委员会在组织序列上独立于行政机关；二是机构上的独立，各仲裁机构之间不存在隶属关系，独立开展业务；三是业务上的独立，案件仲裁过程中不受行政机关、社会团体和个人的干涉，"各级党政机关和领导干部要支持仲裁委员会依法独立仲裁，支持仲裁委员会依照章程独立开展工作，不得干预仲裁裁决"。因此，笔者对涉及仲裁机构独立性的国内外文献和我国仲裁机构相关法律条款，以及仲裁机构章程、规则进行查阅，并选取长沙、厦门等仲裁委员会进行实地访谈后发现，仲裁机构的独立性可以划分为仲裁机构性质定位、经费来源、管理机构、人员构成等方面的独立性。

第一，性质定位的独立性体现在仲裁机构拥有独立的法人资格。由于仲裁机构具有非营利性的特征，根据仲裁机构的业务范围和服务领域，应将公益性与服务性作为仲裁机构的根本属性，因此，仲裁机构的性质应当作为其独立性测度的维度之一。相对而言，从仲裁机构性质这一维度来看，事业单位和参公事业单位的独立性要低于社会组织与社团法人、法律服务机构、企业等非政府机构。

第二，经费来源的独立性体现在独立的经费来源，经费是法人作为独立主体存在的物质基础，没有独立的经费来源，就无法独立地享有民事权利并承担民事义务，也就没有独立的"人格"。因此，可将经费来源作为独立性的考查变量。仲裁机构的经费来源不应依赖财政拨款和补贴，实行"收支两条线"，而是应做到自收自支。所以，从仲裁机构经费来源这一维度来看，经费来源为财政拨款（全额拨款）的独立性应当低于财政补助（差额拨款），而财政补助（差额拨款)的独立性要低于自收自支、企业化管理。

第三,管理机构的独立性体现在不应以市政府及其办公厅(室)、法制办作为其管理机构,而是应以仲裁委作为独立的登记主体,管理机构也应当是仲裁机构独立性测度的维度之一。因此,从仲裁机构管理机构这一维度来看,管理机构为"市政府及其下属单位、市政府办公厅(室)、法制办、司法局"等政府机关的独立性应当低于自我独立登记管理为"仲裁委或仲裁委员会"的仲裁机构。

第四,人员构成的独立性体现在仲裁委员会主任的身份不应为政府官员,而是应为相关法律或经济领域的专家学者,并增加行业专家学者在委员会人员构成中的比重。在仲裁机构主任的身份中,政府官员兼任主任的独立性低于从党政机关转任的专职主任,而专职主任的独立性低于专家学者。同时,考虑到同为政府官员,其官职越高,则管辖范围越大,相应地对于仲裁机构的关注越少,仲裁机构的独立性反而越强。与此同时,计算专家学者人数、事业单位成员人数和行政机关人数占委员会总人数的比重也能一定程度上体现仲裁机构的独立性状况。

3.1.2.2 样本和数据选取

本书选取目前我国现有的仲裁机构作为研究对象,考虑到数据的完整性和代表性,重点以黑龙江、吉林、辽宁、河北、内蒙古、山西、贵州、四川、西藏、云南、安徽、福建、甘肃、江苏、江西、山东、陕西、浙江、北京、广东、广西、海南、河南、湖北、湖南、宁夏、青海、上海、天津、新疆、重庆等地共 264 家仲裁机构作为研究样本。目前关于我国仲裁机构的基本情况尚没有一个完整权威的统计报告,本书数据来源于 2017 年末至 2019 年初所有地级市在互联网上可查询到的事业单位年度报告或者政府的公开报告。自 2017 年进行数据收集,历经三次审核校对,保证了数据的真实可靠。由于目前我国仲裁机构正处于改革阶段,作为多地仲裁机构牵头组建机关的法制办逐渐被合并纳入司法局,导致原法制办的公开资料遗失,增加了数据的获取难度,且未来此类数据将越来越少。因此,本书使用的数据是目前我国最全面地反映仲裁机构行政化特性与独立性现状的数据。

3.1.2.3 工具选择

关于独立性测度在金融领域的研究成果较多,在法律领域趋于空白,但基于独立性测度理念与方法的共通性，可借鉴以银行独立性测度为典型的研究成果，实现对于仲裁机构独立性测度方法的选取。基于 *LEGAL* 指数、*LL* 指数、*TOR* 指数、*POL* 指数等对中央银行独立性开展的研究和应用中，研究者均通过对"独立性"的内涵进行界定，选取若干衡量指标并赋予每一项指标一定的数值和权数。[1]　确定指标权重运用的方法包括变异系数法、层次分析法、熵权法、主成分分析法等。本书借鉴上述领域的研究思路，在对仲裁机构独立性测度的计算过程中，为了确保计算结果的准确性和科学性，选择熵权法用于对仲裁机构的独立性进行测度，原因在于其是一种用于多对象、多指标的综合评价方法，客观性较强，不受主观干扰，通过指标的变异程度进行计算以确定目标值的权重。通常情况下，某个指标的信息熵 E_i 的变化与其变异程度呈反比关系，与信息量成正比关系。对于仲裁机构的独立性测度，考虑到其数据较为离散，变异程度也较大，利用熵权法可有效剔除指标体系中对评价结果贡献不大的指标，其研究成果精度较高，并且能够较好地解释所得到的测度结果。

熵权法应用的步骤如下：

一是将数据进行标准化处理。对于给定的指标序列 $X_i = \{x_1, x_2, \cdots, x_n\}$，标准化后的序列为 $Y_i = \{y_1, y_2, \cdots, y_n\}$，则 $Y_{xj} = \dfrac{x_{ij} - \min x_i}{\max x_i - \min x_j}$。

二是计算各指标的信息熵。另 $P_{ij} = \dfrac{Y_{ij}}{\sum\limits_{i=1}^{n} Y_{ij}}$，则信息熵值为 $E_j = -\ln(n)^{-1} \sum\limits_{i=n}^{n} p_{ij} \ln p_{ij}$。若 $P_{ij} = 0$，则定义其熵值也为 0。

三是确定各指标的权重。根据公式 $W_i = \dfrac{1 - E_i}{k - \sum E_i}$ $(i = 1, 2, \cdots, k)$，计算出每个指标的信息熵 $E_1, E_2, \cdots, E_k$。

本书利用收集到的数据，构建仲裁机构独立性指数指标体系。在指标体系

[1]　目前金融界基于 *LEGAL* 指数、*LL* 指数、*TOR* 指数、*POL* 指数等对金融机构独立性测度开展得较多，大多采用变异系数、层次分析、熵权、主成分分析等研究方法构建指标权重。（参见张旭，伍海华：《中央银行独立性测度的比较及对我国的启示》，载《财贸研究》2002 年第 3 期，第 46-51 页。张晓耀，李玉婷《中央银行独立性测度及其与通胀的关系——基于文献研究视角》，载《中国集体经济》2018 年第 5 期，第 102-103 页。）

中，包含反映仲裁机构的性质、经费来源、举办机关、主任身份人员构成等方面的内容，具体如下：NATU 为仲裁机构的性质，FUND 为仲裁机构的经费来源，ORGA 为仲裁机构的举办机关，STAF 为仲裁机构的主任身份，STRU 为仲裁机构的人员构成。采取赋值的方式，对 5 个自变量进行量化，以便于模型计算(见表 3.1)。

表 3.1　仲裁机构独立性指数指标体系

目标层	指标名称	指标内容	赋值规则
仲裁机构的独立性指数 INDE	NATU	仲裁机构的性质	将事业单位和参公事业单位赋值为"1"，社会组织与社团法人、法律服务机构、企业等赋值为"2"
	FUND	仲裁机构的经费来源	将财政拨款(全额拨款)赋值为"1"，将财政补助(差额拨款)赋值为"2"，将自收自支、企业化管理赋值为"3"
	ORGA	仲裁机构的举办机关	将"市政府及其下属单位、市政府办公厅(室)、法制办、司法局"赋值为"1"，将"仲裁委"赋值为"2"
	STAF	仲裁机构的主任身份	将副厅(地市)级及以下级别政府官员赋值为"1"，将正厅(地市)级及以上级别政府官员赋值为"2"，将"专职主任"赋值为"3"，将"专家学者"赋值为"4"
	STRU	仲裁机构的人员结构	将仲裁机构人员结构引入熵权法模型，计算专家学者数量和事业单位成员数量，以及行政机关人员占委员会总人数的比重。在此基础上进行加权，计算仲裁委员会人员结构的独立性。 $$STRU = \frac{organ}{total} \times 1 + \frac{insti}{total} \times 2 + \frac{exper}{total} \times 3$$ 在上式中，STRU 代表仲裁机构人员结构变量的赋值，total 代表总人数，organ 代表行政机关成员数量，insti 代表事业单位成员数量，exper 代表专家学者数量

3.1.2.4　结果分析

(1)数据基本情况。

在264家仲裁机构中,事业单位和参公事业单位占91.29%,社会组织与社团法人占2.65%,法律服务机构、公司占2.27%,不详占3.79%(见表3.2)。

表3.2　仲裁机构的性质

仲裁机构的性质	事业单位和参公事业单位	社会组织与社团法人	法律服务机构、公司、	不详
数量/家	241	7	6	10
比重/%	91.29	2.65	2.27	3.79

仲裁机构的经费来源中,财政拨款和全额补助、财政差额补助、自收自支、企业化管理分别为78个、81个、81个、2个,分别占29.55%、30.68%、30.68%、0.76%。在经费来源方面,有60.23%仲裁机构的经费来源是财政拨款和补助(见表3.3)。

表3.3　仲裁机构的经费来源

仲裁机构的经费来源	财政拨款和全额补助	财政差额补助	自收自支	企业化管理	不详
数量/个	78	81	81	2	22
比重/%	29.55	30.68	30.68	0.76	8.33

仲裁机构的管理机构为法制办、司法局、仲裁委、政府办、市政府、不详的,分别为87个、37个、37个、32个、52个、19个,分别占32.95%、14.02%、14.02%、12.12%、19.70%、7.20%(见表3.4)。

表 3.4　仲裁机构的管理机构

仲裁机构的管理机构	法制办	司法局	仲裁委	政府办	市政府	不详
数量/个	87	37	37	32	52	19
比重/%	32.95	14.02	14.02	12.12	19.70	7.20

　　纵观仲裁机构主任的身份，市长、常务副市长、副市长、政府秘书长、人大主任和政协主席、法制办主任或法制司法局局长、原政府官员、其他政府官员、专职主任、专家学者分别为 7 人、102 人、69 人、7 人、13 人、13 人、10 人、8 人、4 人、4 人，分别占 2.65%、38.64%、26.14%、2.65%、4.92%、4.92%、3.79%、3.03%、1.52%、1.52%（见表 3.5）。

表 3.5　仲裁委员会主任的身份性质

仲裁委员会主任的身份性质	市长	常务副市长	副市长	政府秘书长	人大常委会主任和政协主席	法制办主任或法制司法局局长	原政府官员	其他政府官员	专职主任	专家学者	不详
数量/人	7	102	69	7	13	13	10	8	4	4	27
比重/%	2.65	38.64	26.14	2.65	4.92	4.92	3.79	3.03	1.52	1.52	10.23

　　在仲裁机构的人员结构中，政府机构成员、事业单位成员、专家学者人数分别为 2111 人、516 人、461 人，分别占 68.36%、16.71%、14.93%。在所有委员中，从事法律相关工作者 1093 人，占 35.4%（见表 3.6）。

表 3.6　仲裁机构的人员结构

仲裁机构的人员结构	政府机构成员	事业单位成员	专家学者
人数/人	2111	516	461
比重/%	68.36	16.71	14.93

　　（2）熵权法分析结果。

　　剔除存在数据不完整的仲裁机构，共选取各类数据完整的仲裁机构 203

家。运用熵权法来进行指标权重的计算，对各指标数值进行无量纲化处理，采用 Min-Max 归一法对各指标进行标准化处理。仲裁机构的性质、经费来源、举办机关、主任身份、人员构成等指标的熵值和权重如表 3.7 所示。

表 3.7　仲裁机构独立性指数各指标的熵值和权重

指标名称	熵值	差异系数	权重
NATU	0.414	0.586	0.365
FUND	0.919	0.081	0.050
ORGA	0.564	0.436	0.271
STAF	0.534	0.466	0.290
STRU	0.961	0.039	0.024

根据熵权法的基本原理，指标数值的波动范围越大，说明该指标反映的信息量越多，则计算的熵值越小，权重反之越大。从表 3.7 可以看出，在仲裁机构独立性指数各指标中，仲裁机构的性质 NATU 权重最大，为 0.365；仲裁机构的主任身份 STAF 权重第二，为 0.290；仲裁机构的举办机关 ORGA 权重第三，为 0.271；仲裁机构的经费来源 FUND 权重第四，为 0.050；仲裁机构的人员构成 STRU 权重最小，为 0.024。

根据熵权法得出的仲裁机构独立性指数各指标权重，构建的我国仲裁机构独立性指数模型如下：

$INDE = 0.365NATU + 0.05FUND + 0.271ORGA + 0.29STAF + 0.024STRU$

(3)描述性统计。

表 3.8　案例处理汇总

		N/家	占比/%
案例	有效	203	100
	已排除	0	0
	总计	203	100

从表 3.8 可以看出，经处理后的数据均为有效，适合进行统计分析。

表 3.9　可靠性统计量

Cronbach's α	项数
0.729	5

从表 3.9 信度系数分析来看，总体情况较理想。仲裁机构的性质（NATU）、经费来源（FUND）、举办机关（ORGA）、主任身份（STAF）、人员构成（STRU）各变量的标准差、均值、极小值、极大值如表 3.10 所示。

表 3.10　指标描述性统计

	N/家	极小值	极大值	均值	标准差
NATU	203	1.00	2.00	1.0443	0.20635
FUND	203	1.00	3.00	2.0345	0.81069
ORGA	203	1.00	2.00	1.0985	0.29876
STAF	203	1.00	4.00	1.1576	0.54933
STRU	203	1.00	3.00	1.4732	0.30627

（4）各仲裁机构独立性指数。

通过我国仲裁机构独立性指数模型，对各项数据完整的 203 家仲裁机构的独立性指数进行测度，各地市仲裁机构的独立性指数如下表所示（见表 3.11、表 3.12、表 3.13）。

表 3.11　独立性指数排名 1~60 位的仲裁机构

排位	城市	独立性指数	排位	城市	独立性指数	排位	城市	独立性指数	排位	城市	独立性指数
1	普洱	2.342	16	赣州	1.472	31	石嘴山	1.350	46	滁州	1.121
2	北京	2.279	17	鄂尔多斯	1.414	32	北海	1.350	47	福州	1.121
3	深圳	2.075	18	兰州	1.405	33	邯郸	1.341	48	重庆	1.117
4	阳江	2.069	19	攀枝花	1.396	34	盐城	1.339	49	大连	1.116
5	上海	2.018	20	太原	1.395	35	上饶	1.308	50	石家庄	1.116
6	天津	1.998	21	台州	1.393	36	延安	1.307	51	渭南	1.115
7	永州	1.773	22	焦作	1.381	37	鞍山	1.304	52	衡阳	1.115

续表 3.11

排位	城市	独立性指数	排位	城市	独立性指数	排位	城市	独立性指数	排位	城市	独立性指数
8	广州	1.600	23	淮南	1.380	38	南昌	1.302	53	通辽	1.115
9	汕头	1.595	24	运城	1.380	39	晋中	1.294	54	吉林	1.115
10	珠海	1.589	25	丽水	1.376	40	常州	1.291	55	萍乡	1.115
11	天水	1.566	26	白银	1.358	41	无锡	1.288	56	抚顺	1.114
12	岳阳	1.491	27	湘潭	1.354	42	镇江	1.284	57	德阳	1.114
13	九江	1.478	28	衢州	1.350	43	凉山	1.150	58	晋城	1.114
14	黄石	1.475	29	蚌埠	1.345	44	三门峡	1.145	59	杭州	1.114
15	厦门	1.474	30	武汉	1.343	45	南阳	1.143	60	海南	1.114

表 3.12　独立性指数排名 61~120 位的仲裁机构

排位	城市	独立性指数	排位	城市	独立性指数	排位	城市	独立性指数	排位	城市	独立性指数
61	雅安	1.113	76	牡丹江	1.107	91	恩施	1.100	106	嘉兴	1.064
62	鸡西	1.112	77	黄冈	1.107	92	南宁	1.077	107	乌海	1.063
63	大庆	1.111	78	漯河	1.106	93	呼和浩特	1.076	108	金华	1.063
64	温州	1.111	79	随州	1.106	94	银川	1.071	109	安庆	1.063
65	德州	1.110	80	新乡	1.106	95	长沙	1.070	110	绵阳	1.062
66	湖州	1.110	81	泉州	1.106	96	贵港	1.070	111	潍坊	1.062
67	洛阳	1.110	82	柳州	1.106	97	黑河	1.068	112	十堰	1.062
68	桂林	1.109	83	池州	1.103	98	襄阳	1.067	113	荆门	1.062
69	临沂	1.109	84	南平	1.103	99	吉安	1.067	114	韶关	1.061
70	泸州	1.108	85	哈尔滨	1.103	100	包头	1.066	115	梧州	1.061
71	汉中	1.108	86	周口	1.103	101	秦皇岛	1.065	116	钦州	1.060
72	信阳	1.108	87	丹东	1.102	102	南京市	1.065	117	来宾	1.060
73	南通市	1.108	88	邢台	1.100	103	驻马店	1.064	118	清远	1.060
74	抚州	1.108	89	广元	1.100	104	郑州	1.064	119	嘉峪关	1.060
75	绍兴	1.107	90	连云港	1.100	105	阜阳	1.064	120	惠州	1.060

表 3.13　独立性指数排名 121～203 位的仲裁机构

排位	城市	独立性指数	排位	城市	独立性指数	排位	城市	独立性指数	排位	城市	独立性指数
121	玉林	1.059	142	新余	1.053	163	青岛	1.016	184	咸阳	1.010
122	盘锦	1.059	143	河池	1.053	164	菏泽	1.015	185	益阳	1.010
123	扬州	1.059	144	大同	1.053	165	聊城	1.015	186	郴州	1.009
124	江门	1.059	145	濮阳	1.053	166	梅州	1.014	187	辽阳	1.009
125	安阳	1.059	146	临沧	1.053	167	徐州	1.014	188	马鞍山	1.009
126	汕尾	1.059	147	吐鲁番	1.052	168	宜春	1.014	189	宿迁	1.009
127	苏州	1.058	148	防城港	1.052	169	烟台	1.014	190	遂宁	1.008
128	铜川	1.057	149	保定	1.050	170	遵义	1.013	191	资阳	1.008
129	泰州	1.057	150	宜宾	1.050	171	泰安	1.012	192	亳州	1.008
130	株洲	1.057	151	宣城	1.050	172	威海	1.012	193	延边	1.008
131	榆林	1.056	152	张家界	1.050	173	宁波	1.012	194	芜湖	1.007
132	克拉玛依	1.056	153	双鸭山	1.031	174	本溪	1.011	195	佛山	1.007
133	贺州	1.056	154	赤峰	1.024	175	日照	1.011	196	庆阳	1.006
134	宜昌	1.055	155	济南	1.024	176	沧州	1.011	197	娄底	1.006
135	长春	1.055	156	枣庄	1.022	177	肇庆	1.011	198	怀化	1.006
136	唐山	1.054	157	景德镇	1.021	178	滨州	1.011	199	齐齐哈尔	1.005
137	崇左	1.054	158	六盘水	1.019	179	东营	1.011	200	济宁	1.005
138	昆明	1.054	159	西安	1.019	180	淄博	1.011	201	淮安	1.005
139	葫芦岛	1.054	160	南充	1.018	181	辽源	1.010	202	常德	1.003
140	玉溪	1.054	161	贵阳	1.017	182	宝鸡	1.010	203	巴中	1.000
141	阳泉	1.053	162	沈阳	1.016	183	邵阳	1.010			

　　在黑龙江、吉林、辽宁、河北、内蒙古、山西、贵州、四川、西藏、云南、安徽、福建、甘肃、江苏、江西、山东、陕西、浙江、北京、广东、广西、海南、河南、湖北、湖南、宁夏、青海、上海、天津、新疆、重庆等地的 203 家仲裁机构中，独立性指数排位前 10 位的为普洱仲裁委员会、北京仲裁委员会、深圳国际仲裁院、阳江仲裁委员会、上海仲裁委员会、天津仲裁委员会、永州仲裁委员

会、广州仲裁委员会、汕头仲裁委员会、珠海仲裁委员会，排位后 10 位的分别
为芜湖仲裁委员会、佛山仲裁委员会、庆阳仲裁委员会、娄底仲裁委员会、怀
化仲裁委员会、齐齐哈尔仲裁委员会、济宁仲裁委员会、淮安仲裁委员会、常
德仲裁委员会、巴中仲裁委员会。

（5）不同经济发展水平和区域城市仲裁机构独立性指数的差异性。

为验证仲裁委员会独立性与其所在城市经济发展水平是否存在一定关联，
以《2019 年城市商业魅力排行榜》中（新）一线城市[①]、二线城市、三线城市、四
线城市、五线城市，以及国家统计局《东西中部和东北地区划分方法》划分的东
部地区、中部地区、西部地区、东北地区为标准，将各仲裁委员所处的城市进
行排名并进行区域划分，通过方差分析检验各城市排名及各区域划分城市之间
的差异。

表 3.14　一线城市与其他城市间仲裁机构独立性指数差异性分析

Rank	N/家	Min	Max	Mean	SD
（新）一线城市	17	1.012	2.279	1.348	0.453
二线城市	27	1.007	1.589	1.166	0.162
三线城市	56	1.005	1.595	1.132	0.148
四线城市	54	1.003	2.069	1.131	0.202
五线城市	49	1.000	2.342	1.127	0.209
$F = 3.876$　$P = 0.005$					

方差分析结果表明（见表 3.14），不同排名城市之间独立性测度结果存在
差异（$F = 3.876$，$P = 0.005$），然而，通过多重组间比较结果表明，独立性测度
结果在城市排名之间的差异只体现在（新）一线城市与其他排名城市之间，二线
城市、三线城市、四线城市及五线城市之间的独立性测度结果并不存在显著差
异，主要是由于一线城市仲裁机构的业务开展较好，不但可以实现自给自足，
而且有较大盈余，在经费方面可以完全实现自收自支。一线城市往往较其他城
市的商事制度较为完善，拥有更浓厚的仲裁文化氛围和社会认可度，使其机构

① 一线城市数量过少，与新一线合并统计。

性质更趋于去行政化。我国法律、经济领域的专家学者，以及高等院校较多地分布于一线城市，使得一线城市的仲裁委员会有了吸纳更多专家学者的可能性，甚至由专家学者担任仲裁委员会的主任。而其他城市与一线城市相比，往往缺少足够的仲裁业务收入，商事制度不健全，缺少专家学者，这些都导致仲裁机构的独立性指数受到影响。

表 3.15　不同区域间仲裁机构独立性指数差异性分析

	N/家	Min	Max	Mean	SD
东部地区	67	1.005	2.279	1.195	0.297
中部地区	60	1.003	1.773	1.153	0.166
西部地区	56	1.000	2.342	1.131	0.207
东北地区	20	1.005	1.304	1.076	0.069
$F=1.771$　$P=0.154$					

方差分析结果表明(表 3.15)，不同城市区域之间独立性测度结果并不存在显著差异($F=1.772$，$P=0.154$)。位于东部地区、中部地区、西部地区、东北地区的仲裁机构独立性指数在区域之间并不存在显著差异。不同区域间仲裁机构独立性指数的差异性不显著，即便是在同一省份，不同城市的独立性指数也具有较大差距，反映出仲裁机构不以行政区域为单位，仲裁机构间不存在行政领导关系。同时也反映出即使是在相同省份，不同城市的经济发展水平差距也较大，造成有的仲裁委员会独立性指数较高，有的仲裁委员会独立性指数较低。

(6)独立性指数测度结果总体分析。

利用仲裁机构独立性指数模型，通过对我国各城市仲裁机构独立性指数的测度，203 家城市仲裁机构的独立性指数均值结果为 1.152，最大值为 2.342，最小值为 1，均值与仲裁机构独立性指数最小值 1 较为接近，与仲裁机构独立性指数最大值 2.342 相距较远。从总体数据分布来看，203 家仲裁机构的独立性指数的标准差为 0.2237，数据的离散性较强。其中，独立性指数大于 2 的仅有 5 家，占 2.5%；独立性指数大于 1.5 小于 2 的仅有 6 家，占 2.61%；独立性指数大于等于 1 小于 1.5 的有 192 家，占 94.58%。处于最接近独立性指数均值 1.152 周边 30 位的仲裁机构为蚌埠、武汉、石嘴山、北海、邯郸、盐城、上饶、延安、鞍山、南昌、晋中、常州、无锡、镇江、凉山、三门峡、南阳、滁州、福州、重庆、大连、石家庄、渭南、衡阳、通辽、吉林、萍乡、抚顺、德阳、晋城仲裁委员会，这些仲裁委员会在 203 家城市仲裁机构中的独立性指数排名为第 29~58 名，由此可见，大多数仲裁机构的独立性指数小于我国各城市仲裁机构独立性指数的均值，我国黑龙江、吉林、辽宁、河北、内蒙古、山西、贵州、四川、西藏、云南、安徽、福建、甘肃、江苏、江西、山东、陕西、浙江、北京、广东、广西、海南、河南、湖北、湖南、宁夏、青海、上海、天津、新疆、重庆等地的 203 家城市仲裁机构的独立性指数测度结果总体上处于偏低状态，且除（新）一线城市在独立性测度上相对于其他城市有一定差异，其他城市之间并不存在显著差异，且各区域之间仲裁机构的独立性指数也不存在显著差异。综上所述，我国仲裁机构整体独立性水平较低。

3.1.3　仲裁机构独立性指数与仲裁机构性质的关联程度较高

3.1.3.1　仲裁机构独立性指数灰色关联度分析

在对 203 家仲裁机构的独立性指数进行测度的基础上，本书采用灰色关联分析（GRA）的方法，对仲裁机构的性质、经费来源、举办机关、主任身份、人员结构与仲裁机构独立性指数的关联性程度进行量度分析。灰色关联度分析法主要用于考察不同变量间变化趋势的同步化水平，根据不同变量的变化趋势关系进行分析，通过序列的构建，形成对比结果，当变量的同步变化水平较高时，说明关联度较高；当变量的同步变化水平较低时，说明关联度较低。灰色关联分析计算步骤如下：

一是确定分析序列，构建各变量数据的比较序列。主要构建参考序列，为灰色关联度分析提供变量序列比较的支撑，使变量形成比较序列。

$$X_i' = |x_i'(j)| \quad i = 1, 2, \cdots, n; j = 1, 2, \cdots, N) \quad (3-1)$$

二是采取均值法对变量序列进行无量纲化处理。考虑到不同的数据序列可能具有不同的物理度量标准，而通过无量纲化处理，形成标准化的数据变量序列，以便下一步将数据代入模型，保证数据处理的有效性。

$$x_i(j) = \frac{x_i'(j)}{\frac{1}{N}\sum_{i=1}^{N} x_i'(j)} \quad (i = 1, 2, \cdots, n; j = 1, 2, \cdots, N) \quad (3-2)$$

三是求差序列、最大差和最小差。

$$\Delta_{0i}(j) = |x_0(j) - x_i(j)| \quad (i = 1, 2, \cdots, n; j = 1, 2, \cdots, N) \quad (3\text{-}3)$$

绝对差值阵中的最大数和最小数即为最大差和最小差：

$$\max_{\substack{1 \leqslant i \leqslant n \\ 1 \leqslant j \leqslant N}} |\Delta_{0i}(j)| \overset{\Delta}{=} \Delta(\max) \quad (3\text{-}4)$$

$$\min_{\substack{1 \leqslant i \leqslant n \\ 1 \leqslant j \leqslant N}} |\Delta_{0i}(j)| \overset{\Delta}{=} \Delta(\min) \quad (3\text{-}5)$$

四是计算关联系数，对绝对差值阵中的数据做如下变换，其中 ρ 为分辨系数，旨在衡量差数值间的失真，通常取值范围为 $[0.1, 0.5]$，数值越小越能提高关联系数的差异。

$$\xi_{0i}(j) = \frac{\Delta(\min) + \rho\Delta(\max)}{\Delta_{0i}(j) + \rho\Delta(\max)} \quad (j = 1, 2, \cdots, N) \quad (3\text{-}6)$$

五是计算关联度。关联度的计算主要是将分散的数据和信息建立联系，通过关联系数来反映序列间的关联水平。主要采取求均值的方式来进行数据处理，其计算公式如下：

$$\gamma_{0i} = \frac{1}{N} \sum_{i=1}^{N} \xi_{0i}(j) \quad (3\text{-}7)$$

运用灰色关联分析模型计算 203 家仲裁机构的性质、经费来源、举办机关、主任身份、人员结构与仲裁机构独立性指数的关联度，结果如表 3.16 所示。

表 3.16　各因素与仲裁机构独立性指数关联度及关联序

项目	性质	经费来源	举办机关	主任身份	人员结构
关联度	0.9250	0.7760	0.9009	0.9051	0.8011
关联序	1	5	3	2	4

运用灰色关联度分析法，将仲裁机构独立性指数及影响因素的仲裁机构性质、经费来源、举办机关、主任身份、人员结构值建立线性关系，将实际计算结果与理论曲线进行对比，计算出仲裁机构独立性指数与仲裁机构性质、经费来源、举办机关、主任身份、人员结构之间贴近程度的关联度，通过比较各关联度大小来判断仲裁机构的性质、经费来源、举办机关、主任身份、人员结构对独立性指数的影响程度。从表 3.16 可以看出，在各因素中，仲裁机构的性质与

仲裁机构独立性指数关联度最大，达到了 0.925，说明仲裁机构性质的数值变化与仲裁机构独立性指数变化的趋势具有一致性，即同步变化程度较高。

3.1.3.2　仲裁机构性质与独立性指数的回归分析

为了对仲裁机构独立性指数与仲裁机构性质的关系进行进一步量化分析，拟采取回归分析的方式，构建仲裁机构独立性指数与仲裁机构性质的关系模型。

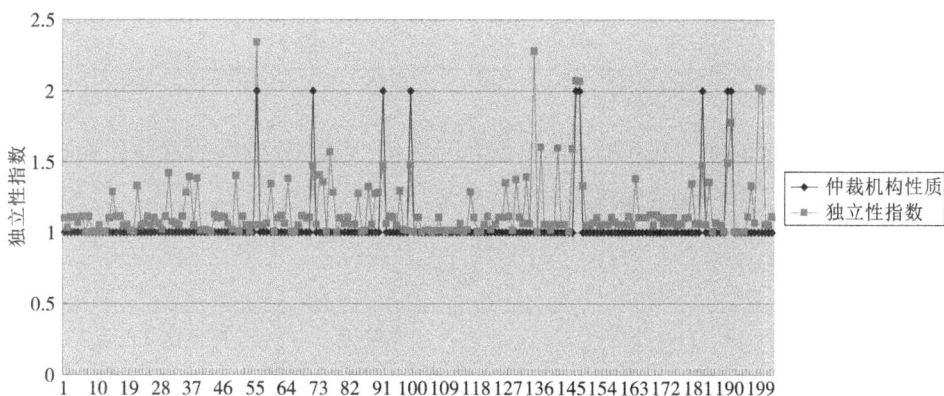

图 3.1　仲裁机构性质与独立性指数关系图

绘制的关系图如 3.1 图所示。总体上看，仲裁机构的性质与独立性指数的趋势和分布呈现出较强的一致性。可利用线性回归模型开展线性回归。

根据线性回归的基本算理，仲裁机构的独立性指数（因变量）和仲裁机构性质（自变量）的系数 $\hat{b}$ 计算过程如公式（3-8）所示。

$$\hat{b} = \frac{\sum_{i=1}^{n}(NATU_i - \overline{NATU})(INDE_i - \overline{INDE})}{\sum_{i=1}^{n}(NATU_i - \overline{NATU})^2} \tag{3-8}$$

常量 $\hat{a}$ 的计算过程如公式（3-9）所示。

$$\hat{a} = \overline{INDE} - \hat{b}\overline{NATU} \tag{3-9}$$

最终构建的线性回归模型为：

$$INDE = \hat{b}NATU + \hat{a} \qquad (3-10)$$

将通过熵权法计算的 203 家仲裁机构的独立性指数与仲裁机构的性质值输入 SPSS，选取线性回归，进行线性回归分析。

表 3.17　输入/移去的变量

模型	输入的变量	移去的变量	方法
1	$NATU^b$	.	输入

a. 因变量：$INDE$

b. 已输入所有请求的变量

将仲裁机构的独立性指数 $INDE$ 作为因变量，将仲裁机构的性质作为自变量，输入 SPSS，进行变量的输入和移去检验。

表 3.18　模型汇总

模型	R	R^2	调整 R^2	标准估计的误差
1	0.567^a	0.321	0.318	0.184810608

a. 预测变量：（常量），$NATU$

表 3.18 中的模型汇总表示 R 的拟合优度，$R = 0.567$，表示模型的拟合程度较好。

表 3.19　方差分析

模型		平方和	df	均方	F	Sig.
1	回归	3.244	1	3.244	94.991	0.000^b
	残差	6.865	201	0.034		
	总计	10.11	202			

a. 因变量：$INDE$

b. 预测变量：（常量），$NATU$

从表 3.19 可以看出，F 值为 94.991，其对应的 Sig. 值为 0，小于 0.05，可以认为回归方程有效。

表 3.20　回归系数

模型		非标准化系数		标准系数	t	Sig.
		B	标准　误差	试用版		
1	（常量）	0.510	0.067		7.607	0.000
	NATU	0.614	0.063	0.567	9.746	0.000

a. 因变量：INDE

从表 3.20 可以看出，仲裁机构的独立性指数与仲裁机构的性质呈现较强的线性关系。其非标准化系数为 0.614，常量为 0.51，说明仲裁机构的性质数值每增长 1，仲裁机构的独立性指数增长 0.614，反之亦然。

根据赋值规则，将事业单位和参公事业单位赋值为"1"，社会组织与社团法人、法律服务机构、企业等赋值为"2"。从以上回归系数结果可以得出结论，即仲裁机构的性质值越大，仲裁机构的独立性指数就越高。事业单位和参公事业单位的仲裁机构独立性指数较小，而"社会组织与社团法人、法律服务机构、企业"指数较大，这也是仲裁机构提高独立性的应然法人定位。

3.2　我国仲裁机构法人地位的现实困境

仲裁机构的法人地位体现在仲裁机构的法人资格、性质、与政府的关系、财产、人事、治理独立性等方面。当前，仲裁机构性质模糊、缺少独立性、法人治理错位是我国仲裁机构法人地位的现实困境，具体体现为仲裁法的制定未明确仲裁机构的性质，与政府的关系模糊不清，与行政和事业单位的边界不确定；组织体系设置、管理、财务、人事、监督等方面缺少独立性；仲裁机构内部治理不到位，外部治理法治化不足。

3.2.1　仲裁机构性质模糊

3.2.1.1　仲裁法的制定未明确仲裁机构的性质

要研究仲裁机构的法人地位，首先要判别的就是仲裁机构是否具有法人资格。法人作为适合成为交易的社会实体，是基于法律价值判断而成为一种权利与义务之集合的非自然人。根据《民法典》，法人成立的条件有四个：（1）依法成立；（2）有必要的财产或者经费；（3）有自己的名称、组织机构和住所；（4）能够独立承担民事责任。① 而按照《仲裁法》的要求，仲裁机构的成立应当具备"有自己的名称、住所和章程；有必要的财产；有该委员会的组成人员；有聘任的仲裁员"等条件。仲裁机构符合法人成立的条件，在法理上具有法人的属性和特征。

笔者认为，首先，应明确仲裁机构的法律定位，其作为一个独立的机构，拥有独立的法人地位。其次，仲裁机构必须拥有独立的财产。如果没有独立的财产，则无法形成独立的法人，也就无法独立地享有权利和承担责任。最后，仲裁机构应具有法人独立承担民事责任与义务的特点，这也是出自于仲裁机构的独立财产，当法人财产不足以进行债务清偿时，法人出资者可以不必承担责任，这也是仲裁的本质要求所决定的。由以上方面可以进行推断，应先将仲裁机构定位为"法人"。但对仲裁机构属于何种类型的法人，现有的法律规定并不明确。就《仲裁法》的规定而言，存在理论与实践不一致的问题。法律规定仲裁机构与行政机关的独立性，而在实践中，仲裁机构的主任又由行政官员来担任，这是一种常态。一方面，法律明确仲裁委员会不属于行政机构。根据《仲裁法》第10条的规定，"仲裁委员会由前款规定的市的人民政府组织有关部门和商会统一组建"。根据我国《仲裁法》第14条规定，"仲裁委员会独立于行政机关，与行政机关没有隶属关系。仲裁委员会之间也没有隶属关系"。另一方面，在实践当中，仲裁委员会的主任均由政府机构法制办主任担任，导致仲裁机构的重要活动、人事、财政等受到行政干预较为突出，影响了仲裁机构的独立性。仲裁机构的行政化色彩较为严重，行政权力在一定程度上影响着仲裁的独立性。

根据调查数据显示，仲裁机构的性质为事业单位和参公事业单位的占91.29%，属于社会组织与社团法人的仲裁机构仅占2.65%。通过独立性指数的计算，机构性质为社会组织、社会团体、法律服务机构、企业的仲裁机构全

① 《中华人民共和国民法典》第58条规定，"法人应当有自己的名称、组织机构、住所、财产或者经费。法人成立的具体条件和程序，依照法律、行政法规的规定。设立法人，法律、行政法规规定须经有关机关批准的，依照其规定"。

部集中在排名的前 16 位，其他仲裁机构的法律性质均为事业单位和参公单位。特别是独立性指数排位第一的普洱仲裁委员会(中国东盟法律合作中心、澜湄国际仲裁中心)作为"实行法人治理机制，不定级别、不设编制、自收自支、依法纳税、规范运行"的社会组织，被云南省司法厅确定为云南省仲裁委员会内部治理结构综合改革试点单位，超越作为"事业单位"的北京仲裁委员会，其独立性指数名列第 1 位。纵观我国其他仲裁机构的性质，以事业单位和参公单位为主，源于 1995 年国务院办公厅出台的《重新组建仲裁机构方案的通知》中对于仲裁机构创办初期，"参照"事业单位的规定。长期以来，我国对仲裁机构的法人类型缺少定论。然而，在《中共中央　国务院关于分类推进事业单位改革的指导意见》(以下简称《意见》)的事业单位分类中，仲裁机构又不属于该《意见》中的一、二、三类公益法人。《仲裁法》缺少对仲裁机构法律性质定位的阐述，对仲裁机构效力、组织设置、职能范围、程序的独立性等要求较为含糊。严格来说，虽然深圳国际仲裁院、普洱仲裁委员会、阳江仲裁委员会、永州仲裁委员会、岳阳仲裁委员会、黄石仲裁委员会、赣州仲裁委员会机构性质为社会组织和社会团体，但是目前关于民间组织的法律形态只有"社会团体法人"和"民办非企业单位"两种类型，仲裁机构并非由其会员自愿组织成立且具有独立财权，不应定位为社团法人，也非民办非企业，而通常是在政府出资的情况下，由政府推动组建。

3.2.1.2　仲裁机构与政府的关系模糊不清

仲裁机构与政府的关系模糊不清是影响仲裁机构法人制度建设的重要因素。从我国《仲裁法》来看，《仲裁法》的第 10 条第 2 款和第 3 款、第 14 条对仲裁机构的组建、登记部门、与行政机关的关系进行了规定，即仲裁委员会由市人民政府组建；并经省一级的司法行政部门进行登记；具有独立性，与行政机关没有隶属关系。纵观我国仲裁机构的成立与运作，通常由政府常务副市长、政府秘书长、副市长、市长、人大常委会主任和政协主席、法制办主任或法制司法局局长担任仲裁委员会主任，由政府的法制部门牵头组建，参照事业单位的管理方式，由地方政府为仲裁委员会提供组建的相应资金和业务用房，并且一直延续至今，政府仍然没有退出仲裁机构的事业单位化管理。

纵观我国仲裁机构的发展历程，我国仲裁制度开始于 1994 年的"行政仲裁"，而行政仲裁是我国计划经济的"产物"。我国的行政仲裁是在借鉴苏联的行政仲裁制度上发展起来的，当事人产生争议和纠纷后，可以向上一级行政机关申请"行政仲裁"，在行政仲裁中，不同当事人产生的行政仲裁属于对应的行政部门多头管理，通常人民法院不予受理。行政仲裁的发展以我国《经济合同法》（1982年）、《经济合同仲裁条例》（1983年）、《技术合同法》（1987）等为依据，围绕着合同纠纷来进行。如经济合同、技术合同、房产等纠纷分别对应由工商行政管理机构、国家科技委员会、房产管理部门开展仲裁裁决业务。可以说，我国的仲裁受行政权力的干涉由来已久，仲裁权力的中央集中特点较为突出。1995年，为了加快仲裁机构与市场经济接轨，适应市场经济下当事人纠纷和争议解决的需求，我国出台了《仲裁法》，并在其中将仲裁机构的组建权利由中央部委下放给地方政府，即"仲裁委员会由人民政府组织有关部门和商会统一组建"。从以上分析可以看出，对仲裁机构与政府关系的追根溯源，以及研究仲裁机构的法人地位必须与我国仲裁制度的发展背景相联系。在20世纪90年代受计划经济行政主导思维严重影响的背景下，仲裁机构离开了政府的干预，将成为无源之水。因此，仲裁机构由政府部门组建，是利用政府行政的效率来将中央集权的"行政仲裁"转变为市场化的仲裁制度。

可见，我国仲裁机构受行政权力的干预与影响有其合理的历史必然性。然而，仲裁机构与政府的关系模糊也有较大的消极影响，主要体现在政府的过度干预与介入，使得仲裁机构法人制度难以完善。仲裁作为一种"私力救济"的方式，应有别于"公权救济"。纵观仲裁的产生历程，最原始的自助行为催生了仲裁，仲裁以当事人意思自治作为前提条件。而在我国仲裁机构成立之初，由政府负责解决仲裁机构的人员、财务经费等问题，仲裁机构与政府的行政隶属关系使其在运作中不可能不受到行政权力的影响。我国《仲裁法》数次修订，以及《关于完善仲裁制度提高仲裁公信力的若干意见》等相关意见的出台，其共同点在于推动仲裁机构逐步改变其行政依赖现状，使得仲裁机构能够成为独立裁决的公益性社会法律服务组织。而要想成为独立的仲裁机构，实现经济和人事的独立是前提，我国自1995年商事仲裁机构组建伊始到现在，对财政拨款和补贴的依赖一直没有改变，在人事管理上也以事业单位或参照事业单位为主。政府推动仲裁事业的发展，习惯"出文件"和"开会"。用行政化的手段推广市场化的仲裁本身就是一种矛盾，直接影响了仲裁机构的法人独立性。

3.2.1.3　仲裁机构与行政和事业单位的边界不确定

我国仲裁制度的发展历程表明，为推进适应市场经济发展需要的仲裁制度的建立，政府的参与度极高。具体表现在以下方面：多数仲裁机构的主任由地方现任领导或者市司法局、法制办领导担任；行政机关成员及事业单位成员在仲裁委员会委员中占有相当高的比例；多数仲裁委员会在市政府办公；仲裁委员会秘书处或者办公室作为市政府事业单位，有的直接登记其为法人，代替仲裁委员会成了仲裁机构的主要决策机构，而并非单纯的执行机构。《仲裁法》出台后，要求仲裁机构应独立于行政机关，将仲裁权与行政管理权相分离，强调仲裁机构的独立性和不受干涉性。但是现有的《仲裁法》中并没有明确仲裁机构是否属于事业单位。

在《仲裁法》立法前的讨论稿中，有关于仲裁机构的定位"非营利性的事业单位法人"的相关描述，并且在讨论稿的成稿讨论过程中，也有相当一部分专家学者对仲裁机构作为"非营利性的事业单位法人"持赞同的态度。但是在立法出台的专家讨论过程中，删除了这样的定位描述。仲裁立法对于仲裁机构的定位呈现"限制否定性"的特点，从而使得仲裁机构的法律属性模糊。根据国务院原法制办于 2017 年的调查结果，在接受调查的仲裁机构中，事业单位、社团和中介分别占比为 81% 和 3.9%。将仲裁机构作为事业机构是当前我国各地仲裁机构的常态。随着事业单位改革步伐的加快，仲裁机构作为"保留部分承担公益服务的少量公益性事业单位"参与了改革，但是伴随着事业单位的改革，仲裁机构的法人属性依然没有确定，仲裁机构自身将向什么方向发展、成为什么样的法人没有进行明确。政府对仲裁委员会的管辖权仍然较为突出，仲裁委员会作为事业单位法人属性独立性不强。仲裁机构受到政府在机构组建、人事任免、财政拨款等方面的管理和干预，多为人民政府组建的二级事业单位机构，属于事业单位性质的法人。如深圳国际仲裁院，深圳市政府法制办是其登记管理机关，仲裁院的秘书处是注册登记的法人，根据深圳市政府颁布实施的《深圳国际仲裁院管理规定》，深圳国际仲裁院作为独立法人，具有独立法人的相关属性，并且不以营利为宗旨。2020 年 8 月 26 日，深圳市第六届人大常委会第四十四次会议通过的《深圳国际仲裁院条例》第 3 条再次明确了"仲裁院是不以营利为目的的法定机构"。但是对于仲裁机构的事业单位法人属性在法律上尚没有相应的支撑。① 2007 年，深圳市出台《关于推进法定机构试点的意见》，将仲裁机构作为事业单位的改革试点之一，赋予其法定机构的定位。2012 年 11 月 6 日，深圳市政府审议通过了《深圳国际仲裁院管理规定（试行）》。2017 年 12 月 25 日，原深圳仲裁委员会被合并入深圳国际仲裁院。根据《深圳国际仲裁院条例》第 10 条与第 17 条，深圳国际仲裁院的理事长与理事仍由深圳市人民政府任命和聘任，实质上仍未摆脱行政化的色彩。

3.2.2 仲裁机构缺少独立性

3.2.2.1 仲裁机构组织体系设置缺少独立性

根据《仲裁法》的要求，仲裁机构由政府与商会进行统一组建。我国仲裁机构在设立伊始，也是依靠政府的投资组建的，然而当前我国的现实状况是仲裁机构不但是由政府组建成立，且长期以来其组织体系受政府的直接影响较为严重。加上我国商业协会发育不足，并且仲裁机构的组建必须由政府许可，因此无法完全依靠商会的力量进行仲裁机构的组建。按照《仲裁法》规定，我国仲裁机构（委员会）的设立必须在司法部门登记。政府的司法部门许可后，仲裁机构才能够正式成立。然而当前仲裁机构登记仍然不够统一，除国际经济贸易仲裁委员会外，所有仲裁委员会由司法部门登记注册，而国际经济贸易仲裁委员会则由国家事业单位登记管理局登记注册。这种登记的不统一恰恰违反了《仲裁法》的规定。仲裁机构作为从事法律服务的社会服务机构法人，其机构和活动有着终止的可能。目前我国关于《仲裁法》的相关法律、法规和文件中，均未对仲裁机构的退出机制做出要求，对仲裁委员会的终止、撤销缺少相应规定。我国现有的仲裁机构是以行政区划为标准而设立的，虽然我国《仲裁法》中指出："仲裁机构可以在政府所在地设立"，但是《仲裁法》中提出的是"可以"并不是"应当"，在实践中，仲裁机构的设立并不是依托市场需求，而是依附行政需求。

与我国相比，国外的仲裁机构在民间组织和商会的基础上不断发展，仲裁机构的设立和解散自由自主性较强，而我国仲裁机构需要履行严格的审批程序，并办理齐全相关的要件，由地级市所在的司法局上报省一级司法厅备案，

---

① 《深圳国际仲裁院管理规定（试行）》第 3 条规定，"深圳国际仲裁院是不以营利为目的的法定机构，作为事业单位法人独立运作"。

在仲裁委员会主任的任命、工作人员的构成聘用、常设机构的设置等方面均表现出较强的政府干预。通过调查发现,仲裁机构的管理机构为市政府、市政府办公室(厅)的比重为 31.82%,管理机构为法制办和司法局的比重为 46.97%,管理机构为仲裁委的比重仅为 14.02%。通过独立性指数的计算,创办机构为仲裁委的仲裁机构全部集中在排名的前 42 位。将仲裁委员会登记于市政府(司法局、政府法制办、政府)名下,将其作为直属事业单位或者二级事业单位进行管理是我国仲裁机构设置的常态。政府成为仲裁委员会日常管理的"幕后推手",代替仲裁委员会成了仲裁机构的主要决策机构,而非单纯的执行机构。通过调查发现,由市政府市长、常务副市长、副市长等担任主任的占 67.42%,由政府秘书长、人大常委会主任和政协主席、法制办主任或司法局局长担任主任的占 12.5%,由专职主任和专家学者担任的仅占 3.04%。纵观我国仲裁制度的发展历程,为推进市场经济发展建立的仲裁制度,政府参与度极高。仲裁委员会的主任由专家学者和专职主任担任,使其能够发挥仲裁委员会主任的全面管理职能。在调查中发现,排名前 10 位的仲裁机构中,由专家学者担任仲裁委员会主任的仅有 4 个(普洱仲裁委员会、北京仲裁委员会、上海仲裁委员会、天津仲裁委员会),由专职主任担任的仅有 5 个(深圳国际仲裁院、阳江仲裁委员会、广州仲裁委员会、汕头仲裁委员会、珠海仲裁委员会),其余的仲裁委员会均由市长、常务副市长、副市长、政府秘书长、人大常委会主任和政协主席、法制办主任或司法局局长、原政府官员担任仲裁委员会主任,且均为兼职。

3.2.2.2　仲裁机构在管理上缺少独立性

我国仲裁机构在管理上的行政化特点仍然较为显著,体现为仲裁机构日常管理的政府干预,一些复杂的仲裁案件通常受制于当地的党委和政府,需要经过领导批准才能做出最后的裁决。从仲裁机构的管理政策来看,中共中央办公厅、国务院办公厅发布的《关于完善仲裁制度提高仲裁公信力的若干意见》,司法部发布的《关于进一步规范和加强仲裁机构登记管理的意见》,以及各地方政府办公厅出台的《进一步加强仲裁工作的意见》,《进一步加强仲裁与诉讼、人民调解对接工作的实施意见》等相关政策和意见本身就反映了我国政府在仲裁机构发展中的行政导向。在这些政策性文件中,虽然都强调了仲裁机构的独立性,但是从另外一个层面上看,仍然体现着政府对于仲裁机构的过度"父爱",

恰恰说明当前仲裁机构的独立性不强，需要从政府顶层设计的角度对仲裁机构的独立性进行强调。在现实仲裁机构的实际运行和事务处理中，仍然没有完全严格地执行好《仲裁法》，确保仲裁机构独立法人地位，仲裁机构仍然受到行政的约束和管理，各地的仲裁委员会并非《仲裁法》规定的"仲裁协会协调下的自律管理方式"。近年来，国家鼓励仲裁机构独立化，缓解仲裁机构受到行政权力干涉的状况，但是从仲裁机构的自身推广来看，行政权力仍然是其重要的助推力量。一些仲裁机构通过政府下发文件或者召开会议的方式，要求当事人选择仲裁机构解决争议和纠纷，而不是当事人自愿选择，与"仲裁"的自治与合意的要求背道而驰。仲裁机构管理过程中，无法摆脱政府干涉，使得仲裁机构缺少改进法律服务质量的积极性，而是将仲裁工作的重点放在协调与政府的关系以及当好政府和法院的助手之上。

3.2.2.3　仲裁机构在财务上缺少独立性

根据调查发现，目前我国商事仲裁机构大多主要依靠财政全额或差额拨款，离"自收自支"的要求相差较远，自收自支的仲裁机构仅占30.68%。在仲裁机构独立性指数排位前50位的仲裁机构中，有29个仲裁机构实行自收自支、经费自理或企业化管理，占总数的58%。经费上的独立有助于仲裁机构摆脱政府的行政权力干预，使得仲裁机构能够有效行使法人的权利、履行法人的义务。经过调查发现，在经济发达地区，虽然通过仲裁业务的收费实现了一部分仲裁机构的自收自支、经费自理，但是仍然有一些发达地区的仲裁委员会没有摆脱财政补贴。例如：2018年，广州仲裁委员会（独立性指数排名第8位）受理案件18.9万件，占全国仲裁机构受理案件总量的35%，其中涉外案件达2162件。然而，广州仲裁委员会作为市政府直属的事业单位，在经费上仍然实行财政核拨，将"仲裁收费"定性为"代行政府职能、强制实施具有垄断性质"的"行政事业性收费"，并作为"国有资产"纳入"收支两条线"的财务管理体系。随着市场经济的快速发展，以及国际贸易的日益频繁，选择仲裁的商事主体日益增加，但是当前仲裁委员会的秘书处（办公室）大多属于政府行政机关或者政府下辖的事业单位，仲裁委员会的收入与支出均执行事业单位财务管理规定，实行预算管理。仲裁机构的经费收入与当地的经济发展和商事制度发展关系密切，在有些受案数量较多、收入较高的发达地区，仲裁委员会有实现自收自支的能力，而在欠发达地区，仲裁委员会不得不接受财政补助。经费来源缺少独立性也反映出我国仲裁市场竞争法治环境的不完善。仲裁机构的财务缺少独立性，使得市场无法发挥出对仲裁机构的筛选和过滤作用，仲裁机构缺少参与竞争以及提高自身服务水平的动力。多年来，诸多仲裁委员会依附政府部门拉取案源或者获得运行经费，而根本不愿加入市场自由竞争。缺少竞争机制的引入也使得仲裁机构业务拓展和自我发展的能动性不足，自身造血能力较差，形成了依靠财政全额或差额拨款的传统路径。

3.2.2.4　仲裁机构在人事上缺少独立性

在人事管理中，主任、秘书等人员的任命、使用始终离不开政府。仲裁委员会自身作为政府下辖部门和二级单位，在人事管理中，完全照抄照搬政府组成部门或事业单位的管理方式。在有的仲裁机构，仲裁委员会的主任往往由行政或者事业单位(政府、人大、政协等)的领导担任或兼职。在人事管理中，完全依赖和照搬行政事业单位的做法。在仲裁案件的实务中，也经常可见政府干预和主导的身影，这与仲裁机构的独立性相违背。《仲裁法》对仲裁委员会的主任、副主任，以及成员中的法律、经贸专家数量和身份进行了规定。《仲裁法》中规定："仲裁委员会的主任、副主任和委员由法律和经贸专家和有实际工作经验的人员担任。仲裁委秘书处工作人员应由仲裁委决定聘用或任用。"[①]但是目前在现实中，通常由仲裁委员会所在地市政府的法制办主任来担任仲裁委员会的秘书长(办公室主任)，其秘书处的工作人员通常也是事业编，并且是法制办的工作人员。作为仲裁委员会集体决策机构的理事会，其理事长也往往由政府指定或聘任。例如：根据《深圳国际仲裁院管理规定》，深圳国际仲裁院的理事和理事长均由政府任命或聘任。[②]又如：在 2020 年的厦门市仲裁委员会部分组成人员调整中，完全由政府对副主任和委员进行聘任，并且副主任和委员分别由政府副秘书长、司法局副局长、财政局总会计师、审计局总审计师、厦门港口局局长担任。[③]

通过调查发现，政府机构成员数量、事业单位成员数量、专家学者数量分别占 68.36%、16.71%、14.93%，在总人数中，从事法律相关工作者占 35.4%。

---

① 参见《中华人民共和国仲裁法》第 12 条。
② 参见《深圳国际仲裁院管理规定(试行)》第 7 条。
③ 参见：厦门市人民政府.关于调整聘任第六届厦门仲裁委员会部分组成人员的通知.2020.7.24.

在排名前 50 位的仲裁机构中，仲裁委员会成员共 709 人，其中专家学者 150 人，法律工作者 260 人，分别占总人数的 21.16% 和 36.67%，而排名后 50 位的仲裁机构中，专家学者仅占 3.45%。例如：在独立性指数排名第二的北京仲裁委员会中，委员会总人数 12 人，其中专家学者的人数达 9 人，并且全部为法律工作者。独立性指数排名第三的深圳国际仲裁院总人数 13 人，其中 7 人为专家学者，12 人为法律工作者。独立性指数高的仲裁委员会中专家学者和法律工作者人数能够得到保障，使得仲裁机构更能够有效地行使仲裁职能，提高案件的办理效率和质量；反之，在仲裁委员会独立性指数较低的机构之中，专家学者和法律工作者的占比则较低。通过调查发现，在人员构成中，各级政府违背了仲裁机构独立性的原则，将仲裁机构作为政府下辖部门或二级单位。在人事编制、行政级别待遇方面完全套用事业单位管理办法，运用行政化的手段。

3.2.2.5　仲裁机构的监督缺少独立性

《国际仲裁杂志》的总编 J. 沃纳认为："仲裁机构如果缺少了监督，必将影响到现代仲裁体系的构建。"目前我国仲裁机构监督过程的行政化特点仍然较为突出，导致对仲裁机构的监督较为乏力。主要表现如下：

一是行政和司法、社会监督的缺失。我国各地仲裁机构在登记设立、组织体系设置上都有政府的参与，仲裁机构或作为事业单位存在，或作为事业单位的二级机构存在，因此，政府对仲裁机构也有一定的监督责任。但是在现实中，仲裁作为争议和纠纷解决的机构，既不同于司法诉讼，又不同于行政部门，仲裁委员会及其秘书处(办公室)的工作具有较强的专业性，并不等同于传统的行政管理，必须引入专业人员对其开展监督。在司法监督方面，其监督的主体为各级法院，主要负责仲裁协议和管辖权、仲裁程序、仲裁裁决等方面的监督。包括认定仲裁协议的效力、对仲裁的裁决予以审核、审查其裁决的合法性、有仲裁裁决的撤销权等。目前法院对仲裁机构的监督呈"双轨制"的特点，即将仲裁的监督划分为涉外仲裁和国内仲裁，并且学术界对于司法监督的全面监督与程序监督持不同观点。全面监督的观点认为，法院对仲裁机构的监督应将程序监督和实体监督并重，而程序监督的观点则认为，法院对仲裁机构的监督应将重点放在程序监督上。当前由于仲裁机构"或裁或审"、"一裁终审"、当事人的意思自治的制度要求，法院对仲裁机构的监督更倾向程序监督。我国仲裁机构的社会监督作用也没有得到充分发挥，仲裁机构的章程、仲裁规则、服务流程、收费标准、财务预决算报告等信息公开不足，没有接受有效的社会大众监管。受传统思想的影响，一些当事人在产生争议和纠纷后，通常采取诉讼来解决，而很少想到通过仲裁的手段来维护自己的权益。当事人尚且如此，广大民众对于仲裁机构更是缺少相应的关注，监督的积极性不强。

二是行业自律与监督效果不到位。由于仲裁机构法人独立地位的缺失，行业自律的作用无法得到发挥，同时也导致对仲裁机构的从业人员和发展秩序的社会监督及行业监督的作用发挥不足。从国外的仲裁机构来看，行业协会对仲裁机构监督、自律方面发挥着重要作用，从而促进其中立性和独立性的实现，发挥公益性的法律服务职能。国外仲裁机构发展的经验之一在于充分利用行业协会规范性和自律性的作用，消除行政权力对仲裁机构的干预，使得在行业监督下，仲裁机构能够在尊重当事人意思和自治的基础上，遵守职业规范，做出高效公正的裁决。然而，自觉理性是民主的基础，民主建立在自觉理性的基础之上，如果全社会缺少自觉和理性意识，作为体现民主监督的仲裁行业协会则难以建立。从根源上看，我国仲裁机构在计划经济阶段完全是行政机关，在20世纪90年代才逐步出现现代仲裁的雏形，仲裁机构本身的法人定位就较为薄弱，更无从谈起行业协会对仲裁的监督和行业管理、业务指导的作用。民主意识的发育不足直接导致行业协会组建工作处于"无源之水、无本之木"的状态，业内呼吁已久的中国仲裁协会一直没有建立，并且没有要建立的迹象，地方政府对仲裁协会建立的积极性也不高。当前随着我国市场经济的发展各地营商环境的要求不断提高，一个城市是否拥有仲裁机构似乎已经说明这一城市营商环境的体系是否完整，在我国仲裁机构众多且发展不平衡的情况下，仲裁领域缺乏一定的凝聚力，地方政府在仲裁机构发展中既充当着"运动员"的角色，又充当着"裁判员"的角色，但是这种状态显然与仲裁机构的独立性相违背，只有通过行业协会的力量才能够做到行业管理和监督的正本清源。目前，仲裁机构由政府组建，其性质定位不是建立在民间性的基础上，仲裁协会自身民间性管理的氛围不足，各地仲裁委员会的主任由地方政府的官员担任，仲裁机构的秘书处秘书长及秘书由事业单位性质的人员担任。目前，我国行业自律组织发展不成熟，基本处于理论研究和实践的摸索阶段。虽然《仲裁法》规定了仲裁机构和行政机关、仲裁机构间的独立性，但是我国的现状是仲裁机构由政府按行政区划的方式组建，这种组建方式本身就是不合理的，是与《仲裁法》相违背的。加之仲裁机构在财力与物力上对成立地的地方政府形成了一定的依赖关系，仲裁机构的组建及其日常工作的经费都是由政府提供，地方政府将其纳入财政预算，在年初的时候统一安排预算内资金，仲裁委员会在日常工作中或多或少受到各地政府的支持和制约。这种支持造成了仲裁机构对政府的过分依赖，其"支持"不但体现在政府对仲裁机构资金和办公场所的支持，更体现在对仲裁机构的宣传，以及对仲裁活动的推广。政府对仲裁机构的"制约"表现为仲裁机构的经费使用被纳入政府的财政预算，仲裁机构收费事项的自主权缺失。有的地方政府将仲裁机构的收费纳入财政统一管理范畴，甚至出现地方政府对仲裁机构人事安排、工作管理和具体案件审理上的介入的现象。因此，成立仲裁协会的目标就在于以仲裁协会来替代政府对仲裁机构的"支持"与"制约"行为，促进仲裁机构独立性的提升。

仲裁行业协会的主要职能体现在对各地仲裁委员会及其组成人员的监督、仲裁规则制定和管理等方面。目前"自律性组织"是在《仲裁法》的法条中对仲裁协会性质的定性，仲裁协会的自律性要求其在行业监督和自律中发挥重要作用。虽然目前成立中国仲裁协会的呼声很高，但是迟迟没有落实。并且立法者在对协会职责的定位上忽略了其服务的属性，仍然是一种"从上自下"的监督和管理角度，尚没有将仲裁协会作为一个仲裁委员会的服务主体来进行立法。从仲裁机构的民间性和非营利性来看，对于仲裁协会而言，其服务性直接决定着其独立性，以及对我国各地仲裁机构的行政化起到缓解作用。仲裁协会作为第三方行业服务机构的设立，也直接关系我国仲裁行业中公信力的形成，是仲裁机构公信力建设的重要体现。因此，服务性关系着我国仲裁协会建立的立法初衷的问题。现有法律和行政环境的影响使得仲裁协会的建设面临着较大阻碍。主要体现在：《仲裁法》直接将仲裁协会定性为社团法人，而《民法典》只对法人制度做了一般性规定，加上我国现有的法人制度对于仲裁机构的法人定位规定缺少相应的具体分类，我国政府又将仲裁行业的收费纳入中介行业收费范围，这些问题的存在都使得仲裁协会的具体成立和未来运作无法提及。《仲裁法》对于仲裁协会的规定较为粗略，缺少对仲裁协会具体建设内容的相关描述，对仲裁协会的成立目的、主要工作方式、构成人员没有相关的实施细则，使得无法通过协会的外部力量促进仲裁机构法人规范体系的建设。

根据《仲裁法》,中国仲裁协会是仲裁委员会的自律性组织。① 中国仲裁协会的建立,其主要目标是实现第三方仲裁协会对行业进行规范,以及对各地的仲裁机构进行业务指导,达到民间性的监管作用。根据中国仲裁协会的章程,仲裁协会是行业约束、自律与监督组织,重点对仲裁机构的人员、行为活动开展监督,根据《仲裁法》和《民事诉讼法》的有关规定,进行仲裁规则的制定。然而,目前为止中国仲裁协会都没有建立,也就无法发挥出仲裁协会作为行业管理机构的作用。

究其根源,主要在于:首先,从政府部门的角度来看,行政权力对协会作用的越俎代庖,仲裁协会作为第三方机构对仲裁机构的监督和管理行为受到行政权力的压制,仲裁协会应有的诸多职能由政府部门代为行使了,使得仲裁协会没有了存在的合理性和必然性。从现实情况来看,长期以来,筹建、协调、联系、管理、指导和监督各地仲裁机构的任务一直由国务院和各级地方政府的"法制办"来做,而这些工作内容实际上属于仲裁业的行业自律。实际上政府充当了仲裁行业协会的作用,政府对仲裁行业协会职责的代行使得中国仲裁行业协会成为可有可无的机构,降低了中国仲裁协会成立的紧迫性,也导致组建中国仲裁行业协会缺少原始动力。虽然中央政府对增强仲裁的公信力、塑造我国仲裁的国际竞争力做出了要求,但是从上到下缺少仲裁行业协会设立的动力。而从下向上看,地方政府长期将仲裁机构当作政府法制办和司法局的管辖机构,没有意识到成立仲裁协会的重要意义,对仲裁协会的组建也缺少积极性,这些都导致仲裁协会的建立成为空中楼阁。

其次,从仲裁委员会的角度来看,中国仲裁协会的法律依据是《仲裁法》,具有明显的国家自上而下的主导性。长期以来,受曾经的计划经济的影响,仲裁市场的发育不成熟,仲裁行为更多地依赖行政主导,由行政仲裁向市场仲裁的转换可谓任重道远。从理论上看,我国仲裁机构更是依托行政权力而建立的,对行政权力的过于依赖是常态;而大陆法系和西方英美的国家那种建立在契约基础上的市民社会在我国发育并不成熟。随着我国仲裁协会的成立,国内有业内人士担心中国仲裁协会成为类似各地仲裁委员会那样的行政化机构,无法摆脱行政权力的影响,即中国仲裁协会自身具有较强的行政色彩,而不是那种脱离行政化的民间组织。如果真是那样,仲裁机构除了是地方政府外,又多

---

① 参见《中华人民共和国仲裁法》第 15 条。

了一层行政"领导"。正是基于对中国仲裁协会法律性质和地位独立性的不确定，各地仲裁委员会对于推动中国仲裁协会建立的积极性不高，在一定程度上无法形成仲裁协会成立的积极动力。对于刚从行政仲裁过渡到商事仲裁的广大仲裁机构来说，如何获得生存和发展是首先要面对的问题，各仲裁机构一直致力于通过案件的办理来实现自身的发展，并脱离于政府的直接控制。当前仲裁发展的去行政化尚没有得到根本上的解决，仲裁委员会自身的性质模糊不清，行业管理职能由政府代行，使得中国仲裁协会的成立遥遥无期。而在行业协会成立的过程中无暇顾及仲裁行业的自律和自治问题，使得中国仲裁协会的成立不断延迟。

最后，从国际的角度来看，没有其他国家类似中国仲裁协会这样由《仲裁法》直接对仲裁协会的性质进行规定(行业自律性组织)。国外的惯例是由仲裁机构自行组建仲裁协会，而不是从法律上进行规定或者由行政上进行引导。不但仲裁机构自身建立在民间性的基础上，而且仲裁协会的建立本身是民间性，两者具有高度的一致性。与国外仲裁机构和仲裁协会均由民间自发设立相比，我国缺少仲裁协会建立的土壤。可以说，我国在《仲裁法》中直接规定的设立仲裁协会是我国仲裁制度的创新，是基于我国国情的仲裁特殊的制度安排。与国外从来没有任何法律对仲裁协会的性质进行规定相比，可以说，我国这种通过《仲裁法》明确仲裁协会的地位没有先例，在国际上其他国家仲裁协会的成立方面，我国还没有可以借鉴的模式，建立仲裁协会的探索也成为未来完善我国仲裁制度的重要任务。

3.2.3　仲裁机构法人治理错位

3.2.3.1　仲裁机构内部治理不到位

一是仲裁机构的职能和设置不完善。仲裁机构的法人制度建设要求其必须有根据法人意志做出相应决策的权力机关，与此同时，要有对其进行监督和约束、制衡的机构。虽然我国仲裁机构不是企业，但是与企业的法人治理具有相通性。并且国外的一些仲裁机构，无论是以商会为依托成立的非营利性社会团体，还是依托财团组建的非营性担保公司和社会团体，大多设置了"理事会"和"监事会"，构建起完善的法人治理体系。与国外的仲裁机构相比，我国仲裁机构不是社会团体组织，不实行会员制，仲裁权力机关(仲裁委员会)的人员构成来自政府官员、法律、经贸专家等社会各界代表,并且政府官员占据较大的比重。这就使得我国仲裁机构不可能像以会员制为基础的社会团体性质的国外仲裁机构行使权力。在我国的《仲裁委员会章程示范文本》中,虽然对仲裁委员会的仲裁规则、守则、仲裁员聘用和管理方法、仲裁的收费等方面进行了规定,但是对于仲裁委员会对仲裁执行机构的监督尚没有明确规定,在仲裁机构实行怎样的内部结构治理方式、由谁来负责仲裁机构的内部治理等方面趋于空白。在仲裁人员的构成中,虽然对法律和经贸专家的数量进行了规定,但是并没有规定政府官员不能以法律和经贸专家的身份作为仲裁机构的成员,这就导致大量政府官员以专家的身份成为仲裁机构的成员,直接影响了仲裁机构的专业性,增加了仲裁机构的行政化特征。

二是仲裁机构的执行管理部门缺少必要的制约。可以从公司法人治理结构理论来对我国的仲裁机构法人治理进行讨论。对于企业来说,治理结构的主体包括股东大会、董事会、监事会、经理层,简称"三会一层"。企业通过"三会一层"进行公司法人结构治理,确保企业投资者资金安全和回报率,以及做好企业经营内部各利益相关者关系的协调。仲裁机构与公司都建立在契约理论的基础上,因此两者的内部治理也具有相通性。我国仲裁机构的执行管理机关通常以秘书处(办公室)的形式存在,实行秘书长(办公室主任)负责制,下设相关的工作人员。相对于公司的治理结构,我国仲裁机构的执行管理部门缺少类似"股东"和"会员"这种监督的主体,使得仲裁机构执行管理部门的监督与约束成为当前的难题。特别是在我国的《仲裁法》和《仲裁委员会章程示范文本》中,并没有对仲裁委员会秘书处的监督和管理进行规定,对秘书长的职能、职责和权力限界没有进行有效划分,这就使得更容易形成内部人控制,造成秘书长的权力行使缺少监督,以及治理结构的缺陷和真空。当前,我国仲裁委员会较为重视对仲裁员和仲裁程序的监督,而对于仲裁机构的执行管理部门及其日常工作缺少必要的监督,使得仲裁委员会与仲裁委员会的常设机构间缺少必要的联系和控制。根据《仲裁委员会章程示范文本》,仲裁委员会仅对秘书长(办公室主任)提出的年报和财务情况进行审议,对相关秘书长、专家人选进行讨论、审议,参与仲裁委员会的办事机构设置。在缺少监督的背景下,更容易导致仲裁委员会与其执行管理机构形成"两层皮"现象,无法发挥仲裁委员会的领导与监督作用。例如,从深圳国际仲裁院的仲裁院管理规定可以看出,在仲裁员的聘用、培训等人事方面,秘书长有决定权。但是对秘书长如何形成有效的监督和制约的规定趋于空白，容易给仲裁委员会的秘书长造成寻租的条件和机会。①

三是仲裁机构缺少公益服务的目标导向。作为为当事人提供公益性法律服务的部门，仲裁委员会的非营利性决定了其不能像企业那样以经济效益和利润的获得作为目标，而是应以公益性的法律服务作为目标。在对仲裁机构的治理中，应以其公益性的发挥作为首要任务。然而，对于仲裁机构公益性的概念内容界定、如何认定、如何评判等方面仍然缺少明确规定。现有的仲裁机构独立性缺失，以及行政权力的干预，使其面对当事人时，无法以一个提供服务的身份去为当事人的纠纷解决提供服务，而是以类似司法机构的"裁决者"面对当事人，使得仲裁机构的发展与其公益性社会服务机构的法人性质相悖。

3.2.3.2　仲裁机构外部治理法治化不足

一是仲裁机构不够独立于登记管理机关。纵观国外的仲裁机构，只有日本等少数国家的仲裁机构实行注册登记，大部分国家的仲裁机构无须注册登记。而根据我国《仲裁法》的要求，我国的仲裁机构必须实行登记。登记注册是仲裁机构成立的必要条件。按照司法部 2016 年出台的《关于规范和加强仲裁机构登记管理的意见》要求，省级政府的司法部门应按照《行政许可法》的要求，对仲裁委员会组建的章程、经费、人员等证明材料等要件进行审核，进而确保仲裁委员会的资质。在审核通过后，需要履行 10 日的审核及 20 日的公告制度，并将公告结果向司法部备案，并抄送仲裁委员会所在地的人民法院。长期以来，我国仲裁机构的登记通常由地方政府来主导，由于地方政府与登记机关（司法部门）同属于政府组成系列部门，使得注册登记较为便捷化，而如果由民间为主导来进行仲裁登记，则有可能出现更多的阻碍，登记机关对仲裁机构的前置要件进行审核，这一点毋庸置疑。总体上看，仲裁机构与登记管理机关仍然有无法撇开的关系。

仲裁机构与政府法制办存在依赖关系。法制办不仅是地方政府处理法律事务的常设机构，也是建立地方政府与司法部门间联系的桥梁和纽带。法制办作为政府依法行政和处理相关法律事务的机构，虽然《仲裁法》及相关文件中规定了仲裁机构的独立性，但是在现实中，政府法制办是仲裁机构的政府管理部门。在仲裁机构成立伊始就是由法制办所主导的，法制办作为政府一方的代

---

① 参见《深圳国际仲裁院管理规定（试行）》第 13 条。

表，负责仲裁机构的组建。虽然仲裁机构的去行政化是大势所趋，但是在现实中，以法制办作为登记主体是一种常态。根据调查数据，32.95%的仲裁机构的登记机关是政府法制办。之所以会出现此种情况，主要是由于 1994 年国务院办公厅出台《关于做好重新组建仲裁机构和筹备中国仲裁协会的通知》、1995 年国务院办公厅出台《关于进一步做好重新组建仲裁机构工作的通知》后，各地级市的仲裁委员会均由政府的法制办牵头组建。由此可见，在各地仲裁委员会组建伊始，由法制办作为登记的主体，是有行政依据的。在各地法制办的努力下，各地仲裁委员会如雨后春笋般建立起来，政府法制办不但"扶上马、送一程"，而且"扶上马、送多程"。

二是备案审查机关对仲裁机构的过度介入。长期以来，根据仲裁机构的组建程序，由地方政府的法制办对仲裁机构进行管理，并负责仲裁委员会的备案审查等业务，政府的法制部门是其名副其实组建登记、备案审查的主体。政府与仲裁机构有着密切的关联度，仲裁委员会作为政府行政权力的附属，建立在政府部门内部。无论是仲裁机构的组建登记还是备案审查过程中无不见"行政之手"，仲裁机构与登记机关和备案审查机关的关系含糊不清。虽然政府帮助仲裁机构组建，但是没有在仲裁机构组建后及时退出，而是成为仲裁机构的"保姆"。

三是仲裁机构缺少与外部市场的衔接。仲裁机构要想获得发展和生存，能够稳步地经营下去，就必须融入外部市场竞争中。但是长期以来由于仲裁机构的组建、经费、用房等均由政府负担，使其缺少与外部市场对接和融入的动力。仲裁机构的服务意识薄弱，在仲裁程序管理、裁决等过程中，仍然没能摆脱行政掣肘。过度依赖政府，仲裁机构这种市场推广机制的不完善也反映出仲裁机构对其职能定位及仲裁制度理解的偏差。由于仲裁机构的经费来源有保障，通过财政直接拨款或者间接补贴、差额拨款来维持日常运营，进行市场化的改进，对仲裁服务质量进行提升，并不影响仲裁机构自身的生存，仲裁机构处于"干好干坏一个样"的境地，推动仲裁机构自身市场化的积极性并不高。因为无论仲裁机构是否参加市场竞争，是否进行市场化的推广，都不会影响其自身的生存和发展，只要政府仍然在仲裁机构的发挥中充当好"保姆"的角色，仲裁机构就仍然能够一如既往地生存下去。

3.3 仲裁机构法人地位存在问题的原因分析

政府对仲裁机构经费和财务、人事、管理的介入过多，没有摆正与仲裁机构的关系，将仲裁机构的设置作为政绩体现；仲裁机构和全社会缺少对仲裁的正确认知；以及仲裁机构及机构设立和运行主体不规范，运行和监督制约不完善都是导致仲裁机构法人地位存在问题的重要原因。

3.3.1 市场经济转型导致行政权力介入过多

在计划经济条件下，仲裁机构法人制度与计划经济是一种依附关系，仲裁机构法人体现出较浓郁的行政化色彩，仲裁机构是国家行政机关。我国正处于市场经济的转型时期，虽然改革开放多年，但是计划经济对政府行政思维的影响仍然较大，政府对仲裁机构的管理中仍然存在着"不愿放手"的问题，行政权力对仲裁机构的介入过多，影响了仲裁机构的法人地位。主要体现在以下方面：

3.3.1.1 政府对仲裁机构经费和财务管理的介入过多

根据国务院的《重新组建仲裁机构方案》，参照事业单位管理、人员构成、经费来源、解决用房、财务管理等方面对仲裁委员会进行了规定。由于当时的特殊背景，为了与国际接轨，促进商事制度的完善和发展，需要由政府拿出财政资金组建仲裁机构，对仲裁机构的"扶上马、走一程"本无可厚非，但是经过多年的发展，仲裁机构仍然没有做到自收自支，这也反映出政府对仲裁机构的"不愿放手"。本书的调查表明，在调查的全国 264 家仲裁机构中，自收自支的仲裁机构仅为 81 个，依靠财政拨款和财政补贴的机构比例远高于自收自支的仲裁机构。显然，国务院文件规定的"应逐步做到自收自支"还没有实现，这既有政府"不愿放手、无法放手"导致的财政执行不严的原因，也有各地市场经济发达程度不同，商事仲裁资源禀赋不同的因素，更有仲裁机构自身的管理体制根源。财政资金是广大仲裁机构主要的经费来源，用以维持仲裁机构的日常运转，由政府资金的直接拨款或者间接补贴向仲裁机构的"自收自支"转换的步伐缓慢。政府对仲裁机构财政投入的同时，也将仲裁机构的收费作为垄断性的事业单位收费收缴入财政,从支出和收入对仲裁机构的把控严重影响了仲裁机构的独立性。我国仲裁机构在实践中普遍采取的"自收自支"与"收支两条线"这两个性质的财务管理制度。财务制度的不统一与各地政府对仲裁机构的管理体制不同及自身财政状况差异性密切相关,同时也体现出政府对于仲裁机构应该采取何种财政政策缺少相关的规定,使得政府在对仲裁机构的经费管理中无所适从。一方面,国务院要求仲裁机构应逐步做到自收自支;另一方面,《关于加强中央部门和单位行政事业性收费等收入"收支两条线"管理的通知》中,将仲裁收费定性为"代行政府职能、强制实施具有垄断性质"的"行政事业性收费"。规定仲裁机构与事业单位一样,实行预算管理,在年初对仲裁机构的支出进行预算,而仲裁机构的收入全部纳入国有资产收入范围,将收入上缴政府财政部门。尤其在财政部与人民银行联合下发的《财政部、中国人民银行关于将按预算外资金管理的全国性及中央部门和单位行政事业性收费纳入预算管理的通知》中,将仲裁收入纳入了"行政事业性收费",为仲裁机构的经费和财务管理提供了行政依据。

《财政部、中国人民银行关于将按预算外资金管理的全国性及中央部门和单位行政事业性收费纳入预算管理的通知》这种文件对仲裁机构收费的硬性要求表现出我国官方对于仲裁机构等同为行政和事业单位机构一并看待,更在一定程度上影响了仲裁机构法人制度建设进程,不仅对我国现代仲裁制度的建立没有任何推动性作用,反而阻碍了仲裁制度的改革。此文件的执行过程,限制了仲裁机构对收费的处置权,强化了地方财政对仲裁机构收支的控制,使得仲裁机构的财务和经费独立性受到限制。而作为一个独立的法人,财产的独立是独立法人人格的重要标志。现行的"收支两条线"的财政管理模式使得仲裁机构"自我管理、自主分配、自负盈亏"成为空谈,看似能够达到"开源节流"的作用,但实质上更容易使得仲裁市场调控机制失灵,使得政府这双"看得见的手"伸得更长,打消了仲裁机构谋求自身发展壮大的积极性,加剧和助长了仲裁机构"等、靠、要"的消极思想。在仲裁机构的发展中,一心想的不是怎样扩大案源、拓展客户,而是如何争取更多的财政资金支持。同时弱化了仲裁机构对报酬的合理分配,使得仲裁机构无法通过高薪和更加优厚的待遇来吸引优秀仲裁员的加入。

3.3.1.2　政府对仲裁机构人事管理介入过多

当前人事管理的独立性缺失与仲裁法和国家相关政策的矛盾问题密切相关。仲裁法与国务院的相关政策在内容上的衔接不到位，出现"两层皮"问题，造成仲裁机构人员构成中以事业单位人员占主体，而专家和学者的数量较少。根据《仲裁法》的有关规定，"仲裁委员会由主任一人、副主任二至四人和委员七至十一人组成。仲裁委员会的主任、副主任和委员由法律、经济贸易专家和有实际工作经验的人员担任。仲裁委员会的组成人员中，法律经济贸易专家不得少于2/3"。此规定的用意本在于通过立法保障仲裁机构的民间性和专业性，避免由于地方政府组建仲裁机构而造成的仲裁机构人员烦冗，仲裁机构成为行政化的平台。但在现实中，《国务院办公厅关于印发〈重新组建仲裁机构方案〉〈仲裁委员会登记暂行办法〉〈仲裁委员会仲裁收费办法〉的通知)》又规定，"第一届仲裁委员会的组成人员，由政府法制、经贸、体改、司法、工商、科技、建设等部门和中国国际贸易促进委员会、工商联等组织协商推荐，由市人民政府聘任"。这种做法明显是法律和政策的"两种说法"，法律和政策的各执一词，没有统一，这一规定使得仲裁机构的人员构成缺少专业人士的进入，主要以政府人员为主体。这一规定也是当前仲裁机构普遍存在的由事业编制、行政编制人员组成仲裁委员会主任及秘书处人员的重要根源。根据本书对264家仲裁机构的调查，在仲裁机构人员结构中，政府机构成员人数、事业单位成员人数、专家学者人数分别为2111人、516人、461人，分别占68.36%、16.71%、14.93%。在所有委员中，从事法律相关工作者1093人，占35.4%。目前，仲裁机构人事管理缺少独立性的特点体现在以下方面：

按照规定，仲裁委员会秘书长的聘任应由其自身来进行，与政府没有关系，而在现实中，这些事务完全由政府来代行任命，仲裁委员会的秘书长通常与政府法制办主任是同一人。政府的秘书长实际上由聘任制变成了委任制，而且任命了若干副秘书长，秘书长和副秘书长都具有一定的行政级别，其身份为事业编的正处级或者副处级，使得仲裁委员会直接受到政府的领导。仲裁委秘书处理应其自身聘用的工作人员由政府指派，属于政府的体制内人员，现实中仲裁委秘书处工作人员也往往是事业编制。由于法制办主任兼任仲裁委秘书长，对秘书处工作人员的招考、聘用、调入都由法制办党组进行人事决定，"仲裁委员会"的自主人事任免权完全由法制办代为行使。在一些仲裁委员会中，仲裁员的选聘、培训等事宜均由仲裁委员会的秘书长来进行,秘书长的权力较大,并且不受约束。仲裁委员会对这些工作人员的激励机制不到位,缺少绩效考核与评价,造成人员管理的独立性不足,使得仲裁委员会的秘书处更像政府的行政机关,人浮于事、工作效率低下等问题较为突出。仲裁委员会的法人代表本应是仲裁委员会的主任,为了更好地行使法人权利、承担义务,也应是专职的,但是在现实中与此相反。仲裁机构的执行权分散在仲裁委员会秘书处,人事、财务及首席仲裁员的确定等重大事项本应由仲裁委员会组成人员集体决策,但是在现实中通常由仲裁委员会秘书处的秘书长来决策,导致秘书处权力过大,越俎代庖。作为应由选举而产生的理事会组成人员,也往往由政府直接任命。例如:《深圳仲裁委员会管理办法》(深圳市人民政府令第 295 号)中明确规定了仲裁委员会的理事由政府聘任,以及不超过两届的任期和每届任期五年。[①] 从这些规定可以看出,这是直接对仲裁机构独立性的违背,体现出仲裁委员会人事管理中的政府直接干预。

3.3.1.3　地方政府将仲裁机构的设立作为政绩指标

《仲裁法》中明确规定:"仲裁委员会可以在直辖市和省、自治区人民政府所在地的市设立,也可以根据需要在其他设区的市设立,不按行政区划层层设立。"[②]通过对《仲裁法》的解读可以发现,《仲裁法》对仲裁机构设立的描述是"可以",而非"应当",在立法语言中,"可以"有两层含义,一是可以;二是可以不。而在各仲裁委员会建立时,往往将"可以"等同于"应当"甚至"必须"。仲裁机构的组建是由上而下的行政推动的,有些地方政府通过建立仲裁委员会来树立本地形象和塑造政绩,往往将是否有仲裁委员会作为一个地方营商环境好坏的体现。更多的似乎出于一种对仲裁机构成立的"官本位"的政绩观,哪个地方政府分管法治的领导重视,哪个地方组建仲裁机构就较为积极。貌似哪个地区没有仲裁机构,就说明哪个地区的领导对于法律服务领域不重视,主管政法的领导在政绩上就亟须努力。这种对政府政绩的"攀比"心理使得仲裁机构如雨后春笋一样"遍地开花"。截至目前,我国有 293 个地级市,而仲裁机构达到了 264 个,近年来,许多地级市"一哄而上"地成立了仲裁机构,截至

---

① 参见《深圳仲裁委员会管理办法》第 6 条。

② 参见《中华人民共和国仲裁法》第 10 条。

2020 年，全国有 294 个地级市，仲裁机构有 264 个，占地级市数量的 89.7%，并想当然地在其市辖县、市、区及重点行业设立了分支机构。这些分支机构与上级机构属于隶属关系，而非《仲裁法》所规定的，仲裁机构之间也没有隶属关系。地方政府对《仲裁法》的不理解和误读使得各大分支机构竞相"粉墨登场"，这种没有根据实际商事业务需求，反而为了政绩而设立仲裁机构的做法不但没能够推动仲裁机构的独立化，更是造成了仲裁的官本化，甚至占据了一定的行政和事业性编制。与此同时，由于国务院颁布的《重新组建仲裁机构方案》中规定"依法可以设立仲裁委员会的市只能组建一个统一的仲裁委员会"，此规定中用到了"只能"一词，但是在实践中，有的地方政府往往将"只能"理解为"必须"和"应当"。这就使得仲裁委员会的设立等同于行政机关，将仲裁机构的设置等同于行政区划的设置，将地市一级的政府与之"配套"的仲裁机构相统一，并且要求一个地级市只能有一个仲裁机构，这显然赋予了仲裁机构的行政地域属性，对仲裁机构的独立性和不按行政区域划分来设置造成了政策上的阻碍，最终导致仲裁委员会成为地级市政府的下辖机构，而没有体现出现实需求导向。

3.3.2　对仲裁机构的社会认知不足

3.3.2.1　全社会缺少对仲裁的正确认知

中华人民共和国成立后，我国一直实行行政主导的计划经济。虽然目前市场经济已实施多年，但是整个社会和经济体系受计划经济的影响仍然存在。可以说，公权力在我国的影响巨大，同样使得仲裁的初始发展离不开公权力的支持。然而，要想推进仲裁机构的法人制度建设，就必须去除公权力的影响。一些单位和个人对仲裁这种私权力的发展仍然秉持着一种观望、敌视的态度，往往认为仲裁机构的发展是一种形式主义，在社会主义国家不适用于以私力救济为主的仲裁，现代仲裁的发展是对公权力的侵蚀和削弱。在仲裁机构发展中即表现为有的公权力机关总是试图对仲裁机构横加干涉，认为私力救济的仲裁机构不能坚持公正、公平的态度进行裁决，仲裁员无法得到有效的监督，其仲裁行为的合法性不足。不相信仲裁员的裁案立场、态度、水平，对仲裁员持怀疑的态度，认为仲裁员不具备裁判的专业能力，容易受到外部影响，不可能做出公正的裁决；或者由于仲裁机构自身的"等、靠、要"思想，时刻离不开政府这一"保姆"的"关怀"和帮助。商事主体之间也往往由于对仲裁机构的不信任，而将可以进行公平高效仲裁的事项变成了法院的诉讼。

长期以来，我国缺少契约精神的土壤。契约理论起源于西方的基督文明，在资本主义社会得到发展。契约理论基于仲裁制度产生的合意与自治前提，使得仲裁制度无处不体现着契约精神。契约理论以私法为基点，尊重当事人对财产的所有权和自由处置的权利。法律对仲裁制度的确认、监督和保护是对私人主体产权和自主权的尊重。法律所赋予的仲裁机构进行裁决的效力也是对当事人契约自由的肯定。司法与政府、社会对于仲裁的监督体现着国家对商事秩序和制度的维护。虽然仲裁必须置于国家的法律框架和要求下，但是仍然以仲裁的契约本质为前提。正是由于仲裁的法律性质是契约性，而非司法性和自治性，使得不同国家间能够不折不扣地承认与执行仲裁裁决。

而对于我国来说，从我国古代儒教的"仁、义、礼、智、信"，道教的虚无、无为思想，以及佛教的因果轮回都缺少对于契约精神的阐述。虽然我国的《史记·季布栾布列传》有"一诺千金"，但是与契约精神相差甚远。长期以来，对权威和权力的崇拜与依从，以及政权的更迭换代使得社会文化认同权威而忽视平等的契约关系。由于商事主体之间存在一定的竞争关系，不同的商业主体间本身就缺少信任机制，在商业活动中，商事主体为了追求利益最大化，往往习惯打破交易规则。在激烈的市场竞争中，往往选择通过行政权力的干预来解决纠纷，而不习惯使用公开公正的仲裁方式来定纷止争。或者涉及相关法律时，商事主体宁愿选择法院的诉讼和审判，也不愿意进行高效的仲裁，宁可争个"头破血流""两败俱伤"，也不愿意寻求互利合作的双赢局面。仲裁的发展必须具备一定的社会基础和文化积淀，仲裁伴随着市民社会的发展而产生。要想与国际仲裁接轨，就必须发展我国的临时仲裁机构，并且首先要承认临时仲裁机构，在这一方面，我国还有较长的路要走。

3.3.2.2　仲裁机构自身对仲裁作为法律服务的本质认识不够

部分仲裁机构对仲裁的认识还停留在计划经济时代的"行政仲裁"，而非市场经济条件下的商事仲裁，认为仲裁机构不能脱离政府的领导，仲裁机构的人、财、物都需要政府的支持，没有政府的支持，仲裁机构便无法依托市场选择来生存。还有一些仲裁机构认为仲裁机构是一个类似法院的"准司法"机构，以一个"审判者"的态度来面对商事主体当事人，而不是为当事人服务的身份，将仲裁员的身份和角色等同于法院的法官。一些仲裁机构在当事人面前司法作风和官僚作风严重,以断案判决的方式来面对当事人。仲裁机构对自身的程序管理与实体裁决的本质职能认识不足,注重仲裁裁决的实体权力,而忽视仲裁机构自身的程序管理和为裁决提供服务和保障的责任。将仲裁庭的裁决与仲裁机构的服务保障职能相混淆,赋予仲裁机构"准官方、准司法"色彩。因此,在仲裁机构的职能定位中,对于仲裁机构的职能和定位到底是什么性质、如何行使这些职能和进行定位成为摆在仲裁机构面前的重要课题。如果仲裁机构在运营发展中,仅是一种准行政和司法机关,而不是基于服务商事主体这一出发点,不但会影响到仲裁机构的法人制度建设,甚至使得仲裁机构的生存和发展也成为问题。

3.3.3 仲裁机构设立和运行主体不规范

3.3.3.1 仲裁机构由政府主导设立

虽然在资金短缺、缺少民间力量组建的情况下,由政府帮助仲裁机构组建,但并不是说政府充当着"保姆"的角色,永远成为仲裁机构的守护者和所有权力。回顾历史,《仲裁法》对我国仲裁机构设立的规定有其历史现实性。长期以来,由于我国属于计划经济体制,而当时的仲裁也仅局限于行政仲裁,没有向市场仲裁过渡。在《仲裁法》颁布伊始,企业、民间商业组织等社会力量较为薄弱,没有资金对仲裁机构进行组建,在这种情况下,就不得不由政府出面,对仲裁机构的建设资金、业务用房等方面负责。而由于市场经济发展的不成熟,仲裁机构自身无法通过仲裁收费的收入来维持正常运转,也不得不由政府将仲裁机构的经费纳入财政的预算范围,并通过年初的人大审议,当经费不足时,申请人大进行调整预算。在我国,政府通过公文的形式负责仲裁机构设立。必须有了政府批文的批准,才能够实现仲裁委员会的登记。甚至有的地区通过政府公文的形式决定是否建立仲裁机构,以及仲裁机构的注销事宜。例如:重庆市万县仲裁委员会在重新组建过程中,就是由重庆市人民政府通过文件的形式主导的。在文件中,提出对重庆仲裁委员会和万县仲裁委员会进行注销的基础上,成立重庆仲裁委员会。① 政府对仲裁机构的撤销不但反映出公权

---

① 参见《重庆市人民政府关于组建重庆仲裁委员会第四届委员会的通知》。

力对于仲裁机构的干涉，更反映出仲裁法只对仲裁机构的设立进行了规定，但是对于仲裁机构的撤销与解散规定没有明确，使得一些经营状况不佳的仲裁机构"只能进不能出"。作为一个独立的法人仲裁机构的成立和撤销并不是市场行为，而是政府行为，这与法人路径相背。从客观事实上看，无论仲裁机构运营得好坏、是否能够获得更多商事主体的选择、是否占有更多的市场对其自身的生存和发展都不重要。仲裁机构的存在或者撤销只需要取决于政府的意愿，政府左右着仲裁机构的"生与死"，关系着仲裁机构的发展与壮大，仲裁机构紧紧依赖政府。这种由政府单方组建或者撤销仲裁机构，必然使得仲裁机构充满着浓郁的行政化色彩，直接影响着政府的公信力和权威性，使得广大商事主体并不信任仲裁机构的中立性、公正性。

3.3.3.2　仲裁机构缺乏退出机制

虽然《仲裁法》和国务院颁布的《重新组建仲裁机构方案》均对仲裁机构的组建进行了规定和要求，但是目前仍然缺少仲裁机构的退出机制。在这些法律和行政性文件中，对于仲裁机构的注销、终止还缺少明确的描述，使得仲裁机构退出机制"无法可依"。无论仲裁机构的案件受理情况如何，甚至只是沦为一种摆设，都可以在政府的资金帮助下始终存在。从大陆法系和英美法系来看，虽然有些国家和地区没有对仲裁机构的退出机制进行法律上的规定，但是这些国家和地区的仲裁机构本身作为一个商事主体，广泛地参与市场竞争，由市场来对仲裁机构进行选择，从而通过收取仲裁费的方式来获得自身的发展和运营。而对于公信力较差、社会认可程度不高的仲裁机构，则由于无法获得相应的资金，不得不退出。而我国的仲裁机构只要由政府组建后，无论其运营得好坏、业务量多少、是否有公信力，都能够获得政府的资金支持，不愁自身的生存和发展问题。目前在法学理论界似乎没有学者对仲裁机构的退出机制进行研究，以及将仲裁机构的退出机制与其法人制度建立联系。

仲裁机构没有立法上的退出机制也使得诸多运营不良的仲裁机构成为一个"鸡肋"，如何将其终止，最终只能凭政府的一纸公文。因此而造成的后果是：第一，许多城市仲裁机构的设立是省一级政府的行政导向，是一个地级市营商环境和市场经济发展保障条件的政治性体现，而不是真正的市场需求，导致一些地方政府为了维护地方的政绩和形象，从主观意愿上不愿意使运营不良的仲裁机构退出。第二，即使有的地方政府愿意关闭被市场淘汰的本地仲裁机构，但是并没有相应的法律、法规和政策作为仲裁机构退出市场的遵循，使得仲裁机构的退出无法可依，不得不将仲裁机构的退出事宜选择搁置。第三，一些地方政府将仲裁机构纳入事业单位或者事业单位的二级机制，仲裁机构的退出就面临着事业单位的改革，以及编制的缩减，这些问题带来的连锁影响较大，涉及经费拨给、人员安置等问题，有的地方政府出于维稳的角度，通常不愿让仲裁机构重组或者退出市场。

3.3.4 仲裁机构的运行和监督制约不完善

3.3.4.1 仲裁委员会的角色定位模糊

长期以来，由于仲裁机构建立、运行的行政化，使得仲裁委员会的社会功能角色定位十分模糊。仲裁委员会社会职能角色定位问题的本质在于仲裁机构出于怎样的目的而设立、仲裁机构所承担的社会职能是什么，以及仲裁机构对商事仲裁业务的开展。仲裁机构的公益性要求其有向社会提供优质法律服务的宗旨，应加强专业法律提供的效能。因此，"非营利组织的经营管理无法获得利润"的宗旨必须建立在准确的角色定位基础上，而非单纯的行政干预和引导。如果仲裁委员会本身的角色定位模糊，则无法真正地将仲裁委员会变成"非营利组织"。仲裁委员会非营利性质的定位不但需要其在组建环节就坚持民间性，更要求其在运行过程中能够以社会公益性法律服务为己任，通过强化自身的服务质量来得到社会公众的支持，从而获得发展机遇。因此要明确仲裁机构的法人定位，就必须明确非营利法人的使命。仲裁机构作为非营利法人的社会基础、文化认知、政府对仲裁机构的态度，都将决定着仲裁机构的走向。仲裁机构对自身的认识，其根源在于仲裁机构组建的民间基础的正确认知，以及市民社会和市场经济发展的程度，仲裁机构作为为仲裁活动提供服务的主体，直接与纠纷当事人接触，如果仲裁机构自身缺少服务与市场意识，社会大众、商事主体对于仲裁机构的公允性也就无法形成。当前仲裁机构受政府的影响严重，并且长期以来以"审判者"的角色进行定位，服务意识淡薄，缺乏长远发展规划及自身特色的提炼，没有主动融入市场经济和商事活动的积极性，仲裁机构也无须担心自身的生存和发展问题。

3.3.4.2　仲裁机构的运行机制不健全

在我国，从 1995 年《仲裁法》颁布实施至今，先后重新组建或设立了 264 个仲裁机构。在这些仲裁机构中，个别的能够适应市场要求，通过改进自己的服务水平，提高法律专业服务能力，占据仲裁市场，获得可持续的发展，较为成功地转型，减少行政干预，并取得了一定成效，呈现出较好的发展态势。但仍有相当多的仲裁机构长期以来受到行政化的影响，不是在自身的运营和业务拓展上想办法、出新招，而是仅仅在处理与政府的关系方面谋求发展。这些仲裁机构案源稀少，难以为继，财务收支入不敷出。由于仲裁机构养成依赖地方政府扶持的习惯，不适应市场经济环境下的市场运作，无法从改善自身的运营管理出发，通过仲裁服务质量的改进占领市场、赢得客户，只能是像一个行政机关一样"等客上门"。仲裁机构的日常收费无法支撑其自身的生存和发展，不得不将主要目光放在争取更多的政府财政资金支持上，成为政府的附属。还有一些仲裁委员会依赖政府获得案件，但也由此造成了其案例办理和自身发展过程中的"路径依赖"，缺乏自身仲裁服务改进的可持续性，以及主动服务的积极性。造成这种状况的原因除了区域经济发展的差异性和不平衡，机构自身缺乏服务意识和竞争的压力，官本位思想仍然占据主流，缺乏契约精神，工作能力和专业化水平不足，缺少学者和专家的介入，对仲裁市场化和社会化的认识不到位，政府的"保姆"行为发挥得过头，这些都是重要因素。一些仲裁机构不能充分融入市场经济，在市场经济中经营不善，案源较少，但是其本身从不主动面向社会拓展各种渠道，开展仲裁工作，而是过度依赖政府度日，犹如襁褓婴孩、温室花朵，经不起市场经济的风霜洗礼，离开了政府的保护就无法生存。例如：即便是作为辐射南亚、东南亚澜湄国家，曾被云南省司法厅确定为云南省仲裁委员会内部治理结构综合改革试点，被定位为"非营利法人"的普洱仲裁委员会(澜湄国际仲裁院)，虽然不设编制、依法纳税、自收自支、独立指数较高，但是由于运营不善，为了获得生存，也不得不面临着由非营利法人向事业单位转型的选择。总体上看，我国仲裁机构推广机制的不健全从一个侧面反映出了仲裁机构本身造血能力不足，官本位思想严重，无法真正理解现代仲裁制度的本质，同时更反映出一些地方政府对于仲裁机构"不想放手、不愿放手、不敢放手"的突出问题。不可小觑的是，一些地市的仲裁机构设立就是基于地方政府部门及政府的相关领导为了与其他地市进行攀比，为优化营商环境"作秀"，或者追求法制工作的政绩、抢占资源、争取上级的政策和资金的支持，而攀比、冲动、盲目草率做出决策的结果。抱着一个"其他城市有的仲裁机构，我们城市也要有"的思想，在没有做好充分的准备基础上，草草成立仲裁委员会，甚至没有对地方的仲裁业务和市场需求开展充分调研，仅仅是市政府领导的"拍脑门"决定，就成立仲裁委员会。对于如何获得案源、获得何种案源、获得商事主体的客户等方面考虑欠缺。在仲裁机构盲目设立后，如何对仲裁机构进行运行，融入市场，这些方面都缺少相应的考虑，更谈不上如何根据区域经济发展特点，形成仲裁机构的自身特色。由于市场化不足，仲裁机构难以吸纳优质的工作人员和仲裁员，也无法吸引商事主体选择仲裁机构进行纠纷和争议的裁决，无法为商事纠纷的当事人提供高质量的个性化服务，只能依赖政府的拨款维持日常运营。

国务院办公厅印发的《重新组建仲裁机构方案》中规定，仲裁委员会下设办事机构，负责办理"仲裁案件受理、仲裁文书送达、档案管理、仲裁费用的收取与管理"等事务。办事机构的日常工作由仲裁委员会秘书长负责。在现实中，仲裁机构的秘书处作为仲裁机构日常运转、仲裁庭组建的执行部门，完全听令于政府上级领导，通过行政指令来负责整个仲裁机构的基本业务，属于仲裁机构的职权基本由秘书处来履行，可以说，秘书处是仲裁委员会下设的常设机制。秘书作为秘书处的全职工作人员，需要听从秘书长的"行政"领导，仲裁秘书与秘书长是行政上下级的关系，受仲裁委员会秘书处的秘书长直接"领导"，秘书在工作中必须按照秘书处秘书长的指示行动，并作为事业编制或者行政编制人员，秘书也往往只对其直接领导负责，完全执行秘书长的指令。然而，从国外仲裁机构来看，仲裁秘书与仲裁机构的关系并不是隶属，而是独立的。仲裁秘书仅仅为仲裁庭服务，仲裁机构的秘书长与仲裁秘书间只是业务指导关系，而非行政领导关系。这与我国的仲裁机构形成了鲜明对比。从国外的仲裁机构来看，国际商会仲裁院规定，国际商会秘书处的秘书只负责受理案件，并不像我国仲裁机构的秘书处一样承担日常的业务工作，仲裁庭与秘书处之间没有任何关联。在仲裁庭组建后，仲裁秘书处的职责就基本完成。国际商会仲裁院仲裁庭指定的秘书与国际商会仲裁院基本不发生联系，仲裁秘书不受仲裁院秘书处的领导和支配，秘书处也不像我国的事业单位一样负担仲裁秘书的工资报酬和人头经费。仲裁机构的秘书处在案件处理全流程中担负着重要角色，除统筹仲裁机构的日常工作外，还影响着仲裁庭的活动。作为一个临时性的组织，我国各地的仲裁庭不但担负着仲裁庭相关案件的调查、审查等实体审理的责任，也涉及程序管理相关事宜。而国外的仲裁庭则通常全部由仲裁机构的秘书部门来进行程序管理，仲裁庭与秘书部门分工明确、各司其职，但是在我国，两者间存在责权的交叉。作为为仲裁庭提供服务的仲裁机构秘书部门是仲裁庭开展工作的引导者和辅助者，其工作对于仲裁庭来讲异常重要，秘书服务仲裁庭，听从仲裁庭的支配，从事的是仲裁的辅助工作。但是，我国仲裁机构秘书处除了要像国外那样服务仲裁庭外，还要负责人事、财务及委员会的重大决策事项的执行，类似常设的行政机关，但是对秘书处的监管趋于空白。秘书与秘书长的行政关系也成为阻碍推进仲裁机构法人规范体系构建的因素。

3.3.4.3　仲裁机构的监督制约不完善

对仲裁机构的监督主要体现在对仲裁员和仲裁程序的监督，除此以外，由于其行政化"由上及下"的特点，决定了仲裁机构内部的组成部门及其人员进行内部结构治理的监督趋于空白。

虽然我国《仲裁委员会章程示范文本》（以下简称《章程》）中对仲裁委员会会议进行了相应的规定和描述，但是与仲裁机构的运行和监督制约字样相关的仅包括对年度和财务报告的审议，以及对相关人员的人选的审议等内容。[①] 从《章程》的范本上看，这些规则可以作为对仲裁执行机构的监督和制约。但是由于仲裁机构具有定纷止争的私力救济权力，在仲裁机构的章程中仅仅只有这几条明显显得捉襟见肘，无法直接对仲裁事务的开展起到引导和规范性作用。虽然仲裁机构作为非营利法人，不以营利作为运营的目标，并且法律禁止其在成员间分配利润，然而仲裁机构正如英国思想史学家阿克顿勋爵所说："权力导致腐败，绝对的权力绝对地导致腐败。"如果没有形成对仲裁机构的监督，那么仲裁机构一样将成为权力腐败的"集中地"。作为仲裁人员的"经济人"属性和"复杂人"属性，在缺少监督的情况下，仲裁人员徇私舞弊、公饱私囊、弄虚作假，损害当事人利益，侵占公共资产的行为非常可能出现。正所谓"好的制度将坏人变成好人，坏的制度将好人变成坏人"。没有有效的监督必然容易造成腐败和权力滥用，仲裁委员会的实际控制者和管理者有可能产生逐利的冲动，在缺乏相应的监督和制约机制的条件下，仲裁机构可能成为公权寻租的工具。

---

① 参见《仲裁委员会章程示范文本》第 8 条。

例如：2017 年 11 月绍兴仲裁委员会办公室原主任秦甫，2018 年 12 月 21 日安庆仲裁委员会原副主任、秘书处原秘书长王庆峰，2019 年 7 月广州仲裁委原主任、党组书记陈忠谦和王小莉相继落马。其中，陈忠谦在仲裁委秘书长的职位上任职 8 年，任广州仲裁主任 11 年。王小莉属于广州仲裁委的本地干部，先后在广州仲裁委任科员、经济技术合同部副部长、秘书长、纪检组副组长、党组成员、副主任、党组书记、主任。这引发仲裁界的高度关注。仲裁委员会主任和仲裁委员会秘书处的秘书长权力过大，并且缺少监督的问题在这些案例中公然地显现出来。

加强仲裁机构的监管是推进仲裁机构法人制度建设的重要保障。但是目前从《仲裁法》上看，虽然确立了仲裁的基本法律制度和原则，但是仲裁法的规定仍然较为缺少可操作性，相关的描述较为含糊，特别是对仲裁机构由谁来监管、怎样监管等问题描述得并不具体。当前，仲裁机构全面深化改革，摆脱仲裁机构与行政权力的关系，塑造仲裁的公信力，更广泛地参与国际贸易成为我国仲裁事业发展的主旋律。但立法的步伐显然没有跟上仲裁委员会发展的步伐，比如，《仲裁法》以仲裁程序法为核心，而非以仲裁的法人性质为核心。通篇览读《仲裁法》会发现，仲裁程序法是其中心内容，而对仲裁机构的组建、组织结构设置、有效监督的形成等方面的规定趋于空白。仅就仲裁法对仲裁机构组织规定而言，法律的规定过于粗略、笼统，缺少详细的论述，直接影响了执行力，特别是对仲裁机构如何运营，以及是否可以退出、如何退出等方面缺少规定，实践中可操作性和指导性不足。《仲裁法》的立法缺失使得行政机关在对仲裁机构进行监管的过程中，容易造成"无法可依"，缺乏特定的法定依据，行政自由裁量权过度行使有可能发生，并且具有较强的人为性和自由性。由于仲裁机构法律地位的不明确，更容易使得仲裁机构的独立性受到压制，各地仲裁机构的成立五花八门、形形色色。在仲裁机构的组建过程中，本身各地的仲裁机构就各不一致，虽然都是在政府的主导下进行组建，但是有的地方政府直接将仲裁机构纳入事业单位或者其二级机构的管理范畴。虽然本着民间性的要求，对仲裁机构的组建不可能做到整齐划一，但是地方政府在仲裁机构的自由裁量权较大，更容易使得地方政府侵蚀仲裁机构的权力，将仲裁机构"收入囊中"。政府将仲裁机构的收费权、人事管理、组织结构设置和业务运行等作为自身财政管理和法制办的日常工作，甚至没有认识到自身存在的问题。在对仲裁机构的日常监管中，政府法制办、司法局等各个部间的政令不统一，监管的全面性、客观性不足，政出多门现象仍然较为突出。例如：国务院明确了仲裁机构应"自收自支"，同时国家四部委又要求"收支两条线"。从以上可以看出，我国仲裁机构法人制度建设进程中，必然面临着行政的干扰与挤压，而这些文件本身就存在一定的矛盾问题，更使得仲裁机构容易无所适从，终其根源，都是仲裁法的立法缺少全面性和可操作性，使得仲裁机构在立法保障上较为薄弱和欠缺。

3.4　本章小结

通过对我国 203 家仲裁机构的独立性进行测度发现，我国仲裁机构独立性总体不足：仲裁机构的性质主要为事业单位和参公单位；仲裁委员会主任主要由政府官员兼职担任；仲裁机构的登记管理机关主要为市政府及其办公室、法制办与司法局；仲裁机构的经济来源大多依靠财政全额或差额拨款；仲裁机构的人员构成以行政和事业单位成员为主。独立性指数大于 2 的仅有 5 家，占 2.5%；独立性指数大于 1.5 小于 2 的也仅有 6 家，占 2.61%；独立性指数大于等于 1 小于 1.5 的有 192 家，占 94.58%。一线城市仲裁机构独立性指数最高。事业单位和参公事业单位的仲裁机构独立性指数较小，而社会组织与社团法人、法律服务机构、企业独立性指数较大。

我国仲裁机构法人地位的现实困境为：一是仲裁机构性质模糊。仲裁法的制定未明确仲裁机构的性质，仲裁机构与政府的关系模糊不清，仲裁机构与行政和事业单位的边界不确定。二是仲裁机构缺少独立性。仲裁机构在组织体系设置、管理、财务、人事管理、监督等方面缺少独立性。三是仲裁机构法人治理错位。仲裁机构内部治理不到位，外部治理法治化不足。

仲裁机构法人地位存在问题的原因为：一是市场经济转型环境导致政府对仲裁机构经费和财务管理、人事管理介入过多，地方政府将仲裁机构的设立作为政绩指标。二是全社会缺少对仲裁的正确认知，仲裁机构自身对仲裁作为法律服务的本质认识不够。三是机构设立和运行主体不规范，仲裁机构由政府主导设立，仲裁机构缺乏退出机制。四是仲裁机构的运行和监督制约不完善，仲裁委员会的角色定位模糊，仲裁机构的运行机制、监督制约不健全。

第4章

仲裁机构法人地位的法制史与比较法考察

国外仲裁制度的发展早于我国，早在古代希腊和罗马时期，随着商事贸易的发展，就产生了仲裁的雏形，19世纪末20世纪初，英国、瑞典等国家相继出台了《仲裁法》。而中华人民共和国成立后，直至1986年，我国才建立了法人制度，1995年出台了《仲裁法》。法人制度的价值是法人制度的有用性，是法人制度建立的根本用意之体现。作为仲裁机构在法律上人格化的法人本质，与仲裁机构法人制度的价值，是仲裁机构法人地位的逻辑起点。仲裁的发展史和法人的发展史是厘清仲裁机构法人地位发展史的重要条线，需要从纵向上的法制史与横向上的比较法两个方面进行溯源与考察。

4.1 仲裁机构法人的法制史考察

从国际仲裁机构法人的法制史来看，仲裁机构法人的法制史可以划分为以商事贸易的萌芽催生仲裁社会组织为特点的萌芽阶段、以民间商人自救推动仲裁机构成为民事主体为特点的发展阶段、以国家强制力保障仲裁机构在法律上的人格化为特点的强化阶段、以国内向国际争议解决的发展巩固仲裁机构法人地位为特点的成熟阶段。从国际仲裁机构法人的法制史来看，我国仲裁机构法人法制史的发展与市场经济建设密切关联，可以划分为以计划经济时代的行政仲裁为特点的非法人阶段、以我国法人制度确立后的行政或事业单位法人为特点的萌芽阶段、以市场经济环境下多元化法人类型的发展为特点的发展阶段。

4.1.1　国际仲裁机构法人的法制史

国际仲裁机构法人的法制史与法人的发展史和仲裁制度的发展史相关，是法人史和仲裁史的交集。因此探究国际仲裁机构法人的法制史需要从法人史和仲裁史两个方面同时考虑。有学者将仲裁划分为三个阶段："14 世纪之前的原始仲裁阶段、14—19 世纪的仲裁发展阶段、19 世纪末到当前的成熟阶段"。但是，在划分中仅从仲裁的角度来考虑，没有考虑到仲裁机构的法人定位。笔者认为，在法人的概念出现前就已经有了纠纷解决的仲裁雏形。因此不应将14 世纪之前简单地划分为原始仲裁阶段，而是应从仲裁的产生和法人的产生同时进行讨论。根据法人史和仲裁史的发展成熟度，可以将国际仲裁机构法人的法制史划分为以商事贸易的萌芽催生仲裁社会组织为特点的萌芽阶段、以民间商人自救推动仲裁机构成为民事主体为特点的发展阶段、以国家强制力保障仲裁机构在法律上的人格化为特点的强化阶段，和以国内向国际争议解决的发展巩固仲裁机构法人地位为特点的成熟阶段。

4.1.1.1　萌芽阶段：商事贸易的萌芽催生仲裁社会组织

公元前 6 世纪，古希腊城邦就出现了以仲裁来解决纠纷的方式。在古罗马时期，随着商品交换的日益频繁，仲裁也在商品的交换领域得到了发展。当双方无法达成一致协议时，便引入第三方进行纠纷的居中"公断"。10 世纪以来，手工业与农业的产业分化促进了贸易的发展，不同城邦间的贸易日益频繁，商人间的纠纷解决成为当时的社会问题。早在查士丁时期的《民法大全》中，保罗就对居中的纠纷解决方式开展了论断："在纠纷解决中，除了进行诉讼，也可以进行仲裁。"在古罗马《十二铜表法》中，就对仲裁有过相关阐述："当土地边界发生争议时，由当地长官指派第三个公断人进行争议解决。"①古罗马法承认四种类型的契约：一是口头约定；二是书面约定；三是标的物交付约定；四是非正式合意。在契约的基础上，古罗马仲裁的形式得到了广泛的推广，涉及的领域包括奴隶的归属、土地、货物占用的纠纷等，古罗马允许公民选择仲裁的方

---

① 　，《十二铜表法》第 7 表土地权利法表，第 5 条规定，"当发生土地边界争议时，可请第三个仲裁者（公断者）参加土地边界的划定。"（参见《十二铜表法》江平译，北京：法律出版社，2000 年版，第29 页。）

式来解决纠纷和矛盾，通过仲裁协议的签订，而无须走诉讼程序。在古罗马的《民法大全》中，对争议可使用仲裁的方式解决也进行了规定。教会在古罗马帝国被赋予了至高无上的权力，在社会生活中充当着重要的角色。在罗马帝国的后期，教会的社会地位不断提升，仲裁在教会中的作用也更加突出。基督教的主教充当着"仲裁员"的角色，对教众的纠纷和矛盾进行定纷止争，并无须司法的介入，就能够得到强制执行。

中世纪的欧洲，随着商品交换的日益频繁，形成了较多的商业集镇(如香槟伯爵领地的四大集市)，在集镇的基础上，为了维护商事主体的利益，手工业商会应然而产生。在商会内部产生了专门解决纠纷的机构，选择第三方居中公立商人对纠纷进行裁决。在中世纪的欧洲就已经出现了法人实体，这些法人实体的资格大多为皇家授予和特许，通常呈现出非营利性(教会、行会、城市自治组织等)的法人实体特点，在此基础上，才将法人实体向贸易领域拓展。① 在中世纪的欧洲，由于政府和司法机构尚不完善，商会和行业协会在内部仲裁中发挥了仲裁的作用。这种"内部仲裁"仅限于商会和行业协会的团体内部，并且不断由团体内部仲裁发展到外部仲裁。在 14 世纪的意大利，出现了用于解决贸易争端的商事仲裁机构。随着商贸的发展，古希腊和古罗马兴盛时期的海上贸易日益频繁，使得商人之间解决纠纷采取在双方自愿的基础上，找德高望重的第三人对纠纷进行调节。仲裁发端于商事贸易的繁荣，作为解决争议的方式，仲裁属于"自力救济"的性质，作为解决纠纷古老的"第三方审判"方式逐步发展起来。萌芽时期的仲裁机构属于松散的团体(社会组织)，这种团体不具备民事行为能力，并不能承担民事权利和义务。法人概念的产生要远远晚于仲裁，法人的概念起源于 11 世纪的罗马教会，并且当时没有"法人"的提法，仅出现了"法人"观念的雏形。1302 年，由于基督教会具有神圣性和超越性，被教皇卜尼法斯八世通过诏书的方式赋予"拟制的人"的资格。根据罗马法，宗教团体、城市被称为"社团"，只有通过特许才能够获得"社团"的资格。虽然罗马法中存在一定的团体组织，但是在罗马法中还没有上升到完全的法人概念。在罗马

---

① 法人的人格化过程中存在一定的功利主义，法人是由管理者设定的，法人的权利和义务都取决于立法者的态度。(参见江平、龙卫球：《法人本质及其基本构造研究：为拟制说辩护》，载《中国法学》1998 年第 3 期，第 75 页。)笔者认为，在中世纪的欧洲，仲裁机构这一法人实体的法律地位由当时的社会管理者教会来赋予，正是体现了法人人格化过程中的功利主义。

法中，虽然针对团体性质的组织进行了论述，并且已明确了团体人格与个人人格的差异性，但是罗马法并未形成完整的法人理论体系和规范。① 显然受限于历史条件，早期的仲裁机构不具备社团这一拟制的人的资格。

4.1.1.2　发展阶段：民间商人自救推动仲裁机构成为民事主体

作为早期商事贸易催生的仲裁机构，随着法人制度的发展，以及商事仲裁业务的开展，传统的道德规范和舆论力量维系的仲裁机构已无法适应仲裁业务开展的需要，仲裁机构作为法律关系的参与者，仲裁机构权利主体地位的确定，由传统的约定俗成和道德约束转变为法律关系，显得愈加迫切。在中世纪的英格兰，仲裁通常与商会相结合，在商会的章程中，将仲裁作为解决商会会员间纠纷和矛盾的重要方式。14 世纪，随着地中海贸易往来的频繁，地中海各国对于仲裁方式解决纠纷也已成为一种约定俗成。15 世纪，英国和瑞典的法律就对仲裁组织的权利主体地位进行了阐述。1505 年，在英国的都铎王朝后期，出现了独体法人（corporation sole）和权利主体的概念。随着民间商人阶层的发展，统治阶层为了平衡贵族阶层，对市民社会力量的重视不断提高，通过特许状的方式，赋予市民或某些组织以权利与义务，这成为权利主体的雏形。例如：在伊丽莎白给冒险商人的特许状中，将独体法人和法人权利的概念写入其中，即法人是国王授予的，从事某一贸易领域和职业的团体或实体的单位。此阶段的仲裁机构以商业行会组织的形态而存在，当不同的商人间产生矛盾和纠纷时，不是诉讼于法院，而是根据行会、章程或国王的授权，由商业行会进行争议和矛盾的解决。商业行会的裁决行为不同于公权力的判决，也被称为"泥脚法庭"，用以形容矛盾和纠纷解决的便捷性。16 世纪，从事外贸的公司如东印度公司在其章程中对仲裁的事项进行了描述，规定出现纠纷和矛盾通过仲裁的方式解决。这一时期，仲裁机构作为民事主体（权利主体）而出现，但不是真正意义上的、被国家权力机关所承认的、赋予了法律人格的法人。

4.1.1.3　强化阶段：国家强制力保障仲裁机构在法律上的人格化

从仲裁机构法人的商事贸易的萌芽催生仲裁社会组织、民间商人自救推动

---

① 虽然罗马法的人格的论述为法人概念的产生提供了基础，但是罗马法中的人格并非平等，而是主要取决于身份和地位，使得罗马法中虽然有了团体和人格的阐述，却没有真正意义上升到完全的法人概念。（参见江平、米健：《罗马法基础》，北京：中国政法大学出版社，1987 年版，第 64 页。）

仲裁机构成为民事主体等阶段来看，均没有将法人在法律上人格化。随着法人制度和仲裁制度的发展，仲裁不断上升为国家法律，仲裁机构的法人地位也不断明晰起来。布莱克斯通在《英国法释义》中首次对法人的概念进行了阐述，他认为法人是一种拟制的人，是一个具有意志、秩序、规则的，承担社会目的的，在法律上具有"不死性质"的拟制人。直至 1697 年，英国议会从立法的层面承认仲裁制度，并出台了仲裁法案。自此，欧洲的仲裁制度开始在各国出现，通常是将仲裁制度作为《民法典》中的一章、一节，或者一目的形式出现。早期的仲裁属于"临时仲裁"，随着商事贸易的发展，不断由临时仲裁向机构仲裁转变，仲裁机构在法律上的人格化进程也不断加快。

1794 年的《普鲁士普通法》对法人的人格进行了明确。1804 年的《法国民法典》为了阻止封建机构借助法人来获得更大的权益，虽然遵循了财产私有、契约自由和造价交换等立法原则，但是并没有提及法人相关字眼，没有法人的相关规定。在法典中，仍然对团体名称的排他性、财产的独立性进行了规定，虽然对于团体的权利等方面的论述不多，尚无法为形成有效的法人规范性体系提供指导，但是在法典中渗透着法人思想，对商业团体的法人地位进行了肯定。① 1889 年，英国出台了《仲裁法》，1892 年，伦敦国际仲裁院正式成立，其法人性质为非营利性的担保公司。法学界普遍认为 1900 年开始实施的《德国民法典》初步建立了较为完善的法人制度，对其他国家的法人制度建设提供了依据和参考，在《德国民法典》第 21~89 条，对法人规范性体系进行了构建，为仲裁机构的法人制度提供了规范性指导的架构。② 在《德国民法典》框架下，仲裁机构为非营利性社团法人，使得仲裁机构的住所、组织机构、业务执行、行为责任、章程、财产有了明确的规定。

法国于 1809 年制定的《民事诉讼法典》和德国于 1879 年制定的《民商事诉讼法典》也对仲裁进行了规定。1923 年，国际商会国际仲裁院在法国正式成立，是国际性民间组织。瑞典也于 1887 年制定了第一个仲裁法令，1929 年制定了《仲裁法》。1917 年，瑞典斯德哥尔摩商会仲裁院成立，其是依托斯德哥尔

---

① 《法国民法典》第 537 条规定，"不属于私人所有的财产，依关于该财产的特别规定与方式处分并管理"。第 542 条规定，"区、乡公有财产，为一个或数个区、乡居民对该财产的所有权或其出产物有既得权的财产"。

② 参见《德国民法典》第 21~29 条。

摩商会成立的仲裁机构，但是又完全脱离于斯德哥尔摩商会，是独立的仲裁机构。日本于 1890 年颁布的《民事诉讼法》中设置了专章来对仲裁进行阐述。德国《民事诉讼法典》的 1055 条规定，仲裁裁决和法院的判决具有同等的约束力。

苏联于 1922 年颁布的《苏俄民法典》对社会主义国家的法人管理进行了规定，明确了法人的概念界定。[①] 1923 年 9 月，在国际联盟的倡导下，《关于执行外国仲裁裁定的日内瓦公约》出台，32 个国家签署了《日内瓦议定书》，强调缔约国之间互相承认仲裁裁决。随着仲裁的发展，目前为止，世界各国已基本建立了仲裁制度。各国仲裁机构在仲裁法建立后，仲裁机构的法人地位也不断得到了确定，法人性质以担保公司、社会团体等形式出现，实现了法律上的人格化。

4.1.1.4　成熟阶段：国内向国际争议解决的发展巩固仲裁机构法人地位

进入 20 世纪后，随着全球经济一体化的加快，以及国际贸易的日益繁荣，仲裁成为各国从事国际贸易的商事主体纠纷解决的重要选择。伴随着国际贸易和法人制度的发展，美国仲裁协会的非营利性会员公司、伦敦国际仲裁院的非营利担保公司、新加坡国际仲裁中心的担保有限公司、日本商事仲裁协会的公益社会团体法人等仲裁机构的法人地位得到了巩固。1926 年，日本组建了最早的仲裁机构——日本海运集会所中设置仲裁部，主要处理渔事争议，其法人定位属于社会团体法人。1920 年，美国的纽约州首次颁布了本州的《仲裁法》，将仲裁制度上升到法律的高度，并明确了仲裁机构的法律地位。1926 年，由美国仲裁协会、美国仲裁社、美国基金会共同合并组建美国仲裁协会。美国仲裁协会法人性质是"非营利性会员公司"，是在美国仲裁会与美国仲裁基金会合并的基础上组建的。美国于 1955 年制定了《美利坚合众国统一仲裁法案》，对 1925 年的仲裁法案进行了修订，强调不同州之间仲裁裁决互认，对非营利性会员公司的法人地位进一步巩固。相对于临时仲裁，机构仲裁拥有固定的地点、规则、章程和名称，以及独立的法人权利。机构仲裁大多建立仲裁员名册，可供当事人参考选择。机构仲裁设立有秘书处，辅助组建仲裁庭，为仲裁庭提供服务。

进入 20 世纪中后期，英国（1950）、德国（1997）等国家针对国际贸易仲裁

---

① 《苏俄民法典》第 13 条规定，"法人是指一切享有取得财产权利和能够承担义务，并且能够在法院起诉和应诉的机关、社会团体和其他组织"。

出现的新变化，对仲裁法进行了修改，增加了仲裁机构的自治性和独立性相关描述。尤其《承认和执行外国仲裁裁决的公约(纽约公约)》(1958)、《国际商事仲裁欧洲公约》(1961)、《解决国家与他国国民投资争议的公约》(1965)、《联合国国际商事仲裁示范法》(1985)等系列公约和示范法的制定，使得仲裁机构的独立性不断增强，促进了国际仲裁前的互相承认与执行，给予了仲裁机构更广阔自由的纠纷解决的空间。法国于1980年5月14日批准《民事诉讼法典》和《商法典》，对临时仲裁进行了规定，并对仲裁机构为依托商会的民间组织法人定位进一步明确，产生了凡尔赛欧洲仲裁院、马赛地中海仲裁院等仲裁机构。国外各阶段促进和巩固仲裁机构法人地位的立法和事件见表4.1。

表4.1　国外各阶段促进和巩固仲裁机构法人地位的立法和事件

阶段	促进和巩固仲裁机构法人地位的立法和事件	时间
萌芽阶段	罗马《查士丁尼民法大全》	公元10世纪
	罗马《十二铜表法》	公元前450年
发展阶段	英国的都铎王朝后期，出现了独体法人和权利主体的概念	1505年
	用于仲裁的"泥脚法庭"的产生	15世纪
	外贸公司的章程中出现仲裁解决矛盾的描述	16世纪
强化阶段	《英国法释义》	1765年
	法国《民事诉讼法典》	1809年
	德国《仲裁法》	1877年
	德国《民商事诉讼法典》	1879年
	瑞典仲裁法令	1887年
	英国《仲裁法》	1889年
	美国纽约州《仲裁法》	1920年
	《关于执行外国仲裁裁定的日内瓦公约》	1923年
	瑞典《仲裁法》	1929年

续表 4.1

阶段	促进和巩固仲裁机构法人地位的立法和事件	时间
成熟阶段	《美利坚合众国统一仲裁法案》	1955 年
	英国《仲裁法》修订	1950 年
	《承认和执行外国仲裁裁决的公约(纽约公约)》	1958 年
	《国际商事仲裁欧洲公约》	1961 年
	法国《民事诉讼法典》和《商法典》	1980 年
	《联合国国际商事仲裁示范法》	1985 年
	德国《仲裁法》修订	1997 年

4.1.2　国内仲裁机构法人的法制史

4.1.2.1　非法人阶段：计划经济时代的行政仲裁

由于我国法人制度的正式建立起源于 1987 年颁布的《中华人民共和国民法通则》，因此在计划经济时代和改革开放初期，仲裁机构并没有明确的法人地位，而是通过行政指令来从事仲裁活动。中华人民共和国成立后，为了突破敌对势力的封锁，1954 年 5 月 6 日，为了加强国际合作，我国成立了对外贸易仲裁委员会，该机构设置在中国国际贸易促进委员会内部，作为我国第一个对外仲裁机构，并于 1958 年设立了海事仲裁委员会，也隶属于中国国际贸易促进委员会。由于我国特殊的历史原因，上述两个机构在中华人民共和国成立以来至 20 世纪 70 年代处理的仲裁案件较少。1966 年"文革"之前，合同类的纠纷不是由法院来受理，而是由全同行业行政主管部门来受理，虽然在国务院 1962 年出台的《关于严格执行经济合同的通知》中出现了"仲裁"的字眼，但其并非真正意义的仲裁，而是一种"只裁不审"的行政手段，所谓的仲裁机构也完全是行政机关。1966—1976 年"文革"期间，我国的仲裁处于停滞阶段。改革开放后，我国的对外贸易不断发展起来，为了适应对外贸易活动中纠纷解决的实际情况，1980 年，对外经济贸易仲裁委员会挂牌成立，其前身就是对外贸易仲裁委员会，将投资纠纷、合同纠纷也纳入仲裁范围。1988 年，又将该机构更名为"中国国际经济贸易仲裁委员会"，其仲裁范围进一步扩大。

4.1.2.2 萌芽阶段：我国法人制度确立后的行政或事业单位法人

1986 年法人制度建立至 1995 年我国仲裁法出台这一阶段，我国仲裁机构全部为行政或事业单位法人。1986 年颁布、1987 年施行的《中华人民共和国民法通则》对法人做了专章规定以后，法人制度在我国建立。特别是《经济合同法》(1981)、《中华人民共和国经济合同仲裁条例》(1983)、《中华人民共和国涉外经济合同法》(1985)、《中华人民共和国技术合同法》(1987)、民事诉讼法(1991)等法律的不断健全，使得仲裁得到了法律的规制。1983 年，我国经济合同仲裁委员成立，是工商部门的组成部门。1991 年，国家科委发布了《技术合同仲裁机构管理暂行规定》，由省级以上科学技术行政管理部门组建了技术合同仲裁机构，该机构是科学技术行政管理部门的内设机构。我国房屋仲裁委员会由房屋土地资源管理局组建，负责房地产领域仲裁事项。1986 年 12 月，我国加入《纽约公约》，并于 1987 年 4 月 2 日正式生效。1986 年法人制度建立至 1995 年我国仲裁法出台这一时期的仲裁机构完全依附行政机关，其机构往往下设于行业行政管理部门，具有较强的行政化特点。仲裁机构的人员也具有行政或事业身份，由行政事业单位人员担任，仲裁庭组成人员也为"专职仲裁员"。

4.1.2.3 发展阶段：市场经济环境下多元化法人类型的发展

仲裁机构法人制度的发展建立在市场经济发展的基础上，随着市场经济的发展，商事主体间的纠纷和矛盾的解决方式多元化，推动了仲裁机构法人制度的不断完善。1992 年，在中共十四大会议上，确定了建立市场经济制度作为经济体制改革的目标。在市场经济制度环境下，传统的计划经济阶段依附行政权力的仲裁机构已无法满足仲裁事业发展的需要，特别是经济、技术、房产等不同类别的仲裁条线管理混乱，国内仲裁与国外仲裁"双轨制"的问题突出，《仲裁法》的出台迫在眉睫。1995 年《仲裁法》的颁布标志着我国仲裁机构的法人发展进入新的阶段，《仲裁法》强调了仲裁机构的独立性，提升了仲裁机构的法律地位。在《仲裁法》颁布伊始，我国的民间商业组织等社会力量较为薄弱，缺少资金组建仲裁机构，在这种情况下，就不得不由政府出面，对仲裁机构的建设资金、业务用房等方面负责。在国务院《重新组建仲裁机构方案》中规定，仲裁委员会由政府和商会共同建立，在仲裁机构的组建中，仲裁机构所在地方政府参照事业单位的管理办法，帮助仲裁机构进行组建，并解决其经费和用户等问题。《财政部、中国人民银行关于将按预算外资金管理的全国性及中央部门和单位行政事业性收费纳入预算管理的通知》对仲裁机构收费纳入预算管理做出了硬性要求，表现出我国官方对于仲裁机构等同为行政和事业单位机构一并看待。这些都导致我国仲裁机构的法人性质仍然没有完全摆脱行政化的色彩，事业单位法人仍然占据大多数。2016 年，司法部印发了《关于进一步规范和加强仲裁机构登记管理的意见》，对仲裁机构的登记和公信力建设、合法性保障等方面提出了具体措施。根据笔者对全国 264 个仲裁机构的调查，事业单位和参公事业单位占 91.29%，社会组织与社团法人占 2.65%，法律服务机构、公司占2.27%。当前随着国家对仲裁机构公信力建设日益迫切，各地仲裁委员会不断加强法人独立性，摆脱行政权力的干预已成为一种趋势。特别是《民法典》的实施，对营利法人与非营利法人类型的划分也将对仲裁机构独立的法人定位起到较大的推动作用。司法部于 2021 年 7 月 30 日发布的《中华人民共和国仲裁法（修订）（征求意见稿）》中提出：仲裁机构是依照本法设立，为解决合同纠纷和其他财产权益纠纷提供公益性服务的非营利法人，包括仲裁委员会和其他开展仲裁业务的专门组织。仲裁机构经登记取得法人资格。① 这标志着我国仲裁机构法人制度建设迈出了新的步伐。我国促进和巩固仲裁机构法人地位的立法和事件见表 4.2。

表 4.2　我国促进和巩固仲裁机构法人地位的立法和事件

阶段	促进和巩固仲裁机构法人地位的立法和事件	年份
非法人阶段	在中国国际贸易促进委员会内设立"对外贸易仲裁委员会"	1954
	在中国国际贸易促进委员会内设立海事仲裁委员会	1958
	《关于严格执行经济合同的通知》	1962
	对外贸易仲裁委员会改称为对外经济贸易仲裁委员会	1980

---

① 参见：中华人民共和国司法部. 中华人民共和国仲裁法（修订）（征求意见稿）. 2021.7.30.

续表 4.2

阶段	促进和巩固仲裁机构法人地位的立法和事件	年份
萌芽阶段	《经济合同法》	1981
	《经济合同仲裁条例》	1983
	我国经济合同仲裁委员成立	1983
	《涉外经济合同法》	1985
	我国加入《纽约公约》	1986
	《技术合同法》	1987
	《民法通则》对法人做了专章规定	1987
	国家科委《技术合同仲裁机构管理暂行规定》	1991
发展阶段	国务院办公厅《关于做好重新组建仲裁机构和筹建中国仲裁协会筹备工作的通知》	1994
	《仲裁法》	1995
	国务院《重新组建仲裁机构方案》《仲裁委员会登记暂行办法》《仲裁委员会仲裁暂行规则示范文本》《仲裁委员会章程示范文本》《仲裁委员会仲裁收费办法》	1995
	国务院办公厅《关于进一步做好重新组建仲裁机构工作的通知》	1995
	国务院办公厅《关于贯彻实施〈中华人民共和国仲裁法〉需要明确的几个问题的通知》	1996
	各地方政府办公厅出台的《进一步加强仲裁工作的意见》	2015—2019
	司法部《关于进一步规范和加强仲裁机构登记管理的意见》	2016
	中共中央办公厅、国务院办公厅《关于完善仲裁制度提高仲裁公信力的若干意见》	2018
	《民法典》的实施，对营利法人与非营利法人类型的明确划分	2021
	司法部发布《中华人民共和国仲裁法(修订)(征求意见稿)》	2021

4.2　仲裁机构法人地位的比较法考察

4.2.1　大陆法系国家和地区仲裁机构的法人地位

4.2.1.1　瑞典斯德哥尔摩商会仲裁院

瑞典斯德哥尔摩商会仲裁院(Arbitration Intitute of the Stockholm Chamber of Commerce)成立于 1917 年。根据瑞典仲裁法对瑞典斯德哥尔摩商会仲裁院的法人定位,虽然瑞典斯德哥尔摩商会仲裁院是依托斯德哥尔摩商会成立的仲裁机构,但是又完全脱离于斯德哥尔摩商会,是独立的仲裁机构。根据《斯德哥尔摩商会仲裁院仲裁规则》,瑞典斯德哥尔摩商会仲裁院设置有理事会和秘书处。理事会由 6 人组成,由商会的执行委员会任命,6 人中有 1 人为主任,1 人为副主任,且两人必须为律师资格,其余人员为专家学者。瑞典斯德哥尔摩商会仲裁院理事会负责初步管辖权、仲裁员任命、仲裁员资格异议和仲裁费用。理事会下设秘书处,秘书处的秘书长必须为律师,由秘书处负责瑞典斯德哥尔摩商会仲裁院的日常工作。

瑞典斯德哥尔摩仲裁院的主要业务是国际贸易,在其从事的仲裁业务中,一半以上为全球的涉外案例,主要进行合同纠纷的解决。瑞典斯德哥尔摩商会仲裁院实行 SCC 仲裁规则、UNCI TRAL 规则,实体法律以当事人的约定为准,当事人未约定的,由仲裁庭决定适用法律。作为国际知名的仲裁机构,瑞典斯德哥尔摩商会仲裁院以灵活的仲裁制度、较高的公信力和公平公正的裁决,赢得了市场的信赖。

与世界上其他知名仲裁机构实行仲裁员名单制度不同的是,瑞典斯德哥尔摩商会仲裁院不实行仲裁员名单制度,仲裁员的选择更加灵活多样,可以根据当事人的需求自由选择仲裁员。这种仲裁方式在国际上并不多见,因此成为吸引客户并在仲裁市场获得发展的重要手段,使得斯德哥尔摩商会仲裁院发展成为世界领先的争议解决机构之一,在全球双边和多边投资保护领域发挥着非凡的作用。

4.2.1.2 国际商会仲裁院

国际商会仲裁院(International Court of Arbitration of International Chamber of Commerce)成立于 1923 年,在全球享有盛誉。从法人地位来看,国际商会仲裁院是附属于国际商会(ICC)的一个全球性的常设仲裁机构,是国际性民间组织。国际商会仲裁院总部在法国巴黎,并在香港、上海等地设有分支机构和代表。国际商会仲裁院最初由制造业、金融业、商贸业的主体所组建,其目标在于为从事国际贸易的商事主体解决纠纷,构建公平、高效的纠纷争议解决机制。作为国际商会的附属机构,ICC 不具有独立的法律地位,而是根据其从属的国际商会的性质来确定其法律地位,通常为民间组织。国际商会仲裁院设置有理事会,理事会的成员主要由来自 65 个国家和地区的法律专家组成,理事会成员提名的原则为各国商会提名 1 人,最后由国际商会大会决定理事会成员,一期任期 3 年。理事会设置主任 1 人,副主任 8 人,在巴黎总部,设置有秘书处作为国际商会仲裁院的执行机构,秘书处的工作人员也由各国的专家学者构成。

国际商会仲裁院设置有理事会的程序规则适用 ICC 仲裁规则、UNCITRAL 规则。仲裁规则没有规定的程序性事项,而是依当事人的约定确定程序性事项。当事人没有约定的,由仲裁庭确定;有约定的,实体规则依当事人约定,由仲裁庭决定,并综合考虑合同规定和贸易惯例。国际商会仲裁院实行核稿制,仲裁庭可以发布临时救济措施命令。国际商会仲裁院的委员来自全球各地,委员的构成呈现出多元化的特征。组成人员大多为各领域的专家学者,保证了国际商会仲裁院的专业性。虽然国际商会仲裁院广泛参加全球仲裁业务,并且这些业务往往覆盖了较多的国家,但是国际商会仲裁院并不是严格意义上的政府间国际组织,主要是由于国际商会仲裁院与所在国的组织和个人间的关系并非依托政府,是民间性质的,而非官方的,不受任何一个国家的权力所干预。由于其民间性,使一些财团、政府无法直接操纵国际商会仲裁院。所以国际商会仲裁院拥有较强的专业性和民间性,使其成为国际上纠纷解决的重要机构,获得了较多商事主体的信赖。

4.2.1.3 日本商事仲裁协会

日本商事仲裁协会(Japan Commercial Arbitration Association,JCAA)的法人性质是公益社会团体法人,由日本的通商产业省(主要进行产业政策、宏观经济政策制定与实施的部门)按照《特定非营利活动促进法》(NPO 法)批准设立。日本对非营利组织实行"双重登记"制,即"业务部门核准"与"登记机关批准"双重把关。登记机关根据业务部门的意见,决定是否对其给予登记。根据《日本民法典》第 34 条,日本的公益性社会团体法人是指从事祭祀、宗教、慈善、学术、技艺的社(财)团,或者以营利为目的的其他组织。日本商事仲裁协会的前身是日本国际商事仲裁委员会(The International Commercial Arbitration Comitee),该仲裁委员会由日本工商联合会与其他六家包括日本经济组织联盟、日本外贸协会和日本银行业联盟协会等在内的大型工商组织共同建立。

日本商事仲裁协会的总部在东京,并在大阪、神户、名古屋和横滨设有分会。日本商事仲裁协会由日本工商联合会与其他一些大的工商组织共同组建,根据《日本民法典》,日本商事仲裁协会属于非营利性的常设仲裁机构,主要业务包括仲裁、调解等。日本商事仲裁协会立足于服务国际贸易与活跃本国的市场经济,构建更加便捷和顺畅的商事环境,从而便捷化、专业化地解决商事争议,其宗旨是提供高效的商事争议解决方式,达到预防争议和纠纷产生的目标。根据《日本民法典》,日本商事仲裁协会主要通过仲裁和调解的方式解决国内外商事争议并尽可能避免商事争议。日本商事仲裁协会的工作包括仲裁、调解、提供避免商事争议的咨询意见,以及对外进行交流合作、培训仲裁员队伍、进行学术研究,等等。日本商事仲裁协会实行仲裁员名单制,在委员会下设秘书处来处理日常事务。虽然实行仲裁员名册制,但是日本商事仲裁协会实行灵活的仲裁员制度,由当事人在仲裁员名册中自由选择仲裁员组建仲裁庭。与其他地区的仲裁机构不同的是,日本没有对仲裁员的资质做出严格要求,只要能够被当事人选择,任何人都可以担当仲裁员。日本对当事人的申请仲裁行为进行了限制,规定只有当事人有权进行和解的事项才能够申请仲裁,并且不同领域的仲裁应由不同的机构进行受理,日本商事仲裁协会主要负责受理涉及外贸领域的仲裁。

4.2.2　英美法系国家和地区仲裁机构的法人地位

4.2.2.1　美国仲裁协会

1926 年 1 月 2 日,由美国仲裁协会、美国仲裁社、美国基金会合并组建美国仲裁协会(American Arbitration Association, AAA)。美国仲裁协会的法人性质是由美国仲裁会与美国仲裁基金会合并后组建而成的非营利性的会员公司。这种"会员公司"不等同于一般的以营利为目的的商事主体。美国仲裁协会的章程中明确指出:"美国仲裁协会的宗旨在于为社会提供仲裁、调节、协商、和解等,在符合自愿程序原则下,为其他商事主体解决各类纠纷。"根据美国《统一仲裁法》,仲裁机构是以协会、理事会、委员会、机构等形式存在的,以为商事主体提供仲裁服务为主的实体。美国的仲裁机构主要以仲裁协会的形式存在,《统一仲裁法》和《会员公司法》是对美国各州对仲裁机构的示范性立法。美国对仲裁机构这种非营利组织实行的是核准制,主要目的在于规范非营利组织的运营模式,实现组织资格的准入,以及公益资格的认定相剥离。美国仲裁协会主要开展仲裁规则的制定、调解、裁决等业务,服务范围包括为当事人提供仲裁、调解、法律事实认定、争议协商等服务。美国仲裁协会并不是全国的行业性组织,而是具体进行仲裁法律服务的民间性的常设组织。美国仲裁协会的总部位于纽约,并在美国的 40 个主要城市设有分支机构,各分支机构间与总部间没有直接的隶属关系,只是接受业务指导。美国仲裁委员会拥有日常工作人员400 名,并且实行仲裁员名册制度,仲裁员人数 7 万人。美国仲裁协会的仲裁收费自行制定,包括仲裁申请、审理、仲裁庭场地租赁等费用。仲裁员的报酬另行计算,主要由仲裁协会根据仲裁工作量对仲裁员支付工作报酬。

美国仲裁协会的执行机关是董事会,并由董事会选举的执行委员会负责仲裁机构的日常运营,执行委员会由首席执行官领导。美国仲裁委员会没有设置监事会,而是在董事会下直接设置预算、审计、案件处理、提名等专业委员会。美国仲裁协会广泛吸收会员,任何组织和个人只要认同美国仲裁协会的章程,即可加入美国仲裁协会,成为美国仲裁协会的会员。虽然章程规定了不分配红利,不以营利为目的,但是章程要求仲裁协会的会员有缴纳会费的义务。

4.2.2.2 伦敦国际仲裁院

伦敦国际仲裁院(London Court of International Arbitration)的前身是伦敦城市仲裁会(1892 年成立),作为世界上最古老的仲裁机构,1903 年,伦敦城市仲裁会由伦敦城市仲裁会和伦敦商会共同筹建,1975 年,伦敦国际仲裁院正式成立,由当时的伦敦仲裁院与女王特许仲裁协会共同组建。根据英国的《公司法》,伦敦国际仲裁院的法人性质为非营利性的担保公司。担保公司是英国提供中介服务的社会组织,其成员需要提供一定数额的保证金,以便在组织注销和退出时,以这笔资金作为偿还债务的担保金。伦敦国际仲裁院的总部位于英国伦敦,并在印度、毛里求斯、伦敦设有国际办公室,是由伦敦仲裁院与皇家特许仲裁员协会合并后组建的"非营利担保公司",伦敦国际仲裁院的成员由来自世界各国的专家组成,独立于任何国家的政府机构。仲裁院的委员会由来自全球的 35 位委员构成,其中英国籍的委员只有 5 人,组成人员主要为专家学者。伦敦国际仲裁院拥有来自 30 多个国家的 600 多位仲裁员组成的仲裁员名单,在仲裁员名单中,女性仲裁员不少于 20%。作为全球性的仲裁机构,为了保障仲裁的公正性和客观性,根据伦敦国际仲裁院的章程要求,当裁决不同国家商事主体事务时,应由中立国家的人员担任仲裁员或者首席仲裁员。

伦敦国际仲裁院允许当事人在《伦敦国际仲裁院规则》和《联合国国际贸易委员会仲裁规则》中选取任何一个规则开展仲裁。伦敦国际仲裁院设置有秘书处(皇家仲裁员协会)处理日常工作。伦敦国际仲裁院的主要业务范围为对金融、能源、航运、建筑等行业产生的交易、合同、股权、借贷等行为的纠纷进行裁决。为了保障裁决的执行,伦敦国际仲裁院实行"临时措施",支持临时仲裁。伦敦国际仲裁院享誉全球的重要原因就是其具备较强的公信力,实行灵活的、以市场为导向的和客户需求的仲裁规则,没有任何其他权力的干预,实行全球化的仲裁员名册制度,充分体现了当事人的意思自治,这些都使得伦敦国际仲裁院成为国际贸易认可程序较高的仲裁机构。

4.2.2.3　新加坡国际仲裁中心

根据《新加坡公司法》,新加坡国际仲裁中心(Singapore International Arbitration Centre)成立于 1990 年,其法人定位为"担保有限公司",主要为当事人提供仲裁和调解服务。同时其服务范围除了对当事人提供仲裁和调解服务外,还有对仲裁专业人才的培养与输出。新加坡国际仲裁中心成立于 1991 年 7 月,总部位于新加坡,在印度、首尔和上海设有代表处。主要负责国际业务,处理的仲裁案件范围超过 60 个国家。新加坡是联合国 1958 年《纽约公约》的缔约国,在新加坡做出的仲裁裁决可以在全球 100 多个国家执行,其裁决已在中国大陆及香港、印度、印度尼西亚、约旦、泰国、越南、澳大利亚、英国及美国等地获得执行。

新加坡国际仲裁中心双方当事人可以自由选任仲裁员,以及选择仲裁规则、仲裁使用的语言及合同的适用法律。为了获得市场,在全球各仲裁机构中形成竞争力，新加坡国际仲裁中心引入了早期驳回程序、合并仲裁、紧急仲裁员等规则，使得当事人能够得到更为有效的仲裁服务。尤其是早期驳回程序，新加坡国际仲裁中心在国际上开启了先河，当仲裁申请缺少法律依据或者超出仲裁庭业务范围时，当事人可以申请早期驳回仲裁申请或答辩。同时，新加坡国际仲裁中心还引入了紧急仲裁员制度，针对比较紧急的临时救济，新加坡国际仲裁中心的紧急仲裁员可以在两周内做出裁决。近年来，新加坡国际仲裁中心的业务量不断增加，业务范围覆盖全球，主要包括货物买卖、货运争议、海事、能源、公司法、合资与合作、股权转让、投资争议、房地产、土地、知识产权、专利权争议等各领域，已成为全球跨境商事纠纷处理的中心。

4.2.3　比较法考察的启示

从大陆法系和英美法系的仲裁机构法人地位现状可以看出，美国、英国、日本、瑞典等这些国家的仲裁机构法人地位较为明晰，对于我国仲裁机构来说，具有以下特点和启示：

4.2.3.1　具有明确的法人地位

从美国仲裁协会的非营利性的会员公司、伦敦国际仲裁院的非营利担保公司、新加坡国际仲裁中心的担保有限公司、日本商事仲裁协会的公益社会团体法人等仲裁机构的法人定位来看，大陆法系和英美法系的仲裁机构法人地位较为明确。一些国家和地区的法律对仲裁机构的性质进行了明确规定，一些国家和地区虽然并没有专门的《仲裁法》法律对仲裁机构进行明确规定，但是并不说明这些国家仲裁机构的法律地位不明确，拥有明确的法人定位正是大陆法系和英美法系国家所默认的，法人定位并不在学者们的讨论范围之内。在法律实践中，通常由仲裁法规定，或者通过《民法典》或《公司法》等相关法律来明确仲裁机构的法律地位的问题。将大陆法系和英美法系的仲裁机构法人地位进行对比分析可以发现，除了仲裁机构的地位较为明确外，两者还有一定的区别。瑞典斯德哥尔摩商会仲裁院、日本商事仲裁协会等大陆法系的地区，其仲裁机构的法人定位主要遵循了传统的《民法典》的法人分类方式，以社会团体为主；而美国仲裁协会、伦敦国际仲裁院、新加坡国际仲裁中心等英美法系的国家和地区则大多将仲裁机构定位为非营利性质的公司。例如：根据英国的《公司法》，将公司法人划分为无限公司法人和有限公司法人。其中，有限公司法人又包括责任制股份限制的公司法人(股份有限公司)和责任制保证限制公司法人(担保有限公司)。担保有限公司法人又划分有股份担保公司法人和无股份担保公司法人。而仲裁机构正是属于无股份担保公司法人。由于美国曾经是英国的殖民地,在立法上受到英国的影响较大,因此仲裁机构的法人定位也是以公司法作为背景,将仲裁机构的法人定位为公司。

4.2.3.2　"非营利性"是其法人的共同属性

无论是大陆法系还是英美法系的仲裁机构,其法人定位均为非营利性的。从美国仲裁协会的非营利性的会员公司、伦敦国际仲裁院的非营利担保公司、新加坡国际仲裁中心的担保有限公司、日本商事仲裁协会的公益社会团体法人等仲裁机构的法人定位来看,"非营利性"是这些国家和地区仲裁机构法人定位的共同特征。这些仲裁机构不以营利为目的,不进行利润的分配。虽然非营利机构不以营利为目的,但这不代表非营利机构不可以获得经济收入,非营利机构可以将获得的收入用于自身发展和建设。探析仲裁机构的发展起源,主要是由于商事的发展,而产生了仲裁的市场需求,在此前提下,产生了以商人自治性团体为基础的商事仲裁机构。为了裁决的公正、客观性,拥有更强的公信力,大陆法系和英美法系仲裁机构的法律定位均为非官方性和民间性,属于非营利法人的范畴。大陆法系和英美法系仲裁机构非营利法人的法人定位主要体现在仲裁机构的设立发起人、设立目的、经费来源、管理模式等多个方面。之所以称之为非营利性,原因如下:其一,仲裁机构的法律依据不应有行政法的痕迹;其二,章程有非营利性的规定;其三,财务和人事上的非行政性;其四,仲裁程序、规则和组织机构等方面的独立性。

4.2.3.3　法人具有较强的独立性

无论从上述大陆法系还是英美法系仲裁机构的法人定位现状来看,独立性是共同的遵循。这一方面体现在不受政府的行政权力干预,在收费、人事安排、仲裁程序、规则和组织机构等方面的独立性;另一方面体现在当事人可以自由地选择仲裁员、仲裁地,自主地选择和组建仲裁庭,选择仲裁规则。特别是一些国际知名的、在国际贸易中占据重要地位的仲裁机构,其独立性更加明显。在国际商会仲裁院、瑞典斯德哥尔摩商会仲裁院等国际化的仲裁机构,这些仲裁机构能够广泛参与国际竞争,承接国际的仲裁案件,拥有国际化的仲裁准则，能够与国际化仲裁接轨。国际商会仲裁院、瑞典斯德哥尔摩商会仲裁院等仲裁机构的建立伊始都是自发的，虽然仲裁机构依托商会而建立，组建的资金由商会提供，但是仲裁机构本身独立于组建仲裁机构的商会之外，与商会没有任何隶属关系。在当地的法律框架之间，商会可以自行设立独立的仲裁机构，从事国际化的商事法律事务。又如：在美国设立仲裁机构无须任何审批手续，也无须进行备案登记，可以自行成立，仅需向税务部门申请注册，仲裁机构成立后，根据仲裁机构的收入向税务部门缴税。政府与仲裁机构间没有任何关系，也无须政府对仲裁机构进行监督和管理。对仲裁机构进行行业管理的第三方自律性组织也不存在，仲裁机构的行为完全由其自身负责。目前国际化的仲裁机构竞争已成为某个国家和商事主体争夺国际投资和贸易规则的界定权和解释权的重要方式，国际化仲裁机构的发展也已被世界银行集团列为衡量投资环境和法治环境的重要指标，并将仲裁机构列为高端法律服务业。所以直接关系高端法律服务业的发展，以及参与全球性的金融、商务、物流、贸易仲裁的程度。增强仲裁机构法人独立地位有助于提高仲裁机构的国际竞争水平，增强当事人对于仲裁机构公信力的认同。

4.2.3.4　提供公益性的仲裁服务

提供专业的仲裁服务是国外仲裁机构的共同特点，这些专业的服务基于其公益性的法人定位的基础上。例如：国际商会仲裁院的委员来自全球各地，委员的构成呈现出多元化的特征。组成人员大多为各领域的专家学者，保证了国际商会仲裁院的专业性。瑞典斯德哥尔摩商会仲裁院设置有3人委员会，由执行委员会进行任命，组成人员为专家学者。其中，担任3人委员会主席的必须为具有一定资历、在工业和商业仲裁领域拥有丰富经验的法官，担任3人委员会副主席的必须具有一名法律界专业人士及一名商贸和金融业专业人士。伦敦国际仲裁院拥有来自30多个国家的600多位仲裁员组成的仲裁员名单，仲裁院的委员会由来自全球的35位委员构成，组成人员主要为专家学者。我国2017年10月1日实施的《国民经济行业分类（GB/T 4754—2017）国家标准》中，也将仲裁活动纳入"法律服务类"，而将法律服务大类安排在"商业服务业"的下一级类。世界知名的仲裁机构充分认识到商事仲裁服务的发展，离不开专业性的服务。只有不断提高仲裁服务水平，为争议的当事人提供优质的仲裁服务，才能够建立稳定的服务与被服务的关系，为仲裁机构的长远发展提供动力。当前，仲裁已成为一种法律服务业，当事人通过购买仲裁服务实现的是一种市场行为，得到专业的仲裁服务。

4.2.3.5　广泛参与市场竞争

仲裁机构法人的独立性与其市民社会的发育情况、市场经济的发展程度密切相关，越是趋向自由市场经济，其仲裁机构的独立性越强，越具有明确的法人地位。例如：瑞典斯德哥尔摩商会仲裁院不实行仲裁员名单制度，仲裁员的选择更加灵活多样，可以根据当事人的需求自由选择仲裁员。日本商事仲裁协会实行仲裁员名单制，在委员会下设秘书处来处理日常事务。虽然实行仲裁员名册制，但是日本商事仲裁协会实行灵活的仲裁员制度，由当事人在仲裁员名册中自由选择仲裁员组建仲裁庭。从国外仲裁机构来看，无一不是通过独立的法律地位，摆脱行政权力来进行公平公正的裁决，以此获得公信力。国外机构仲裁与临时仲裁同时存在，当事人的选择更加多样化。当事人可以根据自己的需求选择临时仲裁和机构仲裁，二者共同存在，有助于仲裁市场化步伐的加快。另外，广泛参与国际事务和进行国际化的竞争也是国外仲裁机构的共同点。然而进行国际竞争的前提是国外仲裁机构都具有较高的独立性，不受所在国家政府的干预，这样才能够被广大国际商事主体所认可和选择。市场是仲裁机构发展的土壤和平台，要推进国际化竞争，就必须加快仲裁机构的市场化进程，使得仲裁机构除了能够公平参与自身行业的竞争外，还能够与同样具有诉讼、调解等纠纷解决功能的其他机构参与竞争。仲裁机构广泛参与国际竞争的前提条件是当事人的自治与合意，使得当事人能够在自由的市场环境中选择仲裁机构。如果仲裁机构受行政化的影响严重，对于自身的法律定位与性质不清晰，则会使得仲裁这种形式与诉讼相比，不具备比较优势，当事人不得不选择诉讼来解决纠纷与争议，最终无法得到当事人的信赖和自愿选择，机构本身也难以生存和发展。

4.3　本章小结

从国际仲裁机构法人的法制史来看，仲裁机构法人起源于商事贸易的发展，在民间商人自救的推动下，仲裁机构成为民事主体，在国家强制力的保障和推动下，仲裁机构在法律上的人格化确立了法人地位，并在全球经济一体化的作用下，使其法人地位不断巩固。从国内仲裁机构法人的法制史来看，我国1986年建立法人制度后至1995年仲裁法出台期间，仲裁机构完全依附行政机关，其机构往往在行业行政管理部门下设，具有较强的行政化特点。仲裁法出台后，虽然仲裁机构的法人定位仍然以事业单位为主，但出现了社会组织、社团法人、法律服务机构、公司等少数其他类型的法人，我国仲裁机构的法人定位正朝着多元化、非行政化的方向发展，标志着我国仲裁机构法人地位的独立性不断增强。

通过仲裁机构法人地位的比较法考察，具有明确的法人地位、"非营利性"是其法人的共同属性，法人具有较强的独立性、提供公益性的仲裁服务、广泛参与市场竞争是国外仲裁机构法人地位对我国的重要启示。大陆法系国家和地区仲裁机构的法人定位主要为遵循了传统《民法典》的法人分类方式，以社会团体为主；英美法系的国家和地区大多将仲裁机构定位为公司，但是公益性的性质。无论是大陆法系还是英美法系的仲裁机构，其法人定位均为非营利性的。国外仲裁机构法人独立性体现在不受政府的行政权力干预，在收费、人事安排、仲裁程序、规则和组织机构等方面的独立性也体现在当事人可以自由地选择仲裁员、仲裁地，自主地选择和组建仲裁庭，选择仲裁规则等方面的独立性。专业的仲裁服务是大陆法系和英美法系仲裁机构的共同特点，这些专业的服务基于其公益性的法人定位基础上。对比国外仲裁机构的法人地位，我国应进一步明确仲裁机构的法人地位，消除其行政色彩，避免仲裁机构的行政化，不断完善仲裁机构章程和组织机构建设，明确法人能力、财产和责任，建立仲裁机构的决策、执行、监督权力制衡机制，全面加快法人制度建设进程，使其在市场竞争中发挥更广泛的公益性法律服务作用。

第 5 章

仲裁机构法人类型的应然选择

当前我国仲裁机构法人地位存在着仲裁机构性质模糊、仲裁机构缺少独立性、仲裁机构法人治理错位等问题。市场经济转型导致政府对仲裁机构经费和财务管理、人事管理介入过多；全社会缺少对仲裁的正确认识；仲裁机构设立和运行主体不规范；仲裁机构的运行和监督制约不完善是存在问题的主要原因。我国仲裁机构的设立伊始依赖地方政府，又为社会提供公益性服务，具有非营利性、组织性、自治性等特征。我国仲裁机构应定位为何种法人类型是需要进一步探索的问题。

5.1 仲裁机构成为法人的必然性

仲裁机构作为民事主体，意思自治与公信力要求其具有独立人格，以及独立的民事权利和行为能力，独立承担责任，这决定了其成为法人的必然性。

5.1.1 仲裁机构是民事主体

法人的本质和核心问题是社会组织获得民事主体资格的"主体性"问题。

"名义、意志、财产独立"是民事主体构成的要件。[①] 民事主体是法律关系的参与者，其最根本的特征是能够享有民事权利并承担民事义务。民事主体又被称为权利主体、权利能力主体和民事法律关系主体。从国际仲裁机构法人的法制史来看，仲裁机构法人起源于商事贸易的发展，在民间商人自救的推动下，仲裁机构成为民事主体。从比较法研究可以看出，仲裁机构之所以成为民事主体，是因为其具有名义、意志、财产、责任独立的特征。法国学者米休德和塞莱斯在法人组织体理论的论述中提到，法人之所以能够成为民事主体，根源在于其是适合作为有营利能力的组织体，具有适合成为民事主体的组织机构和意思机关。如果某一组织不具备名义、意志、财产方面的独立性，那么就无法成为民事主体，也就无法成为完整意义的法人。首先，仲裁机构能以自己的名义进行民事行为，与第三人发生法律关系；其次，仲裁机构按照自己的意愿，通过自己的选择来活动，仲裁机构有自己构成人员的共同意志，而不是其成员个人意志的简单相加；最后，仲裁机构的财产独立于其成员和投资者、组建者的财产，为仲裁机构成员的共同利益所支配。

5.1.2　仲裁机构意思自治与公信力要求其具有独立人格

团体性和独立人格性是法人本质特征。[②] 仲裁机构具有团体性和独立人格性的特征。仲裁机构为一个组织或人的集合，而不能是单单的一个人，是一个团体；仲裁机构拥有独立的民事权利能力和行为能力，能够独立地承担民事责任，拥有独立的民事主体资格。仲裁机构意思自治与公信力要求其独立人格化，民事主体的独立人格化决定了其必须为法人。仲裁机构的意思自治包括仲裁机构自身的意思自治和当事人的意思自治。仲裁机构必须能够依托当事人的仲裁协议，独立进行案件的受理，而不受其他任何组织和个人的干预。作为一个民事主体，拥有独立的人格和法人地位是其以当事人意思自治作为存在合理性的条件，使得仲裁机构在仲裁原则、裁决、程序、仲裁庭等方面拥有独立性。

[①] 通过对自然人和法人的共同特点进行分析，可以得出民事主体的构成要件：第一，名义独立。第二，意志独立。第三，财产独立。（参见尹田：《民事主体理论与立法研究》，北京：法律出版社，2003 年版，第 150 页。）

[②] 法人的本质特征有二：一是它的团体性，二是它的独立人格性。人格学说中的"人"是指民事权利主体，"格"是指成为这种主体的资格。所以，人格者，民事权利主体资格之称谓也。（参见江平：《法人制度论》，北京：中国政法大学出版社，1996 年版，第 1 页。）

按照《仲裁法》的要求,仲裁机构应完全独立于行政机关,不受任何行政机关、社会团体和个人的干涉。司法部于 2021 年 7 月 30 日发布的《中华人民共和国仲裁法(修订)(征求意见稿)》中提出:仲裁机构是依照本法设立,为解决合同纠纷和其他财产权益纠纷提供公益性服务的非营利法人,包括仲裁委员会和其他开展仲裁业务的专门组织。仲裁机构经登记取得法人资格。[①] 拥有独立的法人地位是提升仲裁公信力的必要保障,有助于仲裁机构不再受到行政权力与司法权力的干扰,有利于仲裁机构去行政化和增强独立性。

5.1.3　仲裁机构具有独立民事能力要求其为法人

仲裁机构具有独立的民事权利和行为能力,独立享受民事权利并承担民事义务和责任,是按一定的原则和宗旨目标成立的、具有社会目标的组织体。仲裁机构的民事能力开始于法人的登记和设立,在法人终止时,仲裁机构民事能力也相应地被终止。[②] 仲裁委员会法人权利能力应包括制定和修改章程,做出相关决议、工作计划、方案、方针,对仲裁员进行聘任,设立仲裁员名册,独立管理财务核算,独立地进行人事任命等。法人的能力受国家干预并由国家确认。[③]《民法典》规定:"法人是具有民事权利能力和民事行为能力,依法独立享有民事权利和承担民事义务的组织。"[④]仲裁机构法人具有在意思自治的前提下从事民事活动的行为能力,以及取得权利并承担义务的资格。仲裁机构行为能力有必要通过法人机关来实现,仲裁机构通过其法人机关实际取得权利并承担义务。

[①]　参见:中华人民共和国司法部. 中华人民共和国仲裁法(修订)(征求意见稿),2021.7.30.

[②]　法人的权利能力始自设立,其范围也与设立的方式紧密相关。(参见江平:《法人制度论》,北京:中国政法大学出版社,1996 年版,第 24 页。)

[③]　法人的能力受国家干预并由国家确认,团体人格的确立需要国家的核准,团体人格能力范围也同样需要国家的确认。(参见江平:《法人制度论》,北京:中国政法大学出版社,1996 年版,第 23 页。)

[④]　《中华人民共和国民法典》第 57 条规定,"法人是具有民事权利能力和民事行为能力,依法独立享有民事权利和承担民事义务的组织"。

5.1.4　仲裁机构独立承担责任要求其为法人

团体是否具有独立人格最终取决于它是否独立承担责任。[①] 仲裁机构作为独立的民事主体，其独立承担责任体现在两个方面：一方面是仲裁机构以它的全部资产独立清偿它对其他民事主体的债务；另一方面是仲裁机构对它的法定代表人及其工作人员从事的活动应承担的责任。仲裁机构作为独立的民事主体，其有关责任人员按照法律、章程行使相应的权利，承担相应的责任。仲裁机构应承担民事和刑事责任。由于当事人委托仲裁机构进行仲裁，其本身就产生了一种合同法律关系，需要仲裁机构对当事人承担相应的民事责任。同时，按照我国《刑法》的规定，当仲裁机构违反相关刑法的规定时，也应承担相应的刑事责任。仲裁机构对仲裁程序的管理与服务使仲裁机构、当事人与仲裁员之间形成一定的法律关系。在当事人与仲裁员之间，由于仲裁协议中约定了仲裁规则，仲裁员必须遵守当事人选定的仲裁规则中的仲裁程序，否则仲裁裁决有被撤销之危险。在仲裁员与仲裁机构之间，仲裁机构有权制定仲裁规则和管理仲裁程序，导致其行为能够影响仲裁员的活动。在当事人与仲裁机构之间，仲裁机构作为服务提供者，在仲裁程序中，从受理申请到发布裁决都起到较为积极的作用。

5.2　我国仲裁机构法人类型的应然选择

○○○

仲裁机构仲裁非全民公益性的需求，可通过市场作用完全实现资源配置，事业单位分类改革中没有与其对应的法人类型，决定了其不应该定性为事业单位法人；仲裁机构非依法行使国家权力机构，经费非全部由国家预算拨给，决定了其不应该定性为机关法人；仲裁机构不实行会员制，与"会员利益和意愿"的设立基础不符，决定了其不应定性为社会团体法人；民间组织非严格的法律概念，缺少相应的立法，我国民间组织发展基础薄弱，决定了仲裁机构不应定

[①]　团体的独立责任为其一切民事活动的最终归宿。我国的法人制度实践中，也往往把是否独立承担责任视为一个团体是否具有法人资格的最终标准。（参见江平：《法人制度论》，北京：中国政法大学出版社，1996年版，第32页。）

性为民间组织；仲裁机构不符合特别法人的范围和特征，决定了其不应该定性为特别法人。仲裁机构具有非营利性、非政府性、组织性、自治性等特征，决定了其应定性为非营利法人。

5.2.1　仲裁机构不应定性为事业单位法人

5.2.1.1　仲裁非全民公益性的需求

事业单位是经济社会发展中提供公益服务的主要载体，包括教育、科技、文化、卫生等诸多领域的单位。国务院办公厅《重新组建仲裁机构方案的通知》仅规定"仲裁委员会在设置初期"，参照有关事业单位的规定，解决其编制、经费、用房等，并没有将仲裁机构直接定性为事业单位。在我国仲裁事业快速发展的形势下，为有效落实《关于完善仲裁制度提高仲裁公信力的若干意见》，需要根据仲裁机构本身法人制度的价值特征来定位其法人性质。在当前事业单位分类改革不断加快的形势下，判断仲裁机构可否作为事业单位的主要标准为判断该领域是否关系全民的公益性利益，是否是全社会的公益性需求。虽然仲裁机构具有公益性功能，但是却非全民和全社会的共同需求，而是商事主体的需求。根据《中华人民共和国公益事业捐赠法》的要求，全民公益性事业是指救助灾害、救济贫困、扶助残疾人、教育、科学、文化、卫生、体育事业、环保、社会公共设施及其他福利性事业。[①] 仲裁机构服务的公益性服务对象并不是全体公民，而是从事商事活动、产生争议和纠纷的当事人。因此从全民公益性的角度来讲，仲裁机构的法人定位不应为事业单位法人。

5.2.1.2　仲裁可通过市场作用完全实现资源配置

市场资源配置是市场经济的核心问题，市场经济发展的一切要素和条件都围绕着优化市场资源配置来进行。当市场资源配置达到帕累托最优状态时，在宏观上要求这种市场资源配置能够促进经济增长和发展，在微观上要求社会能够为市场主体提供公平的竞争环境。仲裁机构除了是社会服务机构，为商事主体提供争议和纠纷的解决，其本身也是商事主体，既然作为商事主体，其生存和发展的途径必然就是仲裁机构的市场化。通过市场的发展，在自由的市场经

---

① 参见《中华人民共和国公益事业捐赠法》第 3 条。

济环境下的自由竞争促使仲裁机构推陈出新，开发新的产品和优质的服务，从而对当事人的服务水平、法律专业服务价值获取的便捷性、服务的差异化等方面进行改进。在市场资源配置的过程中，仲裁服务水平低下、仲裁服务效率较低、公信力较差的仲裁机构将被市场淘汰，也只有满足商事当事人需求，能够为商事当事人提供更完善的服务，值得当事人信赖的仲裁机构能够获得生存和发展。同时，作为事业单位法人的判断依据之一是该领域是否能够通过市场的作用实现资源配置、解决需求。而仲裁机构的业务范围、经营发展和职能定位都可以通过市场的手段来实施仲裁活动，因此，仲裁机构不应在事业单位的类别之中。

5.2.1.3 事业单位分类改革中没有对应的法人类型

一是仲裁机构不应为事业单位。作为提供公益服务的法人，在事业单位公益一、二、三类法人无法精确对标仲裁机构的定位；仲裁机构组织体系设立行政化，仲裁机构登记管理机关、人员安排均有较强的行政化色彩；仲裁机构的财务和人事管理缺少独立性。

根据国家在事业单位改革中三种类型"行政型、经营型、公益型"的划分。其中，行政型的事业单位是指承担相应的行政决策、执行、监督等职能的事业单位，并在今后不再新增承担行政职能的事业单位。仲裁机构不承担相应的行政决策、执行、监督等职能，因此不应为承担行政职能的事业单位。从事生产经营活动的事业单位是指其提供的产品可以通过市场资源配置来实现，并且不承担公益性的职责。仲裁机构不以营利为目的，虽然可以通过市场的作用实现资源配置，但是其也承担着公益性的法律服务，因此仲裁机构不属于生产经营活动的事业单位。

在《关于事业单位分类的意见》中将从事公益服务的事业单位划分为三种类型：公益一类事业单位完全不能推向市场，其主要提供国家公共服务、安全、维护经济社会基本秩序，国家给予此类事业单位的经费由全额财政拨款。公益二类事业单位是指部分内容可实现由市场的作用进行资源配置，为经济社会发展提供基本的公益服务的单位，此类事业单位的经费实行"收支两条线"。公益三类事业单位是指提供的服务具有一定的公益属性，可在国家政策支持下基本实现由市场进行资源配置的单位。此类事业单位经费自主解决，自主开展公益服务和相关经营活动，在必要的情况下，以政府购买的方式来实行公益服务。

仲裁委员会是以仲裁方式解决民商事纠纷的机构。首先，仲裁机构不是"不宜进行市场配置资源的事业单位"，其仲裁行为可以通过市场配置的方式解决，因此不应与国家安全、公共教育、文化、卫生等部门一起纳入公益一类事业单位范畴。其次，仲裁机构既不是"部分内容可实现由市场的作用进行资源配置"的单位，也不是为经济社会发展提供"基本"公益服务的单位，其是自1995 年开始随着市场经济发展和国际贸易的发展而发展起来的，因此不应与非营利卫生、普通高中、高校、科研院所、文化场馆等部门一起纳入公益二类事业单位范畴。最后，虽然仲裁机构"服务具有公益属性，可在国家政策支持下基本实现由市场进行资源配置"，但是其服务可以"完全"由市场进行资源配置。与此同时，虽然仲裁机构具有公益性功能，但是却非全民和全社会的共同需求。仲裁机构与公益三类事业单位的要求有所偏差，因此不应与广播电视、彩票、公益培训、殡葬等机构一起纳入公益三类事业单位范畴。

二是仲裁机构不应为事业单位二级机构。仲裁机构的独立性是其行使权力的重要保障。按照《仲裁法》的要求，仲裁机构应完全独立于行政机关，并不受任何行政机关、社会团体和个人的干涉。但从目前的情况来看，我国许多仲裁机构法人地位为行政性事业单位和事业单位，或作为政府部门的二级机构，采取全额或差额的拨款方式。《仲裁法》第 10 条规定："仲裁委员会可以在直辖市和省、自治区人民政府所在地的市设立，也可以根据需要在其他设区的市设立，不按行政区划层层设立。仲裁委员会由前款规定的市的人民政府组织有关部门和商会统一组建。"政府组建仲裁机构并不等于仲裁机构完全依赖政府的行政权力生存和发展，永远受到政府的庇护，更不是将仲裁机构作为政府或事业单位的组成机构。虽然政府有权力和义务对仲裁机构进行监督，但仲裁的本质决定了仲裁委员会是一种提供公益性社会服务的机构，无论从仲裁的起源还是现代仲裁制度的发展来看，其都与行政权与司法权相脱离，并自成体系。我国仲裁机构法人定位缺乏独立性和行政化色彩，不但与《仲裁法》的要求相违背，而且将导致仲裁机构在权力行使中难免受行政干扰，影响仲裁的公正性。

按照《关于完善仲裁制度提高仲裁公信力的若干意见》的要求，仲裁机构与行政机关没有隶属关系，具有独立性，并且不能把仲裁机构作为政府的内设或者下辖机构。仲裁机构不应作为政府的二级机构而存在。目前，在仲裁机构的事业单位向非营利法人转变方面，中国(上海)自由贸易试验区仲裁院、海南国际仲裁院等走在前列，均将自己定位为社会公益性法定商事机构，并作为非营利法人独立运作。相对于我国当前存在的大部分省级和地市一级的仲裁机构，以秘书处或者机构办公室名义挂靠在市政府或司法局下面，作为二级事业单位存在，其"去事业单位化"成为一种必然的趋势。我国仲裁机构的独立性应与国际接轨，给予仲裁委员会在人事、财务、薪酬制度等方面的自主权，进一步实现仲裁委员会主任的非官方背景、仲裁员的非名册化、仲裁机构人员组成的非行政化，以及仲裁机构适用规划和法律的非统一化。仲裁机构不应为事业单位及二级机构，而是应完全独立于行政机关，并不受任何行政机关、社会团体和个人的干涉。

5.2.2 仲裁机构不应定性为机关法人

5.2.2.1 仲裁机构非依法行使国家权力机构

行政机关是指行使和执行国家权力与职能的机关。行政机关的概念产生于我国的《宪法》与《组织法》，是国家依法行政的代表，主要任务是管理国家行政事务。按照管理范围，行政机关可以划分为中央行政机关和地方行政机关。国家行政机关是国家权力机关的执行机关，有权制定行政法规，进行决定和命令的发布，统筹指导各级政府机关、企事业单位、社会团体的行政活动。地方行政机关包括地方各级政府及其所属的各部门。① 根据《宪法》，行政机关实行"首长负责制"，主要职能职责为"行政执行"和"行政管理"。② 行政机关应获得法定机关的批准，行使由《组织法》确定的权限，有独立的行政经费、办公地点，配置行政编制的人员。根据《仲裁法》第 14 条，"仲裁机构独立于行政机关，与行政机关没有隶属关系。仲裁不受行政机关、社会团体和个人的干涉"。仲裁机构是依据《仲裁法》设立的，不是行使和执行国家权力与职能的机关，而是为当事人提供合同和经济纠纷解决的专业法律服务机构。仲裁机构的设置与行政区划相脱离，在省、自治区和直辖市人民政府所在地的市或者其他设区的市设立，由司法行政部门登记，与国家权力机构没有关系。仲裁机构的常设单位（仲裁委员会）重点对合同和财产纠纷进行解决，虽然其秘书处（办公室）常作

---

① 《中华人民共和国地方各级人民代表大会和地方各级人民政府组织法（2015 年修正）》第 54 条规定，"地方各级人民政府是地方各级人民代表大会的执行机关，是地方各级国家行政机关"。

② 参见《中华人民共和国宪法（2018 修正）》第 89 条、第 103 条、第 105 条。

为事业单位或其二级机构,其登记机关为市政府、市政府办公厅(室)、法制办、司法局等,但是仲裁机构并不是政府权力机构的组成部分。

5.2.2.2　仲裁机构的经费非全部由国家预算拨给

仲裁机构的经费非全部由国家预算拨给。从笔者调查的 264 个仲裁机构的经费来源可以发现,财政拨款和全额补助、财政差额补助、自收自支、企业化管理分别为 78 个、81 个、81 个、2 个,分别占 29.55%、30.68%、30.68%、0.76%。

从以上数据可以看出,现有仲裁机构的经费供给较为混乱,大部分仲裁委员会的经费来自财政补助,与公益一类事业单位的全额拨款和公益三类事业单位的自收自支不同。根据《关于事业单位分类的意见》,公益二类事业单位是指部分内容可实现由市场的作用进行资源配置,为经济社会发展提供基本的公益服务的单位,此类事业单位的经费实行"收支两条线"。现有的仲裁机构经费更类似于公益二类事业单位,采取"收支两条线",由财政进行差额拨款。

5.2.3　仲裁机构不应定性为社会团体法人

5.2.3.1　仲裁机构不实行会员制

通过对国外的仲裁机构进行研究发现,通常情况下,英美法系国家仲裁机构的法人定位以有限担保公司的形式存在,为非营利的公司法人,如美国仲裁协会、伦敦国际仲裁院、新加坡国际仲裁中心、澳大利亚仲裁员和调解员协会、印度仲裁委员会、加拿大商事仲裁中心等;而大陆法系的仲裁机构通常以社会团体法人的形式或商会附属式的形式存在,如德国仲裁协会、日本商事仲裁协会、瑞士苏黎世商会仲裁院、荷兰仲裁协会、韩国商事仲裁院、巴黎国际仲裁院、意大利仲裁协会等。大陆法系将法人划分为公法人和私法人。这种划分方法也被日本、意大利、瑞士等大陆法系的国家所借鉴。在私法人中,主要包括私法自治和社会组织,根据会员的属性和是否存在性,将私法人划分为财团法人和社会团体法人。按照社会团体法人的定义,社会团体法人是以实现会员的共同利益为目标,能够独立享有民事权利与义务的组织。根据《社会团体登记管理条例》,社会团体实行会员制,以社团内会员的共同意愿实现为宗旨。社会团体法人是我国《民法典》对法人的划分类型之一。按照我国《民法典》中对非营利法人的划分"事业单位、社会团体、基金会、社会服务机构",中国仲裁协会是社会团体法人,但是纵观我国的仲裁机构(仲裁委员会),都是由政府组织有关部门和商会根据《仲裁法》统一组建的,而不是以会员制为基础。

5.2.3.2 与"会员利益和意愿"的设立基础不符

社会团体法人包括政治、群众、公益、文学艺术、学术研究等团体。根据社会团体法人的相关要求,社会团体法人"以实现会员的共同利益为目标,以社团内会员的共同意愿实现为宗旨"。社会团体法人应依法成立,有必要的财产与经费,以及自己的名称、组织机构和场所,能够独立承担民事责任,虽然仲裁机构满足上述条件,但是我国的仲裁机构与"会员利益和意愿"的社会团体法人设立基础不符。按照国外民法中对于法人的种类划分,按照职能和性质划分为"公法人与私法人";按照社员存在基础,可划分为"社会团体法人与财团法人";按照成立的目的,可划分为"营利法人与公益法人"。德国仲裁协会、日本商事仲裁协会、瑞士苏黎世商会仲裁院、荷兰仲裁协会等大陆法系将仲裁机构划分为社团法人,以社员(自然人)的集合作为主要形式,以实现会员利益和意愿为目标和宗旨。与其不同的是,我国仲裁机构并不是社员(自然人)的集合,不是以会员利益和意愿为目标和宗旨,而是以社会公益性、为社会提供专业法律服务为目标。

5.2.4 仲裁机构不应定性为民间组织

5.2.4.1 民间组织非严格的法律概念

国际商事纠纷大多依赖民间组织性质的仲裁机构来解决。仲裁机构的民间性已成为国际共识,德国的《民事诉讼法典》、日本的《民事诉讼法》、美国的《仲裁法典》均对仲裁机构的民间组织性质进行了阐述和规定,虽然有的国家没有对仲裁机构的民间组织性质进行阐述,但是在法律实务上已形成既定的事实。西方国家诸多仲裁机构的民间性质体现在其仲裁权、人权、事权的独立性和非行政化,以及当事人选择仲裁机构、仲裁员、仲裁程序的自主性等方面。但是对于我国仲裁机构的法人定位来说,民间组织并非一个严格的法律概念。由于"民间性"并不是一个严格的法学概念,我国法学界在对仲裁机构的民间性进行探讨时,主要是对仲裁机构摆脱政府的干预,增强其独立运作水平进行研究。因此，仲裁机构的民间性主要包括两方面内涵：一方面是源自民间商会；另一方面是其必须具有完全的独立性特点。然而在我国法律语境中，仲裁机构的"民间性"提法不够严谨。

纵观我国《仲裁法》《民法典》中，均没有"民间组织"的概念。我国的《民法典》对法人类型进行划分，没有"民间组织法人"。通常我国民间组织是指社会团体和民办的非企业机构、基金会。其中，民办非企业机构是民间组织的主体，构成了民间组织的大部分主体。我国民办非企业机构是 1996 年 7 月中央政治局常委会在专题研究民间组织工作的会议上最早提出的，将由民间资本投资和组建的、不以营利为目的的单位列为"民办非企业单位"。民事主体、行政相对人、准行政主体是当前民办组织的法律地位。在民事主体方面，虽然《民法典》对社会团体法人的资格获取及其登记进行了规定，但是对于民办非企业机构没有明确规定。在《民办非企业单位登记管理暂行条例》中，将民办非企业单位的法律民事主体地位划分为法人、合伙、个体三种类型，但是对民办非企业机构的法人地位没有明确规定。与我国"民间组织"相关的法规主要有《社会团体登记管理条例》和《民办非企业单位登记管理暂行条例》，但是在这些条例中也没有对"民间组织"相应的提法。

总体来看，虽然民间组织和社会团体在国外作为仲裁机构的法人定位，但是对于我国来说，"民间组织"的概念是缺少民间组织的法律概念。如果将我国仲裁机构定位为民间组织，则使得仲裁机构缺少其合法性。仲裁机构的法律定位作为民间组织的提法，主要是借鉴国外的惯例。民间组织定位的提出，主要目的在于强调仲裁机构的"民间性"。但是"民间性"并非一个严格的法律概念和规范性法律用语，"民间组织"在不同国家的概念界定各异。我国民间组织发展缓慢，现有的民间组织凤毛麟角，如果将仲裁机构定位为民间组织，将涉及民法、民间组织法、仲裁法等系列法律的修订，历程较长，因此，当前不应将仲裁机构界定为"民间组织"。

5.2.4.2　民间组织缺少相应的立法

目前我国对于民间组织缺少相应的立法，主要表现在立法的层次低、缺少完整的法律体系、立法缺少针对性等。现有的与民间组织相关的立法局限于《社会团体登记管理条例》《民办非企业单位登记管理暂行条例》《外国商会管理暂行规定》等相关条例和规定，尚缺少人大常委会层面的立法。仅有法规条例的角度进行规定,尚未将"民间组织"的概念纳入法律语境范围,民间组织的先天性发育不足,在立法上也缺少相应的规定和阐述,特别是缺少对民间组织主体资格的规制。在现有的法律中,虽然分别对社会团体和民办非企业单位进行了概念阐述,但是对民间组织尚缺少法律的规定。

民间组织缺少相应的立法,使得民间的法律主体资格无法有效地确定。大多数学者认为,民间组织只包括社会团体和民办非企业;有的学者认为,除了社会团体和民办非企业外,一些事业单位也应纳入民间组织;有的学者认为,我国的民间组织可以等价于国外的"非政府机构",可以用国外的"非政府机构"来定义我国的民间组织;还有的学者认为,由于政治体制和行政体制的不一致,我国的民间组织不能够简单地与国外的非政府机构对等。

虽然民间组织与非政府组织(NGO)、非营利组织(NPO)是不同的概念,但是它们有一个共同点,就是都强调组织的公益性、非营利性和非官方性。非政府组织是站在政府的角度对组织进行的划分;非营利组织是站在活动的目标和性质角度来对组织进行的划分;民间组织则是以运营的主体进行的划分。民间组织在我国缺少相应的立法,如果将仲裁机构的法人定位为民间组织,则使得仲裁机构缺少相应的母法。

5.2.4.3 我国民间组织发展基础薄弱

民间组织作为独立于政府与市场主体外的其他社会公共领域的组织机构,之所以在国外获得繁荣发展,主要原因在于其有助于解决政府在某一领域的"失灵"问题,通过民间组织的力量解决政府无法有效解决的问题。自20世纪90年代以来,民间组织在国外获得了广泛的发展,与国外的私有化经济相适应,民间组织积极介入国家事务,甚至介入国家的行政管理。民间组织在国外的发展是基于国外的政治和法律基础而发展起来的。与国外相比,我国的民间组织发展较晚,其发展速度也较慢。根据民政部的相关数据,截至2015年末,我国在民政部门登记的各类民间组织达到66万个,其中"民办非企业"机构为32.9万个,由此可见,注册为"民办非企业"的机构是民间组织的重要主体。在2016年通过的《中华人民共和国慈善法》中,提出社会团体、基金会、社会服务机构等可以作为慈善组织的形式,在《慈善法》中,将民办非企业机构更名为"社会服务机构"。

纵观国外仲裁机构,基本具有民间性的特征。无论是大陆法系的社团还是英美法系的公司，仲裁机构的民间性都较为突出，是完全脱离政府的独立性民间组织。虽然仲裁机构在成立之初，往往需要政府和商会的支持，但是国外仲裁机构的运行则与政府完全脱钩。政府将无法实现用行政权力干预和管理的领域交由民间组织，由民间的力量进行资源配置。国外仲裁的民间性使其更加具有公信力，减少了政府行政权力的干预，充分体现出仲裁的当事人意思自治。民间组织在我国缺少发展的土壤，民间组织结构不合理，一些民间组织依赖于政府的扶持，真正进行社会服务的组织较少，且专业性不强。在我国，民间组织由于缺少公开募集资金的资质，因此在发展中不得不由政府进行经费和资金的支撑。国际上仲裁机构的属性通常为民间机构，主要由于其受行业协会的监督和管理，拥有契约理论作为基础。而我国的民间机构发展尚不成熟，自1995 年仲裁机构快速发展以来，民间机构受政府的干预和主导仍然较为严重，甚至有些学者和官员认为民间组织的发展壮大对于我国社会主义民主政治和法治的发展有不利因素，不利于党的建设和领导地位的强化，对民间组织的发展保持着审慎的态度，使得民间组织发展缺少良好的社会环境。在这种情况和背景下，将仲裁机构法人定位为民间组织脱离了我国民间组织发展的现实条件。

仲裁机构起源于市民社会的发育，成熟于市场经济的不断完善，作为商事贸易中当事人自发性的纠纷解决方式，其民间性是全球公认的仲裁机构法律性质定位。在仲裁机构业务范围、仲裁员的选任、仲裁程序和仲裁规则等方面都是以民商事法律为依托，建立在民间组织基础上，并通过市场手段来运作的。

仲裁机构的民间性来源于双方当事人的意思自治，是当事人对于发生争议后居中和公断的需求。无论是我国汉代"三老制度"的乡间裁决，还是《十二铜表法》对仲裁的描述，都体现出仲裁的民间性和乡野性，彰显出仲裁机构的独立性。然而"民间组织"在不同国家的概念界定也各异，我国民间组织发展缓慢，现有的民间组织少之又少，如果简单地照搬国外将仲裁机构定位为民间组织，将涉及民法、民间组织法、仲裁法等系列法律的修订，其历程将较长，因此，当前是否将仲裁机构直接界定为"民间组织"还有待商榷。

5.2.5　仲裁机构不应定性为特别法人

5.2.5.1　仲裁机构不符合特别法人的范围

以"营利法人"与"非营利法人"为划分标准的功能主义和以"社团法人"与"财团法人"为划分标准的结构主义是法人类型划分的主要思路。功能主义的法人类型划分主要考虑国家与法人的关系，以及国家对法人的管理功能；结构主义的法人类型划分主要考虑民事主体的结构。从我国《民法典》对法人的划分可以看出，其更倾向于功能主义的划分标准。但《民法典》在"营利法人"和"非营利法人"框架外，将既无法划入"营利法人"又无法划入"非营利法人"的组织划入"特别法人"。[①] 因此，我国之所以在《民法典》中进行营利与非营利法人外又提出了特别法人的分类，根源就在于有一些组织(如农村合作社、民办高校)无法定性是营利法人还是非营利法人。一方面，《民法典》对特别法人的范围框定为"机关、农村集体经济组织、城镇农村的合作经济组织、基层群众性自治组织法人"，在表述中并没有用"等法人"，说明特别法人只有这四种法人类型，不包括其他类型，仲裁机构不属于上述四种法人类型。另一方面，仲裁机构是"为公益目的或者其他非营利目的成立，不向出资人、设立人或者会员分配所取得利润的法人"也符合《民法典》中对非营利法人的要求。因此，仲裁机构不应定性为特别法人。

5.2.5.2　仲裁机构不符合特别法人的特征

从法理学上进行归纳总结，特别法人的"特别"之处表现为两个方面：一方面，设立方式的"特别"。法人人格的设立原则主要有自由设立、许可设立、特许设立、核准设立、准则设立等，特别法人通常由特许设立，不能自己约定成立。我国仲裁机构的设立实行的是核准设立原则，由地方政府的法制部门发起

[①] 我国《民法典》，更加遵从功能主义，这种以社会功能为标准的营利性法人和非营利性法人的划分方式使得一些有复合型功能的组织缺少正确的定位，因此有必要立足实用主义，探索在营利性法人与非营利性法人类型外的特殊法人形式。同时，我国《民法典》在特别法人的定义中采取明确列举的形式，而未采取开放式的类型定义，说明《民法典》特别法人的类型范畴具有限定性和封闭性。(参见陈小君：《〈民法典〉特别法人制度立法透视》，载《苏州大学学报：法学版》2021 年第 1 期，第 11−19 页。)

设立，报司法局备案登记，并由地市级司法局报省级司法厅。各省司法厅根据
《中华人民共和国行政许可法》的要求，对地市级司法部门的仲裁委员会申请进
行审核，重点对仲裁委员会的办理要件、资格准入、章程、经费来源、人员组
成、场所等方面进行审查核准。履行审核及公告制度，并将予以登记的仲裁委
员会相关备案报告和公告文本等相关资料报司法部备案，抄送仲裁委员会所在
地的人民法院。另一方面，经营方式的"特别"。特别法人的经营方式通常以某
一行业的垄断性质来体现，或者其经营方式或产权的所有方式具有不确定性。
例如：农村集体经济组织作为特别法人，拥有自己的独立财产是成为法人的必
要条件，但是农村集体经济组织仅是农村的集体经济经营主体。而仲裁机构的
经营方式并非"垄断"，并且其产权和经营权均具有较强的明确归属。又如：作
为国际上惯例定性为"公关人"，作为我国《民法典》特别法人的机关法人，其经
费纳入财政预算管理，不能从事经营活动。仲裁机构的独立性要求其实行自负
盈亏、自主运营，可以拥有收益权，但是不能分配营利收益。

5.2.6　仲裁机构应定性为非营利法人

5.2.6.1　仲裁机构具有非营利性特征

非营利性(not-for-profit)是指不以营利为目的。非营利机构的设立目标并
不是让设立者获得经济效益，以及让设立者分享组织的利润。虽然非营利机构
不以营利为目的，但并不代表非营利机构不可以获得经济收入，非营利机构可
以将获得的收入用于自身发展和建设。根据《非营利组织国际分类法 ICNPO 细
表》，非营利性第七组为"法律、倡导和政治 7200 诉讼和法律服务"。将仲裁机
构归类于此也是国际上通用的做法。

当前仲裁机构的非营利性已成为各国的共识。正是仲裁机构的非营利性，
使得仲裁机构往往不是以自身的经济利益最大化为出发点，而是以某一领域或
行业，以及社会服务功能的最大化为己任。纵观国外的仲裁机构，美国仲裁协
会(American Arbitration Association)是由美国仲裁会与美国仲裁基金会合并后
组建而成的非营利性的公司，主要开展仲裁规则的制定、调解、裁决等业务；
伦敦国际仲裁院(London Court of International Arbitration)是由伦敦仲裁院与皇
家特许仲裁员协会合并后组建的非营利担保公司，其成员由来自世界各国的专
家组成，独立于任何国家的政府机构；日本商事仲裁协会(Japan Commercial

Arbitration Association）由日本工商联合会与其他一些大的工商组织共同组建，根据《日本民法典》，日本商事仲裁协会属于非营利性的常设仲裁机构，主要业务包括仲裁、调解等。

与国外的仲裁机构一样，我国的仲裁机构也不是"以取得利润并分配给股东等出资人为目的成立的营利法人"，而是具有非营利性的特征。我国仲裁机构的非营利性体现在仲裁机构的所有者不能进行利润的分配。根据国务院《仲裁委员会仲裁收费办法》的规定，仲裁委员会的所有经济收益都不能作为利润进行分配，而是应作为仲裁委员会自身的维护和运营开支所需费用，维持仲裁委员会的工作开展。从以上内容可以看出，我国仲裁机构业务的开展获得的经济收益都不能作为所有者的利润积累，而是必须用于仲裁机构的自身建设和发展。

5.2.6.2　仲裁机构具有非政府性特征

非政府组织（NGO）是指摆脱行政权力干预之外的其他非营利性社会组织。但约定俗成的是，宗教性、政党类组织不属于非政府组织。[①] 莱斯特·M.萨拉蒙认为非政府组织具有组织性、非营利性、自治性、民间性等特点。仲裁的产生是基于市场经济的发展，是商事主体对纠纷解决方式的选择，仲裁的自身在国家公权力承认之前就已经存在了，因此仲裁的本质属性就是自治。随着市场经济的发展，仲裁的这种自治属性不断显现。综合上述分析，我国仲裁机构不应该定性为事业单位法人、机关法人、社会团体法人、民间组织，但仲裁机构具有非政府性的特征。仲裁机构作为法人具有组织机构，应明确仲裁机构的社会公益法律服务方向。《仲裁法》和《关于完善仲裁制度提高仲裁公信力的若干意见》等都没有明确规定"民间性"的相关论述，仅是对其与政府摆脱关系进行了论述。但是，以商业组织发起、提供非营利服务的属性贯穿《仲裁法》始终，仲裁机构的民间性实质上体现的是独立性，不能将"独立性"的含义理解为私营性。仲裁机构是为"平等主体的公民、法人和其他组织"提供公益性法律服务的机构，仲裁机构除了体现为"纠纷解决"的功能性，还应体现为其建立在非政府

---

① 非政府组织是基于社会服务目的而出现的，非政府组织具有非营利性和非政府性的特征，说明其不受行政权力的干预，并且不能分配利润收入。（参见李诗心：《慈善的新前沿与社会目的投资》，载《中国社会组织》2016年第22期，第32-33页。）

性基础上的社会公益性。

5.2.6.3　仲裁机构具有组织性和自治性特征

仲裁机构具有组织性和自治性特征。组织性体现在仲裁机构有完整的组织机构，有决策、执行、监督等不同的主体，有内部的章程，有常态化的组织活动，有负责人，有工作人员，共同为组织目标的实现而服务。仲裁机构的自治性体现在独立地执行社会事务，有独立的发展空间，不受任何外部权力的干预。自治性既是仲裁制度产生的基础，也是仲裁机构存在的应然条件。仲裁机构的自治性不但体现在当事人的自治（当事人的意思自治，当事人自由选择仲裁机构、事项、仲裁协议、程序等），也体现在仲裁机构自身对可仲裁性、仲裁协议形式、内容、仲裁程序的制定和管理等方面的自治。仲裁机构不应受到任何外部力量的干预，而是来源于当事人的自发行为。

5.3　我国仲裁机构法人类型的厘正

仲裁机构不应属于事业单位法人、机关法人、社会团体法人、民间组织、特别法人，所有特征都指向非营利法人。仲裁机构的职能应根植于提供优质的仲裁服务，提高仲裁程序管理质量，高效率地协助当事人选定仲裁员组建仲裁庭，制定仲裁程序规则，选任符合条件的仲裁员，保障仲裁的公正和效率等。公益性永远是仲裁机构的根本，应将对经济效益的追求转化为对社会效益的追求，以及对社会公平正义的追求，从而更好地提供社会公共服务。仲裁机构提供社会公益性法律服务又符合《民法典》的非营利性法人中的社会服务机构法人分类，因此仲裁机构究竟应为何种法人类型是值得探讨和厘正的问题。

5.3.1　仲裁机构提供社会公益性法律服务

基于意思自治的公益性是仲裁机构最为显著的特征。纵观国外仲裁机构的职能和宗旨，均将为社会提供公益性服务作为重点。例如：美国仲裁协会的服务范围包括为当事人提供仲裁、调解、法律事实认定、争议协商等；新加坡国际仲裁中心的服务范围除了为当事人提供仲裁和调解服务，还包括仲裁专业人才的培养与输出；日本商事仲裁协会立足服务国际贸易与活跃本国的市场经济，构建更加便捷和顺畅的商事环境，对商事争议进行便捷的解决；荷兰仲裁协会的宗旨是提供高效的商事争议解决方式，达到预防争议和纠纷产生的目标。

从国外的仲裁机构来看，"公益性"永远是仲裁应秉持的重要标准，仲裁服务化的理念也是仲裁的精髓所在。仲裁与法院的诉讼不同，法院诉讼代表国家司法权的行使。而仲裁机构主要通过市场化的作用来获得当事人的青睐和选择，从而在当事人意思自治的前提下获得授权，解决争议。仲裁机构的主要职能是进行仲裁程序的管理，协助当事人选定仲裁员组建仲裁庭，提供相应的设施，决定或授权仲裁庭裁决案件的管辖争议，帮助当事人选择仲裁员，确保仲裁的公正、效率等。

我国的仲裁机构为民事主体提供相应的法律服务。仲裁机构作为一个独立的公益性组织，应依托自己的信誉获得当事人的信任，从而在获得授权的基础上解决争端。仲裁机构提供仲裁程序管理服务，协助当事人组建仲裁庭，确保仲裁相关事务能够顺利进行，对仲裁庭案件的管辖权进行决定，选任符合条件的仲裁员。因此，建议将仲裁机构定位为"公益性社会服务机构法人"，这不但有助于明确仲裁机构的法律定位，还有助于明确其社会功能。根据我国仲裁机构受行政化影响严重的问题，建议将仲裁机构定位为"公益性社会服务机构法人"，有助于撇清其与事业单位千丝万缕的联系。非营利法人中包括公益性社会服务机构法人，我国《民法典》第 87 条将非营利法人划分为"事业单位、社会团体、基金会、社会服务机构"。根据仲裁机构的非营利性，以及其民间性、自愿性特点，可将我国的仲裁机构定位为公益性社会服务机构法人，其表现为实现公益目的，为社会提供仲裁服务。

5.3.2 仲裁机构符合《民法典》的非营利性社会服务机构法人分类

将仲裁机构定位为"非营利法人"符合大陆法系对法人的传统分类，与法学学理相符。借鉴大陆法系的做法，将有助于准确找到仲裁机构的法律定位。大陆法系将法人划分为"公法人"和"私法人（社团、财团）"。我国的仲裁机构符合大陆法系中对于公益为目的法人的要求。根据大陆法系的理念，"非营利性并不禁止获利，而是禁止分配利润"。仲裁机构以解决民事的商事纠纷为目标，其获得的收益并不进行分配，这些都符合"非营利法人"的要求。根据《非营利组织国际分类法 ICNPO 细表》中的分类，仲裁机构属于"非营利机构"中的"法律、倡导和政治诉讼和法律服务"。

在《民法典》中，对营利法人和非营利法人进行划分的同时，又将非营利法人划分为"事业单位、社会团体、基金会、社会服务机构等"。① 将仲裁机构划分为社会服务机构法人符合《民法典》对于法人种类的划分。对"社会服务机构"的提法来源于 1998 年国务院《民办非企业单位登记管理暂行条例(修订草案征求意见稿)》，在该稿向社会公开征求意见阶段，将"民办非企业机构"改为"社会服务机构"，将社会服务机构的法人类型规定为"非营利性法人"。在《社会服务机构登记管理条例》中，对社会服务机构的概念和范畴进行了界定。社会服务机构的提出推进了我国与国外在非营利性法人方面的接轨，使得我国从事公共服务和公益服务的机构有了明确定位。将仲裁机构定位为社会服务机构法人与《民法典》对非营利法人的划分相吻合，有助于揭示仲裁机构的社会服务职能和责任。

从《民法典》的分类来看，仲裁机构符合《民法典》的非营利性社会服务机构法人分类，从仲裁机构的社会职能来看，仲裁机构提供社会公益性法律服务。英国把法人分为营利性法人、非营利性法人和宗教法人。美国的《非营利法人示范修订法案》中，将非营利性法人划分为"公益性法人、互益性法人"。从国际经验来看，仲裁是私法主体，仲裁的发展主要依赖于当事人的选择和市场的发展，仲裁的独立性也是其法人实然和应然的属性。我国仲裁机构应定位为公益性社会服务机构法人，这是仲裁机构遵从私法本质的体现。仲裁机构独立于其他行政权力机关，不受任何组织机构和个人的干预，使之成为解决争议与纠纷的专业法律服务机构，具有独立的人事、财务、决策等权利。

5.3.3　公益性社会服务机构法人定位有助于明确其独立性和社会功能

根据我国《仲裁法》的规定，仲裁是解决"平等主体的公民、法人和其他组织之间发生的合同纠纷和其他财产权益纠纷"的方式，"当事人采用仲裁方式解决纠纷，应当双方自愿，达成仲裁协议"，即仲裁机构是为"平等主体的公民、法人和其他组织"提供公益性法律服务的机构。仲裁机构的发展依托当事人的

---

① 《中华人民共和国民法典》第 87 条规定，"非营利法人包括事业单位、社会团体、基金会、社会服务机构等"。

选择，其拥有明确的法律地位，也是有助于公信力塑造的重要途径。仲裁机构的主要职能是提供仲裁程序管理服务，组建仲裁庭，提供相应的法律服务，公平、便捷地定纷止争。这是典型的提供公益性社会服务的行为。按照《关于完善仲裁制度提高仲裁公信力的若干意见》的要求，仲裁委员会应是为商事主体开展纠纷解决的公益性非营利法人。因此，仲裁机构建议定位为公益性社会服务机构法人，符合《关于完善仲裁制度提高仲裁公信力的若干意见》中对仲裁机构"提供公益性服务的非营利性法人"的定位和要求，有助于进一步明确仲裁机构的独立性和社会功能。

将仲裁机构定位为公益性社会服务机构法人有助于仲裁机构在仲裁协议的效力确认、仲裁程序、财产保全等方面的独立性。仲裁机构由行政干预转变为市场化的选择，增强仲裁机构的专业化法律服务水平。将仲裁机构定位为公益性社会服务机构法人可以使得仲裁机构既享受到国家对于非营利法人的优惠政策，又与政府保持一定距离，减少政府对仲裁机构的干预和控制，进一步增加专业人员的占比，有助于仲裁机构推进内部结构治理，并形成外部的有效监督。2018 年 12 月 31 日中共中央、国务院办公厅正式下发的《关于完善仲裁制度提高仲裁公信力的若干意见》中提出：仲裁机构（仲裁委员会）由政府根据《仲裁法》的要求，组织相关商会进行组建，为解决合同纠纷和其他财产权益纠纷提供公益性服务的非营利法人，独立于行政机关。[①] 从此意见的要求可以看出，"公益性"和"非营利性"是仲裁机构的根本特征。而根据《民法典》对非营利法人的划分，又将非营利法人划分为"事业单位、社会团体、基金会、社会服务机构"。如上所述，仲裁机构不应为事业单位、社会团体，更不是以公募基金和捐赠财产为基础的基金会，因此建议将仲裁机构定位为社会服务机构法人。近年来，对仲裁机构进行公益性和非营利性的改革已在我国个别省市开展。2019 年，海南省和上海市提出了仲裁机构的非营利性方向。海南省提出：海南国际仲裁院不再作为事业单位法人，而作为非营利法人独立运作，是社会公益性的法定机构。2021 年 3 月 24 日，晋城市人民政府下发了《晋城仲裁机构综合改革试点实施方案的通知》，提出进一步加强法人治理结构，建立制度健全、权责明晰、运行有序的仲裁管理体制，晋城仲裁委员会是实行自收自支、独立核

---

① 参见：中共中央、国务院办公厅.关于完善仲裁制度提高仲裁公信力的若干意见. 2018. 12. 31.

算、非营利性、依法纳税的公益性、非营利性法人。[①]

　　根据《仲裁法》的要求，仲裁委员会需要由人民政府组织有关部门和商会统一组建，从目前我国仲裁机构受行政化影响严重，且长时间内无法扭转这一现实问题的现状来看，将仲裁机构定位于"非营利性法人"不但符合法理的要求，还与仲裁机构改革相适应。作为社会经济专业化分工的产物，仲裁机构作为公益性社会服务机构法人，有助于深入挖掘仲裁机构与契约理论中的私法本质，尊重当事人的合意与自治，为商事主体当事人的纠纷解决提供便捷高效的途径。

　　2017 年 10 月 1 日实施的《国民经济行业分类》(GB/T 4754—2017) 中，将仲裁活动纳入"法律服务类"，而将法律服务大类安排在"商业服务业"的下一级类。由此可见，建议将仲裁机构定位为社会服务机构法人也符合国民经济行业的划分，能够与我国经济社会发展的实际需求接轨。将仲裁机构定位为社会服务机构法人有助于仲裁机构进行市场化、社会化的推广，在市场经济的各领域提供专业的法律服务，真正体现出仲裁机构的去行政化，以及仲裁私法本质的回归。公益性与非营利性具有相同的特征，仲裁机构的公益性体现在为社会大众提供法律服务，这一点与仲裁机构的功能特点相符合。将仲裁机构作为公益性社会服务机构法人是在承认仲裁的契约性基础上而提出的，是对仲裁"行政化"和"准司法性"的纠正，是对"民间性"的具象化解释与补充，是仲裁私法自治的体现。

5.4　我国仲裁机构公法人性质再议

　　目前学术界对于公法人和私法人的划定具有不同标准，尚未达成统一的共识。[②] 主要学说和观点有：一是根据法人设立依据公法还是私法来判断应属于公法人还是私法人；二是根据设立者的身份是否属于公共团体来判断法人应属

---

① 参见：晋城市人民政府. 晋城仲裁机构综合改革试点实施方案的通知. 2021.3.24.
② "公法人与私法人并没有清晰明确的边界，主要由于有一些法人兼具公法人与私法人特点，是中间类型组织。"(参见民法原理资料组：《外国民法资料选编》，北京：法律出版社，1983 年版，第214 页。)

于公法人还是私法人；三是根据法人和国家法律的利害关系程度来判断法人应属于公法人还是私法人；四是根据法人是否具有国家权力来判断法人应属于公法人还是私法人；五是根据社会观念的普遍认知来判断法人应属于公法人还是私法人。笔者认为，公法人与私法人的法本质区别在于社会利益和公共利益，公法人以维护社会利益和公共利益为设立的前提，而私法人则是为了私人利益或者某一团体的利益。公法人与私法人的划分建立在公法与私法的不同调整对象上。基于公法与私法的分类，可以将法人划分为公法人与私法人。公法人与私法人在设立行为、执行任务、身份性质等方面具有差异性。

5.4.1　法人设立行为角度：我国仲裁机构依靠公权力而建立

从法人设立的角度来看，我国仲裁机构的建立对公权力具有较强的依赖性。由于我国民间商会的力量较薄弱，完全依赖民间的力量组建仲裁机构显然并不现实。因此在 1995 年《仲裁法》颁布初期，在民间商会没有资金对仲裁机构进行组建的情况下，不得不由政府出面，负责仲裁机构的建设资金落实、业务用房建设等方面。在国务院《重新组建仲裁机构方案》中规定仲裁委员会由政府和商会共同建立，在仲裁委员会设立初期，由政府出面解决仲裁机构组建过程中需要的资金、人员、场所问题，为仲裁机构的设立提供物质保障。在仲裁机构依法取得法律人格的过程中，其组织机构、住所、财产和经费都依赖于公权力，根据"公法人主体说"理论，仲裁机构设立行为所依赖的主体是政府，仲裁机构对公权力的较强依赖决定了其具有公法人的性质。

5.4.2　法人主要任务角度：仲裁机构提供公益性服务

从法人主要任务角度来看，仲裁机构为社会提供公益性服务。仲裁机构追求的是机构组成人员之外的社会公共利益，为社会的商事主体提供公益性的仲裁服务，服务于商事贸易和经济的发展。仲裁机构法人主要任务的公益性体现在政府与商会共同组建的仲裁机构并不是以商业利润的回报为目的，在运营中，虽然仲裁机构可以向申请仲裁的商事主体收取一定费用，但是其收取的费用、积累的资产不能向组建人和投资人进行分配。仲裁不以经济收益为动机，收取的费用仅作为自身发展的资金积累，用于发展壮大。仲裁不应是国家权力和政治意志的行使机构，而是为了维护社会的公平、公正，对当事人的争议和纠纷进行解决的一种方式。仲裁的社会公益性还体现在当事人选择仲裁就已节省了更多的司法诉讼公共资源，可以使得法院为更多需要诉讼的当事人服务，满足这些人的诉讼需求。根据公法人的"目的说"理论，作为以保护公共社会利益、提供社会公益性法律服务为主要任务的仲裁机构具有公法人的属性。

5.4.3　法人的身份角度：仲裁裁决具有公法特有的强制力

从法人身份的角度来看，仲裁裁决具有公法特有的强制力。以何种法人身份出现是法人具有私法人还是公法人的重要判断依据。公法人出现的身份具有强制力，从而对其成员或者社会其他成员进行制约。虽然仲裁机构法人的主要任务是提供公益性服务，但是我国仲裁机构做出的仲裁裁决具有强制力。根据《仲裁法》，我国仲裁实行"一裁终局制度"，仲裁裁决对双方当事人具有约束力，其法律效力建立在国家强制力的基础上。国家强制力是公法人所具有的重要特征，也是公法人法律效力实现的重要保障。在仲裁庭做出仲裁裁决后，如果有当事人不履行裁决，另一方当事人可以向人民法院申请执行。

5.5　本章小结

仲裁机构作为民事主体，意思自治与公信力要求其具有独立人格，以及独立的民事权利和行为能力，独立承担责任，这决定了其成为法人的必然性。由于仲裁非全民公益性的需求、仲裁可通过市场作用完全实现资源配置、事业单位分类改革中没有与其对应的法人类型，我国仲裁机构不应该定性为事业单位法人；由于仲裁机构非依法行使国家权力机构、经费非全部由国家预算拨给，我国仲裁机构不应该定性为机关法人；由于仲裁机构不实行会员制、与"会员利益和意愿"的设立基础不符，仲裁机构不应定性为社会团体法人；由于在我国民间组织非严格的法律概念、民间组织缺少相应的立法、民间组织发展基础薄弱，将仲裁机构法人定性为民间组织也欠妥。

考虑到仲裁机构具有非营利性、非政府性、组织性、自治性等特征，仲裁机构法人地位的定性方向应为非营利法人。"公益性"永远是仲裁应秉持的重要标准，仲裁服务化的观念也是仲裁的精髓所在。考虑到仲裁机构提供社会公益性法律服务，我国仲裁机构法人可定位为非营利性法人，并建议为公益性社会服务机构法人。该定位符合《民法典》对非营利法人社会服务机构法人的种类划分，有助于明确仲裁机构法人的独立性和社会功能，有助于仲裁机构在仲裁协议的效力确认、仲裁程序、财产保全等方面的独立性，有助于仲裁机构推进内部结构治理，并形成外部的有效监督，有助于尊重当事人的合意与自治，为商事主体当事人的纠纷解决提供便捷高效的途径。

第6章
我国仲裁机构法人规范体系的构建

我国仲裁机构法人地位的现实困境体现在仲裁机构性质模糊、缺少独立性、法人治理错位等方面。法人的核心问题就是法人的本质问题，其蕴含和包括民事主体资格的一般问题。我国仲裁机构法人地位的现实困境产生的根源在于法人规范体系尚未完全确立。作为仲裁机构，在法律上人格化的仲裁机构法人，其法人规范体系涵盖法律人格从获得到终止变化的全过程，以及其法律人格化赋予的功能。仲裁机构法人规范体系的建立包括规范仲裁机构法人的设立、变更和终止，明确仲裁机构法人的能力、财产及责任，完善仲裁机构法人组织机构、章程、内部治理结构等内容。

6.1　仲裁机构法人的设立、变更和终止

6.1.1　法人设立需满足设立条件和资格条件

6.1.1.1　满足法人设立条件

法人的设立是仲裁机构依法取得法律人格的过程。法人设立的本质在于使得一个已存在或者正在形成中的社会团体取得民事主体资格。根据《民法典》，法人的设立需要有自己的名称、组织机构、住所、财产或者经费，能够独立承担民事责任。根据《仲裁法》，仲裁委员会的设立应具有自己的名称、住所和章

程，有必要的财产，有该委员会的组成人员，有聘任的仲裁员。这是仲裁机构法人设立的基本条件。然而，法人的设立并不是静态的一次性行为，而是法人的设立行为到取得法人资格的动态性过程。因此，笔者认为仲裁机构的法人设立也应包括"设立条件"和"资格条件"两个层面。上述《民法典》和《仲裁法》中对仲裁机构法人设立的条件均属资格条件。从设立条件上看，当前仲裁机构的设立人是"符合条件的市的人民政府有关部门和商会"，现实情况是政府既是设立人也是出资人，政府在组建仲裁机构后，没有及时退出，造成后继存在的干预过多的问题。因此，要确保仲裁机构法人的规范性和独立性，其设立人应由"符合条件的市的人民政府有关部门和商会统一组建"逐步转变为完全由商会组建。

仲裁机构法人设立必须"依法"，表现为仲裁机构法人组织合法设立，并且法人设立的程序合法。仲裁机构法人的名称体现在与其他民事主体的差别。作为一个独立的、具有公益性社会服务的机构，仲裁机构的名称可由当前单一的"仲裁委员会"向"仲裁委员会、仲裁院、仲裁中心"等多元化的名称转变。只要能够表明该法人具有为社会提供仲裁法律服务的能力，就可以自由地选择名称，实现仲裁机构法人名称由范式主义向任意主义演进。仲裁机构的名称应该能够向外界传达"仲裁"的信息，并且能够在名称中体现仲裁机构的主要活动区域。

我国《民法典》规定，法人以其主要办事机构所在地为住所。[①]《德国民法典》规定，法人的管理部门所在地视其为住所。[②]《瑞士民法典》[③]《意大利民法典》[④]等都规定将主要业务发生地和法人管理登记所在地作为住所。作为仲裁机构的办事机构所在地，不应在政府的法制办或者下辖的事业单位二级机构，而是应拥有独立的住所。在财产方面，受限于我国的现实条件，仲裁机构当前由政府财政提供财产或者经费，应不断探索仲裁机构的自负盈亏，自主获得和支配财产与收益。此外，作为以公益性为目的成立非营利法人的仲裁机构，其财产不能向其设立人、出资人分配。

---

① 《中华人民共和国民法典》第63条规定，"法人以其主要办事机构所在地为住所。依法需要办理法人登记的，应当将主要办事机构所在地登记为住所"。

② 《德国民法典》第24条规定，"社团的行政管理部门所在地视为其住所"。

③ 《瑞士民法典》第56条规定，"法人的住所，如其章程无另外规定时，依其事务所在地为住所"。

④ 《意大利民法典》第46条规定，"当法律规定依住所或场所为发生法律效力的依据时，法人的住所或场所指法人确定的主要活动场所所在地"。

　　组织机构是仲裁机构法人设立的必要条件，也是仲裁机构法人参与民事活动的保障。法人作为法律"拟制的人"，只有拥有必要的组织机构，才能够更好地进行法人活动。在组织机构方面，我国各地市的仲裁委员会通常下设仲裁院、办公室、调解中心等，仲裁委员会的办公室既是仲裁机构的执行机关，也是决策机关，通常不受内部监督。笔者认为，应在坚持意思机关与执行机关相统一的基础上，在法人的设立过程中明确要求仲裁委员会必须成立理事会和监事会，要求理事会和监事会成员不应由现职国家工作人员兼任。同时，应解决好仲裁机构应由谁登记注册法人的问题。《仲裁法》中指出："仲裁委员会由前款规定的市的人民政府组织有关部门和商会统一组建。设立仲裁委员会，应当经省、自治区、直辖市的司法行政部门登记。"①但是目前我国各地大多采取由地方仲裁委秘书处或机构办公室进行法人登记注册。在人员构成中，有一定数量的专家、行政机关人员、事业单位人员和法律工作者，甚至有的秘书处成立了党组。根据国务院《重新组建仲裁机构方案》和国务院办公厅《仲裁委员会章程示范文本》规定，秘书处是仲裁委的办事机构，而非权力机构。仲裁委秘书处和委员会办公室无人事和财权，并且无法以自己的名义对外活动。由秘书处进行法人登记、由秘书处担任法人的方式显然与《民法典》中法人成立的要求不相符，而与《仲裁法》和《关于完善仲裁制度提高仲裁公信力的若干意见》对仲裁机构的独立性要求也相背离。因此，在仲裁机构的改革中，不应由秘书处进行法人登记，由秘书处担任法人，而是应探索将委员会作为法人登记注册的主体。

6.1.1.2　通过准则设立获得法人人格

　　法人人格的设立原则主要有自由设立、许可设立、特许设立、核准设立、准则设立等。我国仲裁机构的设立实行的是典型的核准设立原则，其行政许可的特点较为突出。由地方政府的法制部门发起设立，报司法局备案登记，并由地市级司法局报省级司法厅。按照《行政许可法》的要求，省级司法部门对仲裁机构的设立条件进行审查，按照申请与受理、审查与决定、登记办结时限等规定程序。重点对新设立的仲裁机构的人员构成、仲裁员名册、章程、经费证明、

---

① 《中华人民共和国仲裁法》第 10 条规定，"仲裁委员会由前款规定的市的人民政府组织有关部门和商会统一组建"。

住所及其他相关资质进行审查。履行审核及公告制度，并将予以登记的仲裁委员会相关备案报告和公告文本等相关资料报司法部备案，抄送仲裁委员会所在地的人民法院。一个国家对仲裁机构的法人人格取得实行何种设立原则，体现了该国家对该法人机构的态度。我国长期以来实行的以行政审批为主的"核准设立"原则，体现出国家层面对仲裁机构仍然抱有"不完全放心、不完全信任"的态度，并且希望通过国家意志力来打造仲裁机构，只有仲裁机构与国家意志相符合，才能够获得法人资格。并且我国仲裁机构的成立实行的是一种既需地市级司法部门备案登记，又需省级司法部门审查批准的"双重审批"模式。笔者认为，为了推进仲裁机构规范的法人体系建立，有必要推动法人人格的取得由核准设立向准则设立转变，只要仲裁机构满足《仲裁法》和规定的要件，即可设立为法人，得到法人人格。推动"双重审批"向"完全备案制"的转变，仲裁机构法人的设立只需向地市级司法部门备案，无须上级司法部门的审查。

6.1.2　不能变更、分立法人，但可合并法人

6.1.2.1　不能变更法人性质

法人变更主要包括性质、组织机构的变更，以及其他方面的变更。为了推进仲裁机构法人规范体系的构建，必须明确仲裁机构法人的变更规定。目前对于仲裁机构能否变更、怎样变更，民法并没有明确规定。我国《民法典》仅以"法人存续期间登记事项发生变化的，应当依法向登记机关申请变更登记"来进行表述。在法人性质的变更方面，营利性法人可以变更为非营利性法人，营利性的法人按责任划分，也可在有限责任公司和无限责任公司间进行性质转换。然而作为非营利性、提供公益性社会服务机构的仲裁机构，其性质应明确不允许变更。仲裁机构法人人格一旦取得，任何组织和个人都无权改变其公益性社会服务性质。

6.1.2.2　可以法人合并

仲裁机构的组织机构变更包括合并与分立两个方面。仲裁机构的公益性法人性质决定了其不能与非营利性法人合并。关于仲裁机构能否合并，我国《仲裁法》《民法典》并没有明确规定。虽然《美国非营利法人示范法》明确了公益性法人可以合并，但是仅限于公益性法人与公益性法人之间，不允许公益性法

人与营利性法人合并。① 关于两个仲裁机构间能否合并的问题，目前我国也没有定论。《美国非营利法人示范法》规定，原则上允许州内的公益性法人与州外的公益性法人进行合并，但是作为示范法，其并没有法律效力，仅仅是方向上的指引。笔者认为，在我国仲裁机构保持公益性社会服务机构性质不变的前提下，除规定其不允许与非营利性法人其他机构合并外，可以允许不同的仲裁机构进行合并。通过仲裁机构法人的合并，不仅有助于增强其为社会提供公益性法律服务的能力，也有助于运营不善、业务量较小的仲裁机构通过合并来改善运营环境，提高业务办理水平，获得更好的生存和发展。

6.1.2.3 不能法人分立

对仲裁机构法人的分立进行研究，国内的相关研究趋于空白。从国外的情况来看，美国的《非营利法人示范法》、日本的《特定非营利活动促进法》都没有对非营利性法人的分立进行规定，只对非营利性法人的合并与终止进行了阐述。我国《民法典》第69条②、《社会团体登记管理条例》第19条③将分立、合并、自行解散、已完成宗旨等作为法人注销的事由。笔者认为，仲裁机构虽然属于非营利性法人，并作为社会服务机构，但与社团法人一样，其分立也就意味着法人的终止。这是由于仲裁机构的主要行为是为社会提供公益性的仲裁法律服务，其分立后也只能是公益性社会服务机构法人，分立前与分立后的章程具有一致性，因此仲裁机构法人缺少分立的必要性。

6.1.3 法人可终止

仲裁机构法人终止是指其失去民事主体资格，不再拥有民事权力能力与行为能力。根据《民法典》第68条，法人具有"解散、破产"及其他原因的，法人终止。第95条规定，非营利法人终止时，剩余财产不得向出资人、设立人及会员分配。在《仲裁法》中，对仲裁机构法人的终止没有相关规定。仲裁机构法人终止的原因主要有以下情况：一是仲裁机构法人自行解散，自行决定终止；二是仲裁机构法人破产；三是仲裁机构法人的合并、分立导致原有法人终止。目

---

① 《美国非营利法人示范法》第11.02条规定，"公益性法人只能与公益性法人合并"。
② 参见《中华人民共和国民法典》第69条(一)至(五)。
③ 参见《社会团体登记管理条例》第19条(一)至(四)。

前从我国仲裁机构的现实情况来看,尚没有法人终止方面的实践;由于其法人定位的不清晰,也没有明确仲裁机构应为何种法人。

6.1.3.1 可自行解散、破产与合并实现终止

笔者认为,作为公益性的社会服务机构法人仲裁机构可以通过自行解散、法人破产与合并等实现法人终止。《日本民法典》将法人破产、设立许可被撤销、章程规定解散、法人事业目标完成或者没有完成作为解散的事由。[①] 即法人认为自己的目标达到或者没有达到都可以自行解散,其法人资格自动终止,日本采取这种方式。还可以由法人向审查备案的行政机关或法院提出申请,进行法人的终止,德国采取后者的方式。还可以由仲裁机构的决议而解散,即仲裁机构的大多数成员认为仲裁机构的法人资格没有存续的必要性,通过仲裁机构成员的决议,解散仲裁机构,实现法人的终止。仲裁机构的法人破产也可以实现法人终止。对于法人终止的这一条件,各国的民法基本达成了一致,《德国民法典》第41条、《日本民法典》第68条、我国《民法典》第68条都将法人被宣告破产,同时完善清算、注册登记作为法人终止的原因。长期以来,由于我国仲裁机构由政府主导组建,并且其法人性质大多为事业单位和参公事业单位,在经费方面有政府财政作为保障,到目前为止尚没有一个仲裁委员会被宣布破产,也没有任何一个仲裁委员会解散和终止。而要增强我国仲裁机构的规范性和独立性,就要在商会组建、自负盈亏、提供公益性服务的前提下,允许经营不善、入不敷出、业务量少的仲裁机构破产,并解散和终止。

6.1.3.2 仲裁机构的终止需要政府部门或法院介入

仲裁机构的终止需要政府部门或法院介入。由于仲裁机构的公益性法人属性,仲裁机构作为为社会公众提供法律服务的公益性机构,其与营利性法人的不同点在于提供公共产品,其社会影响力和辐射面比营利性法人更广,如果完全放任仲裁机构的意思自治而进行法人的终止,则有可能影响社会公众的利益。良好的公信力是仲裁机构存在的基础和价值,如果仲裁机构法人资格朝令夕改、变化无常,会对塑造其公信力百害而无一利。综上所述,仲裁机构的终止必须按照法定进行,即需要在政府部门或法院介入和审查的基础上,才能够进行法人终止。

---

① 参见《日本民法典》第68条,(一)至(二)。

6.2 仲裁机构法人能力、财产及责任

6.2.1 基于自治与合意的法人权利

6.2.1.1 当事人自治与合意是仲裁机构权利产生的源头

当事人自治与合意是仲裁机构权利产生的源头。自治与合意既是仲裁成立的条件，又是仲裁机构合法资格的来源，也是商事双方当事人选择通过仲裁的方式解决纠纷和矛盾的保障。仲裁机构的自治是强调当事人当争议发生后，有选择何种方式进行争议解决的自由。双方当事人产生矛盾和纠纷后，选择通过第三方机构进行裁决和公断，促进了仲裁机构的产生；商事制度的发展促进了仲裁机构由行业内仲裁不断向行业外仲裁转变和演进；现代多元化纠纷解决制度的发展促进了仲裁机构在多元化纠纷解决中的主体地位，推动了仲裁机构法人发展。

契约自由权是仲裁机构权利产生的基础。仲裁机构的行为本质决定了其具有契约性的重要属性。仲裁机构作为为双方当事人提供法律服务的机构，建立在契约的基础上，因此仲裁的实质是法律服务契约。仲裁机构与当事人形成一种契约关系，仲裁协议是形成这种契约关系的基础，一旦签订了仲裁协议，双方当事人间的契约关系便已经形成，合意进行仲裁，并按照仲裁的裁决予以执行。仲裁区别于法院的审判，行政权力，其核心问题体现为建立在双方当事人合意基础上的私力救济。与商业契约相比，仲裁的裁决受到法律的保护，也如同法院的判决，具有强制性。仲裁机构的契约自由权还体现在仲裁机构的建立主体——商会与仲裁机构间的契约上。正如肖海军教授在《商会法律制度研究》一文中提到："商事主体的契约自由权与结社自由权是商会产生的权利基石。"①商会是仲裁机构产生的源泉，纵观仲裁机构法人法制史，解决商会内部

---

① 在商事主体营业自由权的权能体系里，契约自由和结社自由对商会的产生具有原始意义。商会本身是一种以工商业者和企业为代表的商事主体通过自由结社行为而契合的产物。（参见肖海军：《商会法律制度研究》，北京：中国人民大学出版社，2010 年版，第 145 页。）

的动因产生了仲裁的需求，随着商事制度的不断完善而由内部仲裁发展到外部仲裁。

当仲裁机构经过核准登记后，就会实现独立的主体资格。仲裁机构这种独立的主体资格表现为法律保护和利益承载体。在仲裁机构法人规范体系建设中，如何明确仲裁机构法人的权利与权力是面临的重要问题。仲裁机构拥有财产经营管理权、财产所有权等财产权利，拥有相关人身权利。① 相对于法人的国家设立、行政命令设立、捐助设立等类型，仲裁机构法人应由商会发起设立，发起人（商会）共同意思构成了发起人设立行为。仲裁机构的章程是发起人共同意志的体现，并且法人的权利应在章程中明确。从狭义的角度来看，仲裁机构法人的权利应来源于组建仲裁机构的商会，依据《仲裁法》登记的那一刻，便依照法律通过"设立法定、受案范围法定、仲裁程序法定、裁决法定"，从而获得了法人的权利。从广义的角度来看，仲裁机构的公益性和为社会提供法律服务的属性决定了整个社会都是其服务对象，社会的所有商事主体都是其法人权利的来源。

6.2.1.2 自治权是仲裁机构的本权利

仲裁机构的权利是仲裁机构利益的法律化，是仲裁机构按自己的意志开展仲裁法的法律保障，仲裁机构的本权利是自治权。只有在保障仲裁机构自治权的前提下，才能够实现公平、公正的裁决，增强仲裁公信力。仲裁产生和根植于市场经济的发展，是商事主体对纠纷解决方式的选择，仲裁自身在国家公权力承认之前就已经存在了，因此仲裁的本质属性就是自治，这就要求仲裁机构必须能够独立于行政机关和司法机关，拥有较强的自治属性。仲裁自治权立足仲裁机构法人产生其本身，强调仲裁以商事主体为中心。仲裁机构的自治权体现在仲裁机构的独立自主互不隶属、仲裁机构自治性规范制定、自治裁决、自主管理内部的人事、财务等事务，自主运营、自负盈亏等方面的权利。仲裁机构的自治权还体现在仲裁机构应该有明确的组织形式、独立于行政和司法机关外的运行主体。

---

① 正如德国法学家 Boehmer 指出："独立人格与财产权的密切联系，只有财产权独立，才能够实现人格独立。"（参见蒋学跃：《人格与人格权的源流–兼论宪法与民法的互动关系》，载《法学杂志》2007 年第 5 期，第 17 页。）

仲裁机构可自主制定章程,通过仲裁委员会会议制定其他内部文件,自行制定管理、法人设立、组织变更、仲裁机构仲裁内容、规则、程序、裁决等内容;可以自主地进行人事管理,可以自行聘任仲裁委员会秘书处工作人员,对工作人员进行绩效管理,在保持仲裁独立性的前提下,完善仲裁员名册制度,加强人员的培训和能力提升等;可以自主进行财务和经费管理,经费来源不应依赖财政拨款和补贴,对案件受理费、案件处理费、仲裁员的报酬、专家咨询费用、培训费用等各类费用实现自收自支。仲裁机构的自治权、当事人的自治权、仲裁庭的自治权三者之间密切关联,当事人的自治权处于核心地位,仲裁机构的自治权和仲裁庭的自治权必须为当事人的自治权服务。仲裁机构自治权的行使应满足当事人最大的自治意愿。

6.2.1.3 仲裁机构的权力来源于当事人和法律授权

权力是法人本身享有的,对被权力所规范的一方实施的正向影响,以及被权力所规范的一方只能被动接受和服从的事项。仲裁机构作为非营利性法人,其权力机关——仲裁委员会依据组建者的共同意志行使权力。根据《仲裁法》,我国仲裁机构的权力包括案件受理、调解、庭审、调查取证、裁决等权力。首先,仲裁机构的权力来源于当事人的授权,如果没有当事人的授权,那么仲裁机构的权力便不存在。在仲裁机构的运行中,表现为当事人提交给仲裁机构的书面契约——仲裁协议。其次,仲裁机构的权力来源于法律授权。从美国仲裁协会的非营利性的会员公司、伦敦国际仲裁院的非营利担保公司、新加坡国际仲裁中心的担保有限公司、日本商事仲裁协会的公益社会团体法人等仲裁机构的法律授权来看,通常通过"法律直接授权、法院代理授权、两者结合"等方式进行法律授权。仲裁机构的当事人授权是前提,法律授权是基础和保障。仲裁机构法人独立性的重点在于保障仲裁机构权力的独立性,在仲裁机构权力行使的过程中不受其他任何机构的干扰,并且保持仲裁委员会与仲裁庭间的独立性。

仲裁机构的仲裁权是建立在当事人授权的前提下,以及在法律授权的基础上,对当事人的纠纷进行解决的一种公正裁决的权力。仲裁机构具有公法所特有的强制力。正如前文所述,仲裁机构应属于公法人,公法人的身份使得仲裁权具有强制力。仲裁机构具有较强的社会公益性,它代表社会大多数商事主体的利益,为社会提供公益性法律服务。仲裁机构的民间性与司法属性的融合决定了仲裁权具有一定的司法性判决的权力。许多国家将仲裁权融入了司法权的要素，使得仲裁权在行使中，要求当事人必须遵循于法律意志。[①] 我国仲裁实行"一裁终局制"，裁决自做出之日起发生法律效力。在一方当事人不履行仲裁裁决的情况下，另一方当事人可以向人民法院申请强制执行，受申请的人民法院应当执行。

6.2.2 拥有法人权利能力和行为能力

6.2.2.1 法人权利能力

仲裁机构法人的权利能力是仲裁机构作为一个民事主体，能够参与民事活动、享有民事权利的资格，其本质是独立的财产能力。[②] 仲裁机构的法人权利能力开始于法人的登记和设立，在法人终止时，仲裁机构法人的权利能力也相应地被终止。仲裁机构在法人章程制定中应明确法人的权利能力范围。仲裁委员会法人权利能力应包括制定和修改章程，做出相关决议、工作计划、方案、方针，对仲裁员进行聘任，设立仲裁员名册，独立管理财务核算，以及独立进行人事任命等。仲裁机构的法人权利能力应局限在其登记设立时的章程规定的范围内，不能超出章程的规定。仲裁机构法人权利能力具有法律上的限制，根据《担保法》的规定，仲裁委员会作为公益性社会服务机构，其法人权利能力具有限制性，不能作为保证人。

6.2.2.2 法人行为能力

我国《民法典》规定："法人是具有民事权利能力和民事行为能力，依法独立享有民事权利和承担民事义务的组织。"[③]仲裁机构法人具有在意思自治的前

[①] 《法国民事诉讼法典》第1482条规定，"仲裁裁决可以向上诉法院提起上诉，如果当事人在仲裁协议中放弃上诉，则不在此限"。

[②] 《日本民法典》第43条规定，"法人依法令规定，于章程或捐助章程所定目的范围内，享有权利，负担义务"。《苏俄民法典》第26条规定，"法人依照其规定的活动目的享有民事权利能力"的国家则明确承认法人具有行为能力。《瑞士民法典》第54条规定，"法人依照法律或章程设立必要的机关后，即具有行为能力"。

[③] 《中华人民共和国民法典》第57条规定，"法人是具有民事权利能力和民事行为能力，依法独立享有民事权利和承担民事义务的组织"。

提下从事民事活动的行为能力，以及取得权利并承担义务的资格。仲裁委员会的法人行为能力和权利能力一样，也是开始于法人的登记和设立，在法人终止时，仲裁机构法人的行为能力也相应地被终止。仲裁机构的法人行为能力通过法人机关来实现，仲裁机构法人通过其机关实际取得权利并承担义务。仲裁机构的代表机构也是意思表示机构就是仲裁委员会，其法人代表通常为仲裁委员会的主任。仲裁机构的法定代表人行为应由仲裁机构法人承担。

6.2.3　基于独立性和公益性的法人财产

6.2.3.1　法人财产的独立性和公益性

法人财产与财产权具有相同的法律内涵，任何有价值的权利均可以称为财产，因此法人财产的根本意义也在于价值和权利。拥有必要的财产是设立仲裁机构、取得法律人格的必要条件。法人以财产为基础，从事相应的民事活动，法人财产以"必要"为最低限界。《仲裁法》中规定，成立仲裁委员会应当"有必要的财产"，要求仲裁机构在其法律服务的提供中应有最低限度的经费。[①] 作为公益性社会服务机构法人，仲裁机构的法人财产具有独立性的同时也具有公共性。作为法人，其独立性体现在财产归属的唯一性，即仲裁机构法人作为一个具有法律人格的独立法律主体，具有独立的财产权；只有仲裁机构本身可以使用和支配财产，而并非所有的社会成员都可以直接使用；仲裁机构的财产收益也归其本身所有；仲裁机构必须自主经营、自负盈亏。仲裁机构为社会提供公益性法律服务，其收费不属于具有垄断性质和强制性质的"行政事业性收费"；其收费具有自主权，不能实行"收支两条线"，将收费纳入当地地方政府的财政预算管理。

6.2.3.2　法人产权的积极外在性和不可转化性

作为非营利性机构法人，其公共性体现在法人产权的积极外在性和不可转化性，产权存在的目的是为社会提供公共产品，其产权的所有者无法随意地对公共财产的所有权进行转让。仲裁机构的财产构成主要包括设立者在组建过程中形成的固定资产和无形资产，以及在仲裁机构运营中形成的收益等。仲裁机

---

① 《中华人民共和国仲裁法》第 11 条规定，"仲裁委员会应有必要的财产"。

构作为非营利性法人，具有独立的人格，我国仲裁机构法人的构建应实行自收自支、自负盈亏，不再享受政府财政拨款和补贴。其财产权的权能受限性决定了仲裁机构不能把经营中的收入作为红利分配给仲裁机构的出资人、设立人、组成成员。仲裁机构财产权存在的价值和意义也在于提供社会公益性服务，因此不能像营利性法人那样以追求利润最大化为目标。进一步明确仲裁机构的所有权。所有权是财产主体围绕或通过财产这一客体而形成的经济权利关系。仲裁机构的所有权问题集中体现在所有权与经营权、使用权、收益权、处置权等方面的关系。只有明晰仲裁机构的所有权，才能够实现仲裁活动效率的最大化。作为非营利性机构，仲裁机构的所有权归属于仲裁机构自身。首先，仲裁机构的非营利性要求其不能像国有股份制企业一样，进行利润的分配。其次，仲裁机构作为"社会服务机构法人"，并不是没有收益权，而是通过收益来维持正常运营，为发展和壮大提供物质基础。根据非营利法人的要求，非营利组织的资产归属权在出资人出资后，其所有权归属于非营利组织本身，并且形成独立的法人财产。我国仲裁机构的出资者是政府，但是其所有权并不是归属于政府，而是应归属于仲裁机构本身，属于非经营性资产。仲裁机构的资产应区别于企业的资产，仲裁机构的非营利性要求其不能对资产产生的收益进行分配利润。但是在仲裁的改革中，我国一些地区的仲裁机构进行公司化改革，以投资股份来确认利润的分红，这种方式显然与仲裁机构社会服务机构法人的本质相违背。即便仲裁机构的法人终止，其财产也要根据法人章程的要求，除了公益目的外，不能作为他用。

当法人的财产不能根据法人章程的规定或者权力机构的决议进行处理时，需要由主管机关将仲裁机构法人在公告的同时，将财产转为相同或者相近的法人。

6.2.3.3 仲裁机构财务管理体制的改革

按照《关于完善仲裁制度提高仲裁公信力的若干意见》的要求，政府应"赋予仲裁委员会在人事、财务、薪酬制度等方面自主权"，但是目前我国各地的仲裁机构在财政上大多为财政全额或差额、补贴性拨款，人事上也有部分行政和事业发生的人员，因此在财政、人事上与地方政府有较强的依附和隶属关系。仲裁机构作为从事法律服务的非营利性法人，提供仲裁服务是一种法律服务，因此仲裁费应属于服务型收费，而非行政事业性收费，不应按事业单位的要求进行财务管理, 而应使仲裁机构拥有更多的财务自主权。根据《民法通则》, 法人成立的必要条件之一就是有财产或者经费。独立的经济是责任承担的基础, 是法人作为独立的主体存在的物质条件, 没有独立的经济, 就无法独立地享有民事权利和承担民事义务, 也就没有独立的"人格"。因此仲裁机构的经费来源不应依赖财政拨款和补贴, 实行"收支两条线", 而是应做到自收自支。仲裁机构的财务管理体制要逐步摆脱对政府的依赖, 增强财务管理的自主性和独立性。笔者认为, 当下, 由于地区间经济水平和商事制度发展的不均衡, 如果千篇一律地对无法独立获得生存和发展的仲裁机构进行"自收自支", 则会使得一些经济不发达地区的仲裁机构无法发展与壮大。强调仲裁机构的独立性并不代表仲裁机构的成立伊始不需要政府的注资, 只是不应再纳入政府的年度预算, 由地方政府财政拨款维持正常运转。例如: 日本国际商事仲裁协会和美国仲裁协会作为公益性部门, 均有政府通过财政补贴和税收的优惠, 但这并不影响这些机构财务"自收自支"的独立性。根据国务院的《中介服务收费管理办法》, 仲裁机构的收费主要涉及案件受理费和案件处理费, 应在兼顾仲裁机构公益性的前提下, 将仲裁机构的收费与"行政事业性收费"区别开来, 仲裁机构的业务收入应由其自行支配, 其案件受理费、案件处理费、仲裁员的报酬、专家咨询费用、培训费用等各类费用应与市场接轨, 根据市场需求确定, 按照市场规律运行。应加强仲裁机构收费与市场的对接, 通过仲裁市场的调节力量来确定市场价格与收费种类, 减少收费领域的行政干预, 使得仲裁机构拥有更多更大的收费自主权。

6.2.4　独立承担法人责任

6.2.4.1　应承担民事与刑事责任

仲裁机构法人的责任范围取决于法律、章程所规定的具体成立目的。仲裁机构法人的责任是指有关责任人员按照法律、章程行使相应的权利所应承担的责任, 如果有关责任人员的行为超过了这一范围, 则不属于法人的行为, 而是属于责任人员自身的行为。仲裁机构法人应承担民事和刑事责任。由于当事人委托仲裁机构进行仲裁, 其本身就产生了一种合同法律关系, 需要仲裁机构对当事人承担相应的民事责任。仲裁机构作为公益性社会服务机构法人, 依据我国《民法典》的规定, 仲裁机构作为法人, 应该独立承担民事责任。同时, 按照我国

《刑法》的规定，当仲裁机构违反相关刑法的规定时，也应承担相应的刑事责任。

6.2.4.2　应承担有限民事责任

仲裁机构所承担的责任不应是无限的，而应是有限的，重点体现在有限的责任豁免权。主要由于仲裁裁决虽然以当事人双方意思自治为前提和基础，但是仲裁员的裁决过程仍然受其一定的主观影响，如果仲裁委员会没有豁免权，则容易使得仲裁员在做出仲裁裁决过程中有失公允、患得患失，从而影响到仲裁的公平公正。为了明确仲裁机构和仲裁员的有限民事责任，国外一些国家进行了明确规定。如英国的《仲裁法》明确仲裁机构和仲裁员的有限民事责任，拥有有限的责任豁免权，并且规定虽然大多数情况不用承担责任，但是如果"出于恶意"执行职能，也必须承担责任。① 《美国仲裁协会国际仲裁规则》中也对仲裁员承担责任的行为事项做出了规定，如果仲裁员有故意的行为造成的仲裁结果行为，仲裁员要对其承担责任。② 笔者认为，有限的责任豁免权是仲裁机构行使职能的前提和基础，必须赋予仲裁机构有限的责任豁免权。之所以称之为"有限"，而不是无限，是因为对于仲裁机构的索贿受贿、无法履行仲裁庭组建服务责任、受理案件不合理、仲裁员选择不合适，以及不履行对当事人告知与批准事宜等类似情况，仲裁机构必须承担相应的民事责任。

6.3　仲裁机构法人组织机构和章程

6.3.1　拥有能够反映法人意志和独立的法人组织机能

法人的组织机能决定了其组织结构。仲裁机构作为公益性社会服务机构法人，通过法人组织机能的完善，促使其组织人格化，为社会提供公益性法律服

---

① 英国《仲裁法》第 74 条第 1 款规定，"应当事人请求指定或任命仲裁员的仲裁机构或其他机构或个人，对其在执行职务或者宣称执行职务过程中的作为或不作为不承担责任，除非该作为或不作为是出于恶意"。

② 《美国仲裁协会国际仲裁规则》第 35 条规定，"仲裁庭成员与仲裁管理员不应就与按照本规则进行的任何仲裁有关的任何作为或不作为对当事人承担责任，但他们可能对有意或故意的不当行为的结果承担责任"。

务。仲裁机构的组织机能，其外在表现为组织机构，应具有以下条件：

6.3.1.1　具有完整地反映法人意志的组织机能

仲裁机构法人作为独立的民事主体，必须设有思维机构，以形成法人的意志，并支配法人的活动。在仲裁机构的组织形态中，应有合理的案件受理、办案制度、后勤保障制度、监督制度、人员管理和财务管理制度等。在仲裁机构的组织建设中，应消除政府的干预。推进仲裁机构的自律，建立完整的仲裁机构运行机制，全面增强仲裁机构组织体系设立独立性。我国仲裁机构的发起人不应总是由政府来担任，而是应不断由政府发起人转变为商会发起人。仲裁机构作为一个独立的法人，应能够完整地反映法人意志，并不受其他组织和机构的掣肘，不能将仲裁机构下挂于行政或事业单位的下辖部门。仲裁机构作为一个独立的法人，应有完整的决策与执行组织机构。但是作为非营利性法人的仲裁机构，在现有的法律条文中，对仲裁机构的决策与执行机构并没有明确规定。关于法人的决策与执行机构，《德国民法典》《瑞士民法典》等均对社团法人的社团大会作为权力决策机关（意思机关），在企业中表现为股东代表大会作为最高的权力机关。但是对于仲裁机构来说，没有股东代表大会，但决策机关是法人存在的必要条件①，仲裁委员会是仲裁机构的决策机构（意思机关），仲裁委员会的秘书处是仲裁机构的执行机构（代表机关）。

6.3.1.2　具有独立的组织形式

仲裁机构法人组织机构作为一个独立的法人，必须有独立的组织形式。根据《仲裁法》，"仲裁委员会应有组成人员"，在司法部 2021 年的《仲裁法（修订）（征求意见稿）》中将该描述改成了"有必要的组织机构"。② 根据《仲裁法》，"仲裁委员会的主任、副主任和委员由法律和经贸专家和有实际工作经验的人员担任。仲裁委秘书处工作人员应由仲裁委决定聘用或任用"。应逐步改善仲裁委员会主任由地方政府领导担任的状况。对在仲裁机构兼职的领导要进行重

---

① 法人的意思机关代表和执行法人意思，是法人的决策机关。法人重大事项和事务应由意思机关在遵循法人宗旨范围的基础上进行决策。董事会是社团的意思机关和权力机关。（参见尹田：《民事主体理论与立法研究》，北京：法律出版社，2003 年版，第 63 页。）

② 参见：中华人民共和国司法部. 中华人民共和国仲裁法（修订）（征求意见稿）. 2021.7.30.

新聘任，在仲裁机构人员的聘任中，实行向社会广泛招聘的形式，防止行政或事业单位人员在仲裁委员会的兼职行为，进一步改进人员和组织结构。不断改进当前仲裁委员会作为政府的二级单位挂靠在政府的方式，增强其组织形式的独立性。在仲裁委员会组成人员中，减少行政机关和事业单位身份的人员数量比重，增加专家学者、法律工作者、经济商贸人员的数量比重。不但要推进防止行政干预，更要保障仲裁机构自身不搞行政化。仲裁委员会应拥有独立的办公地点，其秘书处不应为事业单位。

6.3.1.3 法人组织机构内部相互作用并明确分工

为使仲裁机构法人能够更好地提供公益性社会法律服务，不仅要要求拥有完整的组织形式，更要求其组织结构内部能够达到最佳效益的高效协作，使得组织机构内部的部门能够相互配合，在突出法人组织形式独立性的基础上，发挥出最大的公益性法律服务的实效性。仲裁机构的组织机构包括权力机关、执行机关、仲裁庭等。其中，仲裁机构的权力机关主要是指仲裁委员会，主要对仲裁机构行使领导职能，进行重大事项的决策，制定相应的仲裁规则等。执行机关是指仲裁委员会的秘书处，主要对仲裁庭开展服务，协助组建仲裁庭、协调和衔接仲裁案件办理、保存相关档案和资料等相关事宜。相对于仲裁委员会和仲裁秘书处的常设机关，仲裁庭属于非常设机关，根据案件进行临时组建，当仲裁庭完成案件的裁决后，仲裁庭则随之解散。

在保持仲裁机构非营利性、确保仲裁机构资产保有率的基础上，适当给予仲裁机构在组织机构建设、人事、财务、薪酬制度方面更多的自主权，使得仲裁委员会可以根据自身的需求，设立办公室、案件受理室、仲裁秘书部、国际仲裁部、各类分会、专家咨询会等相关的组织机构，使得仲裁机构能够选择合理的收费方式，自主选择执行何种财务制度和人事管理制度。摒弃传统的预算管理和"收支两条线"管理这种参照事业单位的财务管理方式，使得仲裁机构能够有收费及经费使用的自主权，实现自主经营、自负盈亏。对社会提供专业法律服务的业务拓展。履行好仲裁委员会审议、决定、章程修订、决议等职能。加强仲裁委员会下设专业委员会的力度，目前许多仲裁委员会成立了专家咨询委员会，但是其他专业委员会较为欠缺。从国内外仲裁机构的设置来看，除了专家咨询委员会，还广泛设置了薪酬委员会、财务委员会、发展战略委员会等。随着仲裁机构法人制度的完善，我国也有必要设置这些专业的委员会。为了增强仲裁机构的独立性，应增加由仲裁委员会自主决定、结合当事人的要求，进行仲裁规则的修改、仲裁员守则的制定和仲裁员的聘任、培训、管理等事宜。给予仲裁委员会自主决定仲裁收费、额度、种类、仲裁员报酬、仲裁委员会财务制度、重大事项等内容。本书认为，根据《仲裁法》的要求，"仲裁委员会可以设置主任一人、副主任二至四人，委员七至十一人"。笔者认为，在《仲裁法》中，这样硬性规定主任、副主任、委员人数的做法已不适应仲裁机构法人制度建设，不利于仲裁机构独立性的体现。《仲裁法》不应对主任、副主任、委员的人数进行限制，只需规定委员人数为奇数，以便于集体决策的实现。

6.3.2　拥有完整的法人机关

法人机关研究的核心在于法人的领导体制问题。仲裁机构法人机关与法人成立同时产生，是形成法人意志的机构，是仲裁机构的领导和实施指挥机构。仲裁机构法人机关的主要职能是形成法人意志并执行法人意志。因此，决策、执行和监督职能是法人机关的基础。

6.3.2.1　决策机构

作为仲裁机构的权力机关和决策机关的仲裁委员会，根据我国《仲裁法》的要求，仲裁委员会对经济、贸易专家所占数量的比重进行了规定，但是对于这些领域专家可否为行政机关的领导并没有明确说明，导致现有的仲裁委员会构成人员中，存在政府部门的领导，加剧了仲裁委员会成为行政权力附属。在司法部 2021 年的《仲裁法（修订）（征求意见稿）》中指出："仲裁机构的决策、执行机构主要负责人在任期间不得担任本机构仲裁员。在职公务员不得兼任仲裁机构的执行机构主要负责人。"①本书认为，应明确规定商事仲裁委员会的主任、秘书长等重要职位不应由政府部门的领导担任，并且应对政府机关人员担任仲裁委员会委员的数量比例进行限定。加强仲裁委员会主任的选举，摈弃由常务副市长、政府秘书长、副市长、市长、人大常委会主任和政协主席、法制办主任、司法局局长担任主任的做法，加入专家学者担任仲裁委员会的比重。要借鉴美国、日本仲裁机构的成功经验，更广泛地将法律、经济、贸易的专家纳入专家咨询委员会。明晰仲裁委员会主任的责权清单，使仲裁机构的决策与执

---

① 参见：中华人民共和国司法部. 中华人民共和国仲裁法（修订）（征求意见稿）. 2021. 7. 30.

行成为两条线，推动决策的客观、公正、有效。同时进一步促进仲裁机构的专业委员会设立。从当前仲裁委员会的发展趋势来看，根据仲裁业务的发展，不断拓展专业仲裁委员会的范围成为大势所趋。例如：中国国际经济贸易仲裁委员会下设"专家委员会、资格审核委员会、案例分析委员会"；北京市仲裁委员会下设纪律检查委员会；武汉仲裁委员会下设仲裁员资格审查委员会、纪律检查委员会；重庆仲裁委员会下设专家咨询、职业道德监督委员会。通过专家委员会的设置，可以有效地集思广益，解决好仲裁委员会受行政权力把持的问题，增强仲裁委员会决策的科学性。同时专业委员会还可以解决仲裁机构的内部控制问题，加强仲裁机构决策行为的内部规范与监督。这些仲裁委员会通过多元化的专业委员会设置，以满足仲裁机构发展的需要。关于专家委员会的设置，本书认为，专家委员会的设置较为重要，也是仲裁机构发展的需求，本书对专家委员会设置的态度是肯定的。专家的意见可以为仲裁提供充分参考，可以为仲裁活动提供思路和指导。但是，专家委员会不能对仲裁员的行为横加干涉，而只是发挥其咨询的作用，不能因为专家委员会的设置而影响仲裁员仲裁行为的独立性，造成专家委员会的"垂帘听政"，这样反而与仲裁机构的独立性发展相违背。应由仲裁庭而不是仲裁委员会决定是否启动专家委员会。专家委员会的意见仅供仲裁庭参考，而不能代替仲裁庭做出裁决。既要防止专家委员会的权力过大，又要发挥专家委员会专业性作用，促进仲裁庭在尊重当事人意思自治的前提下，做出更加公正、具有公信力的裁决。

6.3.2.2 执行机构

执行机构是法人按照决策的要求进行民事活动的机构，行使指挥权是法人执行机构的基本职能。仲裁委员会的秘书处是其执行机构。仲裁机构的执行部门是其常设机关，通常称为秘书处（局）。仲裁机构执行部门实行秘书长负责制，在其内部还设置咨询和受理、案件程序、综合、宣传等不同的部门。本书认为，随着仲裁机构改革步伐的不断加快，应积极借鉴我国台湾仲裁协会、美国仲裁协会的做法，探索由仲裁委员会选举成立执行委员会，由秘书处的秘书长、副秘书长、一部分仲裁委员会成员、专家等构成，从而使得仲裁执行更加公正公平，仲裁决策更加民主科学。进一步规范秘书长的职责和权限，使得秘书长能够在有效的制衡和监督下工作，解决好仲裁机构长期存在的内部民主不足和制衡建设薄弱的问题。从现状来看，仲裁委员会秘书处的机构设置通常由一名秘书长和若干副秘书长和工作人员构成。仲裁委员会的秘书处是仲裁机构的中枢机构，实行秘书长负责制。仲裁机构下辖执行机构较多，通常有案件受理、咨询、案件审查、案件程序管理、综合办公、财务、业务拓展等部门。笔者认为，对于业务量较大、规模较大的仲裁机构，可以成立执行委员会来负责业务流程。将秘书处仅作为仲裁机构日常办公的常设机制，使得执行委员会负责仲裁委员会的案件受理、咨询、审查、程序管理等业务，增强管理的集成性和高效率。

6.3.2.3　监督机构

加强仲裁机构监督机制建设，加强对仲裁委员会主任的决策行为和秘书处、秘书长（办公室主任）的执行活动开展监督。解决仲裁委员会主任权力不受约束的问题，明确其权力边界，及其"能干什么"和"不能干什么"，对仲裁委员会主任的行为进行规范。加强权力的约束，使得仲裁委员会主体的权力能够"关在笼子里"，使其能够正本清源，回归服务仲裁庭的本位，严禁仲裁委员会主任直接干预仲裁庭的裁决，使其能够将重点放在仲裁庭的组建、仲裁规则的制定、仲裁庭服务等方面，增强仲裁庭的独立性。推进仲裁员和专家学者对仲裁委员会的决策进行监督，增强监督的合力，消除监督的死角，实现监督的全覆盖。推动仲裁委员会的监督与对仲裁庭独立裁决的监督相结合，把监督渗透仲裁机构的每个部门。在仲裁庭和仲裁员独立裁决的前提下，加强覆盖涉及仲裁机构仲裁内容、规则、程序、裁决等各环节的监督。建立仲裁委员会仲裁裁决的核阅机制、重点和疑难案件的专家审阅和咨询机制、仲裁员信息披露和回避机制，防止和杜绝"关系案""人情案"。对仲裁机构的仲裁服务、财务管理、人事安排等方面开展动态性监督，防止仲裁委员会违法违规行为的产生，以及秘书处秘书长的权力滥用。对仲裁机构监督中存在的不足及时进行纠正，对监督策略进行调整，使得监督更加有力、更具有实效性。探索仲裁机构真正能够由专家学者行使权力，将更多专家学者纳入仲裁机构的监督主体中，使得监督更加公正。确保案件受理、审结、小案效率、收费管理办法、仲裁机构年度财务的预（决）算方案的监督，对仲裁机构的决策执行、运营情况、重大人事任免、财务支出等开展全面监督，使其能够真正地构建社会公众作为利益相关者对仲裁机构的全面监督体系。除了专家学者、仲裁员外，还应将更广泛的利益相关者（当事人）纳入对仲裁机构决策层和秘书长（办公室主任）的监督范围。

6.3.3 拥有明确的法人章程

仲裁机构的法人章程是其宪章性法律文件和总纲领,是根据仲裁机构的公益性社会服务机构法人性质和仲裁业务法,对法人活动范围及仲裁机构及其成员间的权利、义务、责任等进行规定的书面文件。仲裁机构的章程作为仲裁委员会的基本规范性文书,存在于仲裁委员会的整个生命周期。章程的稳定性和约束性特征是仲裁委员会法人规范体系建设的重要保障,是确保仲裁委员会公信力的基本法律要件。仲裁机构的法人章程应包括制定依据、业务范围、会址所在地、仲裁委员会的组织机构、主要职责(主任设置、会议组织、主要职责、专家委员会设立、换届规定等),以及办事机构设置(秘书处的职责范围),仲裁员(权利、义务、聘任规定、法律责任),财务管理等方面的内容。

从国外仲裁机构的法人制度来看,要求仲裁机构必须建立完善的章程,在充分尊重和保障仲裁机构自治权利的基础上,由仲裁机构自行制定管理、法人设立、组织变更、仲裁机构仲裁内容、规则、程序、裁决等内容。确保仲裁机构的法人体系构建能够有制度层面的约束与保障,从章程的角度明确仲裁机构法人性质、宗旨、任务和成员构成、运营模式等,推动仲裁机构法人公信力的形成,为仲裁机构法人制度建设、构建公益性社会服务机构法人提供有力的保障。加强仲裁委员会对章程的修订,根据章程的实施效果,及时对章程做出修订,使章程能够满足仲裁机构发展壮大的需要。

6.4 仲裁机构法人内部治理结构

法人内部治理结构的重点在于完善法人决策机关的控制和决策制度,平衡好决策机关与执行机关的关系,协调各方利益主体,加强权力的制衡和监督等。

仲裁机构法人内部治理的目标在于保证仲裁机构的章程能够顺利实现,维护仲裁机构的宗旨和目标,建立不同主体间的制衡关系,增强仲裁机构的独立性,提高仲裁机构的公信力。决策与执行机构是仲裁机构法人内部治理的主体,其内容是加强仲裁机构权力制约,推动仲裁委员会、仲裁庭、仲裁员等内部关系的理顺等内容。

6.4.1　完善仲裁机构的决策及执行职能

一要完善仲裁机构的决策职能。加强仲裁委员会的决策职能，根据仲裁委员会章程制定和修改仲裁规则，以及明确仲裁员、专家学者的聘任方式。由仲裁委员会进行年度报告的审定、年度计划的制订，以及财务预算和决算报告的审定等。加强仲裁委员会成员管理，明确仲裁委员会成员的准入门槛，而不是根据"政治"要求，由上而下地进行委任，应该自下而上地进行选举，将德才兼备的专家学者选为仲裁委员会成员，使得仲裁委员会人员构成真正做到经济、法律贸易专家和学者的权重不少于三分之二。增强仲裁委员会会议的议事和决策功能，发挥群策群力的作用，在重大事项的决策中，通过仲裁委员会会议，由委员会组成人员投票决定。推动仲裁委员会的决策、执行、监督权的分离，在行使仲裁委员会决策权的基础上，明确其决策权的权限和范围，形成对仲裁委员会主任的约束和监督，避免仲裁委员会主任"一权独大"的现象，实行主任议事制度，有效防止"所有者缺位"和"内部人"控制问题。明确仲裁委员会的责、权、利，实行"一人一票"表决制，建立重大事项、重大决策信息公开制度，形成民主决策、民主监督的氛围。如作为事业单位改革试点之一的深圳国际仲裁院在完善仲裁机构的决策及执行职能方面迈出了较快的步伐。通过积极构建以国际化、专业化的理事会为核心的法人治理结构，建立仲裁机构决策权、执行权、监督权既相互制约又相互协调的运行机制，预防和化解地方保护、行政干预和内部人控制等问题。院长作为仲裁院法定代表人，对理事会负责，受理事会监督。理事会对执行机构执行理事会决策进行监督，审定年度工作报告，对执行机构的绩效进行评估。理事会仲裁员资格与操守考察委员会、财务监督与薪酬评估委员会分别对仲裁员的聘请、履职情况和仲裁院的财务工作进行监督。

二要加强秘书处的执行职能。在推动决策权、执行权相分离的基础上，加强秘书处(办公室)人员的配置，加强秘书长(办公室主任)的选拔、监督和权力制衡，使得仲裁机构的办事机构贯彻仲裁委员会的决策。加强秘书职业化和专业化建设，加强秘书处人员的聘用、职级晋升管理，推动秘书处人员的薪酬评估体系建设，加强职业操守评价监督。例如，美国仲裁协会的执行机关是董事会，并由董事会选举的执行委员会来负责仲裁机构的日常运营，执行委员会由首席执行官领导。美国仲裁委员会没有设置设监事会，而是在董事会下直接设置预算、审计、案件处理、提名等专业委员会。对我国仲裁机构来说，应加强对秘书处的激励，履行仲裁委员会下达的任务和决议，履行好自身的职责，并接受仲裁委员会的监督，定期向仲裁委员会反馈、报告工作执行情况。

6.4.2 加强仲裁机构权力制约

孟德斯鸠在《论法的精神》中强调："拥有不被约束的权力的人滥用权力是一条真理，除非有权力的界限与约束。"作为有权力的仲裁机构，也必须接受权力的制约。在司法部 2021 年的《仲裁法（修订）（征求意见稿）》中提出"仲裁机构按照决策权、执行权、监督权相互分离、有效制衡、权责对等的原则制定章程，建立非营利法人治理结构"。[①] 因此，应进一步推进仲裁机构决策权、执行权、监督权相互分享和制衡。处理好仲裁委员会与仲裁庭独立裁决的关系，理顺两者的职能职权，建立仲裁委员会对仲裁庭裁决的核阅机制。加强资产管理和专业化仲裁人员队伍建设。加强仲裁委员会会议的监督职能，并对秘书长的工作绩效进行考核评价。建立内部信息披露机制，公布仲裁机构的财务、人事、年度报告、争议解决规则、仲裁程序，等等。也可借鉴美国仲裁机构的做法，在委员会下设审计部门和薪酬管理委员会，对工作人员进行绩效考核。推进仲裁委员会管理与仲裁庭的独立裁决有效结合，加强内部控制制度的完善。增强监督的针对性和可操作性，构建完整的监督体系。

首先，发挥仲裁委员会会议对权力制约的作用。加强仲裁委员会会议对仲裁机构日常工作的监督，建立绩效评估机制，定期开展对秘书长的绩效评估。加大对仲裁委员会工作效率的监督，建立绩效考核机制，使得绩效考核与仲裁委员会工作人员的工作相联系，解决人浮于事、效率不高的问题。根据仲裁委员会的"三率"（及时结案率、调解结案率和自动履行率），设定评价标准，量化考核指标，优化考核流程，创新考核方法，使得绩效考核能够落到实处。

其次，建立信息披露制度。由于仲裁机构和公司都是建立在契约和委托代理关系基础上的，因此可以借鉴相关公司治理的经验，推动仲裁机构信息披露制度的建立。引入利益相关者治理，使得仲裁机构作为非营利法人，对委员会、执行层、普通工作人员及社会公众等及时公开相关仲裁业务、财务状况、运营管理的相关信息。加强信息的披露和公开，当仲裁委员会信息公开得不及

---

① 参见：中华人民共和国司法部. 中华人民共和国仲裁法（修订）（征求意见稿）. 2021.7.30.

时，缺少必要的信息公开和反馈机制时，仲裁委员会的所有利益相关者——社会公众能够对仲裁委员会的行为及时形成有效监督，打通信息沟通和共享的渠道。每年美国仲裁协会都像公司一样公布其年度运营报告和财务报告，我国仲裁机构有必要借鉴美国仲裁协会的经验，及时公布仲裁委员会的重大事项、重大决策、财务收支情况、业务经营情况等；借鉴美国仲裁协会的运作方式，完善内部审计机构和制度，对仲裁机构的财务支出、仲裁员、工作人员行为规范进行审计监督，共享各类信息，打通仲裁机构与所有利益相关者的信息通道，消除信息孤岛。通过加强仲裁机构的审计监督，形成对仲裁机构权力的有力约束。提高全面审计、全过程审计的水平，形成事前、事中、事后三位一体的审计监督格局，解决仲裁机构权力滥用的问题，推动仲裁机构向非营利化和市场化方向发展。

最后，加强以专家治理为主体的内控机制建设。拥有独立的法人定位是仲裁机构内控建设的要求，然而由于仲裁机构缺少独立性，使其以事业单位或事业单位的二级机构而存在，仲裁机构的内部控制趋于空白，影响了仲裁机构的独立性和公信力。《关于完善仲裁制度提高仲裁公信力的若干意见》中明确提出应加强仲裁委员会内部治理结构建设。加强仲裁机构的自身建设，强化独立的法人地位。目前我国大部分仲裁机构没有建立内部控制机制，仲裁委员会主任、常设机构秘书处(办公室)、专业人员等缺少必要的监督，使得仲裁机构更容易出现"内部人"控制的问题。仲裁机构的回避制度、仲裁裁决核阅、仲裁案件专家咨询、仲裁员信息披露等制度尚不完善，各项内部控制制度的作用没有得到发挥。仲裁机构内部控制不到位与其缺少明确的法律定位，职责和职权划分不清晰，缺少人、财、物的监督，行政干涉过多都有密切关系，因此仲裁机构的内部控制也需要仲裁机构拥有独立的法人地位。加强"专家权力"在内部控制机制建设中的作用，构建专家学者对仲裁委员会权力运行的监督机制，积极参与仲裁机构的日常管理活动，解决好由于行政化而存在的"外行领导内行"的问题，更加关注仲裁机构的社会法律专业服务的效益。

6.4.3　推动仲裁委员会、仲裁庭、仲裁员等内部关系的理顺

仲裁委员会、仲裁庭、仲裁员是仲裁机构内部的主体要素，是支撑仲裁机构行使社会公益性法律服务职能的重要保障，要构建仲裁机构的法人规范体系，就必须推动仲裁委员会、仲裁庭、仲裁员等内部关系的理顺。

一是理顺仲裁委员会与仲裁庭的管辖关系。仲裁机构是仲裁业务的管理和组织机关，仲裁庭是仲裁的裁决机关，仲裁委员会与仲裁庭间是相辅相成的关系。仲裁委员会为仲裁庭提供服务。仲裁机构和仲裁庭的区别在于，仲裁机构对仲裁庭提供资料传送、开庭保障等服务，而仲裁庭的主要任务在于做出裁决。仲裁庭拥有的是仲裁的裁决权，而仲裁机构更多的是管辖权。国外对于仲裁管辖权大多是赋予仲裁庭，仲裁委员会只是仲裁庭的辅助机构。[①] 在国外，如果当事人对仲裁事务有异议，可以由仲裁庭进行解决，充分体现了当事人的意思自治。通过调查发现，在现实中仍然存在着仲裁委员会与仲裁庭的关系不清的问题，仲裁委员会对仲裁庭实行较严格的管辖权，在我国，如果当事人对仲裁协议、程序有异议，则通常由仲裁委员会来解决，仲裁委员会"越俎代庖"的问题。例如：根据《仲裁法》的规定，人民法院和仲裁委员会均可对仲裁协议的有效性做出决定。仲裁协议作为仲裁庭获得管辖权的依据，由仲裁委员会对其有效性做出决定就相当于赋予了仲裁委员会的仲裁管辖权，这与国际上普遍实行的仲裁庭管辖权相违背，影响了仲裁庭的独立性。应明确仲裁委员会是管理仲裁机构日常事务、仲裁程序，对日常事务进行沟通、协调、组织管理的常设机构，而仲裁庭是根据仲裁规则或当事人的约定，由仲裁员构成的临时性的审案机构。笔者认为，仲裁管理权作为仲裁权的重要组成部分，应还与仲裁庭，使仲裁庭对仲裁协议的有效性做出决定。出于对效率的考虑，仲裁委员会可以对仲裁权的异议进行审查，但是最终决定权还是应由仲裁庭来做。

二是明确仲裁机构与仲裁员的契约关系。在我国当事人没有指定仲裁员时，由仲裁委员会帮助当事人指定仲裁员。[②] 这是仲裁法的规定，虽然其目的是防止由于当事人没有指定仲裁时，仲裁事务无法顺利进行的问题，但是在一定程度上忽视了当事人的意思自治。在德国仲裁院、荷兰仲裁院等国外仲裁机构，如果当事人没有指定仲裁员，则在一方当事人的请求下，可以由仲裁庭协助当事人指定仲裁员。[③] 虽然国外的斯德哥尔摩仲裁院、美国仲裁协会等仲裁机构也实行仲裁员名册制度，但是仲裁员名册对于当事人只发挥参考作用，之

---

① 《国际商事仲裁示范法》第 16 条第 1 款规定，"仲裁庭可以对其自身的管理权包括对仲裁协议的存在或效力的任何异议，做出决定"。

② 参见《中华人民共和国仲裁法》第 32 条。

③ 参见《德国仲裁员仲裁规则》第 5 条、第 6 条；《荷兰仲裁院仲裁规则》第 14 条。

所以建立仲裁员名册,是为了方便当事人更便捷地选择仲裁员。但是在我国,仲裁员名册制度成为仲裁机构干预仲裁庭、代替当事人选择仲裁员的"工具"。仲裁机构与仲裁员的关系应该是平等的,并不是上下级关系和从属关系。作为法人的仲裁机构与作为自然人的仲裁员在合意的基础上,同意将仲裁员纳入名册,并接受相应的考核与培训。根据《仲裁法》规定,"仲裁委员会按照不同专业设仲裁员名册"。虽然仲裁法没有强制性的要求,但也没有对当事人选择仲裁员的自由给予明示。当事人对仲裁员的选择受仲裁委员会的制约仍然较大,是一种典型的强制仲裁员名册制度,当事人无法选择名册外的仲裁员,与仲裁的意思自治相违背。笔者认为,推动仲裁机构的法人制度建设,有必要限制和改进仲裁委员会对仲裁员名册的权限,将现有的"强制名册"去名册化,改为"推荐名册制",允许当事人自由地选择符合条件的人担任仲裁员。优化仲裁员报酬支付模式,在仲裁机构给出参考范围的基础上,允许当事人与仲裁员对仲裁费进行协商。如深圳国际仲裁院进一步扩大当事人意思自治空间,将诚信仲裁原则落到实处,在"选择性复裁程序"等方面开展突破性探索,强化多元化、专业化、高效率和低成本的措施。深圳国际仲裁院在制度层面上进行体制机制改革和仲裁规则创新,推动粤港澳大湾区软件、制度的融合和衔接。深圳国际仲裁院于 2019 年更新《仲裁员名册》,基本实现了仲裁员"一带一路"沿线主要国家全覆盖,加大粤港澳合作力度,强化港澳因素,来自香港和澳门特别行政区的仲裁员达到 147 名。

6.5　本章小结

　　法人的核心问题就是法人的本质问题,其蕴含和包括民事主体资格的一般问题。我国仲裁机构法人地位现实困境产生的根源在于法人规范体系尚未完全确立。作为仲裁机构在法律上人格化的仲裁机构法人,其法人规范体系涵盖其法律人格从获得到终止变化的全过程,以及其法律人格化赋予的功能。仲裁机构法人规范体系的建立包括规范仲裁机构法人的设立、变更和终止,明确仲裁机构法人的能力、财产及责任,完善仲裁机构法人组织机构、章程、内部治理结构等内容。

　　我国仲裁机构法人规范体系的建设,第一,应规范仲裁机构法人设立条件和法人人格的取得，在依法的基础上，拥有自己的名称、组织机构、住所、财产或者经费，能够独立承担民事责任。不应由秘书处进行法人登记，由秘书处担任法人，而是应探索将委员会作为法人登记注册的主体。第二，明确仲裁机构不能变更法人性质和法人分立，允许其进行法人合并，可自行解散、破产与合并实现终止，仲裁机构的终止需要政府部门或法院介入。第三，当事人的自治与合意是仲裁机构权利产生的源头，契约自由权是仲裁机构权利产生的基础，仲裁机构的本权利是自治权。当仲裁机构经过核准登记后，就会拥有独立的主体资格。应明确法人财产的独立性和公益性，法人产权的积极外在性和不可转化性。第四，在法人责任方面，仲裁机构法人应承担民事与刑事责任，且承担有限民事责任。第五，在法人组织机能方面，仲裁机构应具有完整地反映法人意志的组织机能，以及独立的组织形式，法人组织机构内部相互作用并明确分工。

应进一步完善仲裁机构法人内部治理结构。完善仲裁机构的决策及执行职能，完成仲裁机构的决策职能，加强秘书处的执行职能；加强仲裁机构权力制约，加大对仲裁委员会工作效率的监督，建立信息披露制度，加强以专家治理为主体的内部控制机制建设；理顺仲裁委员会与仲裁庭的管辖关系，仲裁管理权作为仲裁权的重要组成，应还与仲裁庭，使仲裁庭对仲裁协议的有效性做出决定。出于对效率的考虑，仲裁委员会可以对仲裁权的异议进行审查，但是最终决定权还是应由仲裁庭来做；明确仲裁机构与仲裁员的契约关系，改进仲裁委员会对仲裁员名册的权限，将现有的"强制名册"去名册化，改为"推荐名册制"。

第 7 章
仲裁机构法人制度的完善及衔接路径

在明确法人的设立、变更和终止、能力、财产及责任、组织机构、章程、内部治理结构的基础上,应进一步加强仲裁机构法人制度的完善及衔接,目的在于通过法人身份的确立,减少仲裁机构行政干预,处理好仲裁机构与政府及组成部门间的关系。明确法人地位,构建独立的外部治理体系,助力于全面推动仲裁事业改革。最终使仲裁机构拥有独立的民事权利和行为能力,能够独立享受民事权利并承担民事义务和责任,真正成为独立自主、权责对等的法人。

7.1 加强仲裁机构法人制度的立法与衔接

针对当前存在的仲裁机构法人地位不明确、法人独立性不强的问题,应加强仲裁机构法人制度的立法与衔接,通过《仲裁法》明确仲裁机构法人地位,并理顺《仲裁法》与部委、地方政府法规政策间的关系。

7.1.1 通过《仲裁法》明确仲裁机构法人地位

明确仲裁机构的非营利法人框架下的公益性社会服务机构法人特性,通过立法降低仲裁机构官本化和行政附属化。《民法典》在法人制度中,对仲裁机构法人的上位法——非营利法人(公益性法人)做出原则性规定,并可抽象出仲裁机构的一般性法律规范。针对仲裁机构整体独立性较差、法人地位不明确的问题,应加快修改我国《仲裁法》。进一步明确仲裁机构的法律性质和定位,在坚持民事领域当事人意思自治的前提下，完善《仲裁法》对于仲裁机构法律性质定位的阐述，增强仲裁机构的地位、效力、组织设置、职能范围、程序的独立性。建议在下一步的《仲裁法》修订中，将仲裁委员会的定位明确为："由商会组建成立，独立的公益性社会服务机构。"在《仲裁法》第二章仲裁委员会和仲裁协会第10~15条中，增加"仲裁机构与仲裁组建、登记、备案审查机构关系"等规定。可探索将司法部《仲裁委员会登记管理办法(征求意见稿)》中有关"仲裁委员会设立登记与备案、变更注销、换届复核、登记管理机关对仲裁委员会的监督管理"等内容纳入《仲裁法》。补充《仲裁法》第14条，除了规定"仲裁委员会独立于行政机关，与行政机关没有隶属关系"外，还应明确负责登记组建主体、登记管理、备案审查等行政机关的管理和监督的关系，进一步减少行政干预。规范仲裁机构设立、登记、备案、联系指导和监督管理等方面的主体和职责，严格界定政府及职能部门对仲裁机构的作用，淡化仲裁机构的行政化色彩，增强仲裁与司法诉讼的相关制度的协调性和衔接性。在《仲裁法》中对仲裁机构的监督主体进行明确，借鉴《律师法》《公证法》中对律师协会的监督主体进行明确的描述方式，在《仲裁法》中也应对仲裁委员会的监督机构进行明确，可将司法行政部门明确为仲裁机构的监督部门。

司法部于2021年7月30日发布的《中华人民共和国仲裁法(修订)(征求意见稿)》中提出：仲裁机构是依照本法设立，为解决合同纠纷和其他财产权益纠纷提供公益性服务的非营利法人，包括仲裁委员会和其他开展仲裁业务的专门组织。仲裁机构经登记取得法人资格。[①] 而完备的仲裁机构法人制度体系不但需要《仲裁法》作为主导，更需要非营利法人单行法作为补充。虽然依据《仲裁法(修订)(征求意见稿)》第13条对仲裁机构的非营利法人进行了定位。但是作为基础性法律的《民法典》缺少对于非营利法人的一般性规定。虽然在《民法典》中对非营利法人予以规定，但除《民法典》87条对非营利法人的定义与类型做出规定外，其他条文均以具体的非营利法人为对象而展开，尚缺少对非营利法人的一般性规定。因此，我国应积极探索出台非营利法人统一立法，建立统一的非营利法人基本法的规制，对仲裁机构设立、运营等事项进行规范，进一步丰富仲裁机构作为公益性社会服务机构法人的法律支撑。

---

① 参见：中华人民共和国司法部. 中华人民共和国仲裁法(修订)(征求意见稿). 2021. 7. 30.

7.1.2　理顺《仲裁法》与部委、地方政府法规政策间的关系

《仲裁法》第 14 条规定，"仲裁委员会独立于行政机关，与行政机关没有隶属关系。仲裁委员会之间也没有隶属关系"。这旨在增强仲裁机构的独立性，使其不受行政机构的干预。但是，由于缺少相应的具体要求和配套措施，加之我国的一些行政性文件没有完全贯彻落实《仲裁法》的要求，使得新组建的仲裁机构仍然面临着行政化的干预。在《仲裁法》第 10 条"仲裁委员会由前款规定的市的人民政府组织有关部门和商会统一组建。设立仲裁委员会，应当经省、自治区、直辖市的司法行政部门登记"。但是在实际中，仲裁委员会组建后，司法行政部门或者政府办公室成为仲裁机构的业务主管部门，掌握着仲裁机构的人事、财务等权力。仲裁机构的独立性法人地位取决于人为因素，即政府对待仲裁机构的态度。有的政府主管部门直接对仲裁机构的人事、财务等方面进行干预。尽管《仲裁法》规定，"仲裁委员会的主任副主任和委员由法律、经济贸易专家和有实际工作经验的人员担任。仲裁委员会组成人员中，法律、经济贸易专家不得少于三分之二"，然而对于仲裁委员会人员的相关规定较少，特别是对仲裁委员会的组成人员的职业准入尚没有明确。法律层面对仲裁委员会缺少具体要求，《仲裁法》与部委、地方政府法规政策间的关系没有理顺，直接影响了法律的可操作性。

在全面依法治国背景下，推进仲裁机构法人制度的完善，明确其法人地位，就必须理顺《仲裁法》与部委、地方政府法规政策间的关系。通过相关法律的梳理发现，《民事诉讼法》与《仲裁法》的关系最为密切，两者的相关条款和规定有一定的交叉，因此有必要加强两部法律的衔接，从法律层面进行理顺，增强两者的协同，使得仲裁委员会登记注册更加规范，发展运营面向全社会和广大市场，增强仲裁机构运营的活力。与《仲裁法》相关的司法解释有《关于执行中国加入的〈承认及执行外国仲裁裁决公约〉的通知》《关于实施〈中华人民共和国仲裁法〉几个问题的通知》《关于适用〈中华人民共和国仲裁法〉若干问题的解释》等。纵观我国的《仲裁法》，在仲裁程序上有较多描述，明确了协议仲裁、或裁或审、一裁终局、回避等制度，规范了仲裁委员会和仲裁庭的职能职责。特别是《仲裁法》中增加了对仲裁员资格、仲裁庭组建等方面的阐述。但是总体上看，仍然缺少对仲裁机构组建与仲裁机构登记、备案审查机构关系的阐述和详尽的规定，《仲裁法》尚没有对仲裁机构的法律性质特别是法人情况进行

明确。虽然法律在这些方面存在缺失，但是为了在实际工作中增强仲裁机构法人制度建设，以及法人制度建设的规范性，司法部在《关于规范和加强仲裁机构登记管理的意见》中，对仲裁机构登记、变更备案、监督管理等提出了相应要求，但是这些都属于行政文件，还没有升格到法律层面。

因此，在《仲裁法》中应将《关于完善仲裁制度提高仲裁公信力的若干意见》予以充分体现，明确规定仲裁机构应撇清和组建仲裁委员会的地方政府的关系，与之剥离并独立，同时应与登记管理机关和备案审查机关脱离隶属、直接管辖的关系，更不应将仲裁委员会作为组建仲裁委员会的行政机关的内设机构或者下属二级单位。今后应消除和改进类似《中介服务收费管理办法》《关于加强中央部门和单位行政事业性收费等收入"收支两条线"管理的通知》中将仲裁收费纳入中介服务收费或者行政性收费，实行"收支两条线"，影响仲裁机构收费自主性的问题。进一步规范和完善仲裁机构登记注册机制，并将与之配套的立法进行衔接，建立健全《仲裁委员会登记管理办法》，对仲裁机构的设立登记与备案、变更与注销、换届复核、登记管理机关对仲裁委员会进行监督检查的内容和形式予以明确。

7.2　推进全国人大执法对仲裁机构法人制度检查

人大执法对仲裁机构法人制度建设具有重要的督促作用，应将对仲裁机构法人独立性建设纳入人大工作计划，重点对其案件受理、办案程序和自身建设开展检查，并对仲裁机构与政府及组成部门的关系开展检查。

7.2.1　对仲裁机构落实仲裁法要求的独立性情况开展检查

从法理的角度来看，各级人民代表大会实施的监督具有宪法赋予的约束力和强制性，与其他国家机构的监督相比，人民代表大会的监督具有最高的权威性和广泛性。[①] 应发挥好全国人大对仲裁机构的执法检查作用，重点对仲裁机

[①] 相对于行政监督和检察院的监督所依据的普通法，人民代表大会监督的依据是宪法，人民代表大会的监督更具有权威性。(参见尹中卿：《人民代表大会制度理论研究》，北京：中国民主法制出版社，2017年版，第133页。)

构落实仲裁法要求的独立性情况开展检查。将检查的焦点放在对仲裁机构的财务、人事、组织体系设置的独立性上。全国人大重点检查仲裁委员会是否真正实现"自收自支"，是否仍然在经费上依赖政府的财政拨款和补贴，是否将仲裁收费纳入财政预算统一管理；检查仲裁机构的创办和管理机构是否为政府法制办或者司法局，是否将仲裁机构作为事业单位或者事业单位的二级机构，仲裁委员会设置依附政府的法制办，或者参照公务员管理，以及将仲裁机构与行政部门相脱离的进展情况。在人事上，重点检查由地方党政机关的在职领导或已退休领导担任仲裁委员会主任或委员的问题，对仲裁委员会的组成人员结构进行检查。

7.2.2　对仲裁机构的办案程序和自身建设开展检查

全国人大应对仲裁机构办案程序和自身建设存在的"有法不依"问题开展检查，形成检查报告，并将检查结果反馈给仲裁委员会和负责其监督的行政机关。作为公益性社会服务机构法人的仲裁机构，其独立性决定了行政权力对其管理和监督的不足，而通过全国人大的执法检查，则可以有效增强监督问题。对设立登记与备案、变更与注销、换届复核、登记管理机关开展检查，确保其拥有独立的法人地位，行使法人的权利，承担法人的义务和责任。进一步加强对仲裁委员会和仲裁庭对协议仲裁、或裁或审、一裁终局、回避等制度的执行情况开展检查，确保仲裁机构会能够维护当事人的意思自治，以及仲裁的公平、正义和效率。

7.2.3　对仲裁机构与政府及组成部门的关系开展检查

加强全国人大对仲裁机构与政府及组成部门的关系的检查。重点检查政府的法律办和司法局是否对仲裁委员会的日常事务进行"越俎代庖"的管理，即将本该由仲裁行业协会部门去做的事由政府组成部门去做。通过查阅文件、资料、走访等方式，检查政府法制部门是否存在通过发文的方式管理仲裁委员会本该自治的相关事务。缓解仲裁委员会对政府法制办、司法部门的依赖，纠正政府法制部门与仲裁机构"一套人马、两块牌子""合署办公"和"人、财、物不分"的突出问题。广泛听取所有利益相关者的意见和建议，解决外部关系不清晰、不明确、交叉的问题，推进仲裁机构的法人制度建设进程。

7.3 地方实践中完善仲裁机构法人制度及衔接的路径

地方实践中完善仲裁机构法人制度及衔接的路径如下：一是要构建独立的外部治理体系，推进政府监督由直接"干预"向"准入式"过程监督转变，推进司法监督由程序和实体的双重审查向程序单一审查转变，并加强社会监督。二是要发挥仲裁机构行业自律的作用，通过协会的力量为仲裁机构提供专业指导、服务、监督、约束等功能。三是要推动仲裁制度全面深化改革，提高仲裁机构的自治发展水平，加强仲裁机构的专业建设，使其融入市场竞争中，增强仲裁文化的社会认同感，促进我国的仲裁机构广泛参与国际竞争。

7.3.1 构建独立的外部治理体系

当前，我国仲裁事业发展迅速，广大商事主体对仲裁的需求不断增多，加强法人规范制度建设，实现我国仲裁机构与国外仲裁机构的接轨成为各地仲裁机构面临的重要课题。能否让仲裁机构真正独立于政府、给予政府机构怎样的自由都取决于政府能否放弃"保姆"态度，使得仲裁机构能够彻底脱离政府之手，在仲裁机构的发展中，充分发挥市场的力量。

一是推进政府监督由直接"干预"向"准入式"过程监督转变。完善仲裁机构的法人制度，构建公益性社会服务机构法人，撇清仲裁和政府的关系，推动仲裁机构的去行政化，这些问题并不意味着仲裁机构不需要政府的监督，而是要推进政府对仲裁机构的监督由传统的直接干预向准入式的过程监督转变。将传统的行政手段监督转变为以法治手段法、治理念强化外部监督，使得政府监督走出直接"干预"和"管理"的怪圈。通过对了解大陆法系和英美法系的国外仲裁机构的监督可以看出，仲裁机构与政府没有任何关系，这也是西方国家仲裁机构为了保证公信力最为忌讳的一点，政府监督的"缺位"才是常态。仲裁机构外部治理法治化并不是政府在仲裁机构的监督中全身而退、置之不理，更不是政府对仲裁机构的事无巨细、面面俱到，而是在撇清政府与仲裁机构关系的前提下，做好适时、适度的监督，并推动仲裁机构通过市场和力量获得发展。政府应在保障其独立性的前提下，做好仲裁机构的监督，其监督的重点并不是仲裁机构的运营事务，而是仲裁机构的准入和注销，并且绝不能干预仲裁机构在私法自治空间内的自由裁量，给予仲裁机构裁决的公平公正，构建良好的制度基础，使得仲裁机构能够广泛地为商事主体提供裁决服务。加强从地方政府的地方部门化监管向行业协会的纵向全面监管转变，积极引入独立于仲裁机构和地方政府的评估机制，增强监督的客观性和公允性。应优化仲裁机构监督程序与方式，增强仲裁机构政府监督合理性。既要解决政府对于仲裁机构管过宽的"行政化"问题，又不能让政府在仲裁机构的监督中放任不管。例如，在美国设立仲裁机构既不需要任何审批手续，也不需要进行备案登记，可以自行成立，仅需向税务部门进行注册，仲裁机构成立后，根据仲裁机构的收入向税务部门缴税。政府与仲裁机构间没有任何关系，也无须政府对仲裁机构进行监督和管理。对仲裁机构进行行业管理的第三方自律性组织也不存在，仲裁机构的行为完全由其自身负责。应推动各地方政府树立法治观念，以仲裁法为遵循，加强自身在仲裁机构成立发展中的功能定位，给予仲裁机构更广阔的发展空间，摒弃政府"既当裁判员，又当运动员"的监督方式。对于刚刚组建的仲裁机构，政府可以给予其资金支持，但是不能进行权力干预，而对于运营状况较好的仲裁机构，政府应及时退出，使其能够更好参与市场竞争。在此基础上，加强仲裁事业发展和对仲裁机构的监督，促进仲裁机构法人制度的完善。将仲裁机构的合理监督作为政府的行政考核内容，细化和落实中央对仲裁机构公信力提升和保障的要求，推动仲裁机构公信力的提升。

二是推进司法监督由程序和实体的双重审查向程序单一审查转变。根据《民事诉讼法》第 237 条，当前仲裁裁决的司法监督由两条途径实现，分别为"申请撤销仲裁裁决"和"申请执行仲裁裁决并可能引致不予执行的司法裁定"。从这两条规定来看，存在前后矛盾的问题，前者的监督较为合理，而后者的监督则较为消极，使得仲裁裁决的公信力和公平公正性受到一定影响。究其根源，主要是由于对当事人权利选择约束较为薄弱，更容易导致撤销裁决制度与不予执行制度各自为政、各行其是，不利于裁决的执行，导致裁决的执行产生了一定的制度性漏洞，这一点恰恰与仲裁的便捷纠纷解决这一定位相违背。因此，笔者认为，仲裁机构正当性就是当事人的意思自治，只有在双方当事人授意申请仲裁的情况下，仲裁裁决才能够具有法律效力，这一点毋庸置疑。当事人产生纠纷后，必须对选择哪一种仲裁的方式来解决纠纷实现意思统一，如果双方当事人无法达成合意，就无法实行仲裁。这种意思自治决定了司法介入监督应有限度。仲裁机构的正当性体现在意思自治与有限司法介入。既然当事人通过权衡纠纷解决的成本投入与纠纷解决的预期效果，而在意思自治的前提下，选择仲裁机构进行纠纷解决。建立与仲裁委员会之间的工作协调机制，及时沟通有关情况。完善仲裁法相关司法解释，形成案件办理的有效依据，以及普遍司法效力解释，对仲裁程序、规范、裁决执行等进行明确，为司法监督提供有力保障。加强对仲裁机构的活动和行为的监督，以保障当事人的利益和仲裁的公信力建设作为监督的重点，及时纠正违规行为，切实提高审理有关仲裁司法审查案件的效率。在司法对仲裁协议的效力、仲裁管辖权异议处理、仲裁裁决的司法复审等监督过程中，确保最大限度发挥仲裁程序终局性的高效率与低成本。仲裁司法监督应建立在法治理念的基础上，推动将仲裁裁决司法监督的"双重制"向"单一制"转变，取消"不予执行"仲裁裁决的制度。对《民事诉讼法》第 237 条的规定进行修订，将撤销仲裁裁决作为仲裁裁决司法监督的唯一途径，即"要么直接撤销仲裁裁决，要么必须执行撤销仲裁裁决"。将"多选"变为"单选"。司法监督不应过力，不应直接进入仲裁的私法领域，而是应将其放在更加宏观的社会公平正义上，切实防止仲裁的诉讼化，使得司法监督回归本源于"仲裁程序"的监督，而非"裁决内容"的监督。

三是加强社会监督。在保障仲裁的私法正义性和保密性基础上，充分发挥社会对仲裁机构的监督作用，通过新闻媒体的披露作用，加强仲裁机构信息向社会大众进行公开，接受广大人民群众对仲裁机构的监督。作为由政府出资策筹建的公益性机构，仲裁机构应广泛接受政府和社会大众的监督。在英美法系国家，对非营利法人的监督主体主要为社会媒体、公众、第三方机构及其他社会团体等，英国的"法团主义"监督和美国的"多元主义"监督是国际上对非营利法人监督的主要方式。对非营利组织大多采取第三方监督的方式，通过第三方机构对非营利机构做出客观评价。通过信息公开、外审介入、第三方中介组织等方式实现外部监督的透明化。对社会服务机构法人的监督主要有"行业准入、信息公开、价格公开、审计、评估"等方面。虽然仲裁机构要加强独立性建设，但是不是说不能对其放任不管，而是更应该加强对仲裁机构的监督。应将全社会的公众作为仲裁机构的"利益相关者"，加强对仲裁机构的监督，为所有利益相关者的监督创设平台，构建人人关心仲裁、人人关注仲裁的良好社会氛围，使得更多监督主体参与到仲裁委员会的章程和规则制定、运营制度、财务收支、案件受理等方面的监督中，增强监督的有效性。

7.3.2　强化仲裁机构行业自律

从国外仲裁机构的发展和监管来看，通常并非由政府直接进行参与管理，而是由仲裁机构的行业协会来充分发挥自身作用，对仲裁行业进行监管。对于我国来说，由于长期缺少仲裁行业协会，使得仲裁委员会在行业监督和自律方面趋于空白，成立中国仲裁协会作为专业指导者、行业监督者具有重要意义。中国仲裁协会对各地仲裁机构进行全面监督，并制定仲裁规则。但是从当前的现状来看，由于仲裁机构法人独立地位的缺失，中国仲裁行业协会建立，行业自律的作用无法得到发挥。对仲裁机构的从业人员、发展秩序、社会监督和行业监督的作用发挥不足，由于仲裁机构的法律定准不明确，仲裁机构的构成人员除了专业人士，还有较多的事业单位人员和公务员，使其接受社会监督的覆盖面不足。同时，仲裁机构的章程、仲裁规则、服务流程、收费标准、财务预决算报告等信息公开不足导致没有接受到有效监管。

为了推进仲裁机构法人制度的完善，增强仲裁机构的独立性，必须发挥行业的自律效应。虽然我国《仲裁法》对中国仲裁协会的法人性质、与仲裁委员会的关系、在仲裁委员会运营中承担的职能和作用等进行了规定。[①] 同时，在司法部 2021 年《仲裁法(修订)(征求意见稿)》中也进行了进一步明确，并强调中国仲裁协会的行业自律作用。[②] 但是《仲裁法》已实施多年，仲裁机构的行业监督仍然处于空白状态。因此，本书认为，应尽快适时组建"中国仲裁协会"，在增强仲裁委员会内部监督的基础上，加强行业外部自律监督，规范仲裁委员会的行为，使得行业规范成为仲裁机构法人制度完善的重要动力。根据国务院办公厅《关于做好重新组建仲裁机构和筹建中国仲裁协会筹备工作的通知》要求，由国务院法制办牵头，协同司法、工商、贸易促进会等各部门共同组建中国仲裁协会。当前，加快公信力建设在微观角度是仲裁委员会法人制度规范化建设的方向，在宏观角度是中国仲裁发展的趋势，对于推动我国仲裁制度与国际相接轨具有重要意义。当前，我国正处在仲裁制度与国际的接轨阶段，并且随着

---

① 《中华人民共和国仲裁法》第 15 条规定，"中国仲裁协会是社会团体法人。仲裁委员会是中国仲裁协会的会员。中国仲裁协会是仲裁委员会的自律性组织，根据章程对仲裁委员会及其组成人员、仲裁员的违纪行为进行监督"。

② 《中华人民共和国仲裁法(修订)(征求意见稿)》第 19 条规定，"中国仲裁协会是仲裁行业的自律性组织，是社会团体法人"。

国际商贸合作的不断深化，仲裁制度与之相匹配也是当务之急。推动中国仲裁协会的设立将有助于仲裁机构公信力和独立性的双提升。笔者总结和借鉴仲裁委员会由政府牵头组建所带来的独立性不足的问题和经验，认为在当前形势下，组建中国仲裁协会不能完全依赖行政权力，更应依托社会的力量，在获得政府支持的前提下，实现中国仲裁协会的独立成立，保持中国仲裁协会的民间性。① 应弱化政府的法制部门在中国仲裁协会成立和运作过程中的作用，虽然作为政府法务部门的法制办可以在行业协会的成立中起到协调作用，帮助理顺行业协会与政府、司法等关系，但不能像各地仲裁委员会那样直接进行微观管理。中国仲裁协会由民间组织牵头组建，是对各地仲裁委员会进行行业管理的社会团体法人。

中国仲裁协会实行会员制。各地仲裁委员会属于仲裁委员会的会员可在建立中国仲裁协会的基础上，不断探索建立地方仲裁协会。首先，成立地方仲裁协会是公民行使结社权的自由，且《仲裁法》及其他相关法律没有禁止成立仲裁协会的相关规定。其次，不同地区的仲裁机构往往存在一定的业务联系，可以将仲裁协会作为纽带，加强不同地区仲裁机构间的合作。最后，有必要在中国仲裁协会成立后，在各地因地制宜地成立相应的仲裁行业协会，使其作为中国仲裁协会的会员，由中国仲裁协会实行业务指导，更有效地将行业自律和监督重心下移。发挥好仲裁协会加强行业指导的作用，起到优化环境、推动法人制度建设的目的。

中国仲裁协会可以拥有以下职能：(1)制定仲裁行业管理制度及仲裁员执业规范；(2)指导、协调各地仲裁委员会的工作；(3)负责仲裁员的职业道德及对仲裁员的行为进行检查监督；(4)处理对仲裁委员会和仲裁员的投诉；(5)进行仲裁员上岗前培训和后续培训；(6)负责仲裁协会团体和个人会员的日常管理、登记工作，并对其进行年检、注册；(7)建立并完善仲裁员的责任保险金制度；(8)妥善确定和处理仲裁、司法权、行政权等边界，发挥仲裁协会对仲裁机构的监督机制和作用。

---

① 自下而上的自发型、自上而下的培育型、上下结合的合作型是行业协会的主要生成模式。我国仲裁事业发展情况、现有仲裁机构依赖政府成立的现状，以及仲裁法对中国仲裁协会成立的规定都决定了中国仲裁协会应在政府支持的基础上，探索上下结合的合作型生成模式。(参见涂卫：《仲裁机构监管与治理机制研究》，北京：法律出版社，2015年版，第118页。)

中国仲裁协会可以参照律师协会的做法，将会员分为团体会员和个人会员两种。团体会员为各地仲裁委员会，个人会员为确认的具有仲裁资格的仲裁员。在仲裁委员会所在的省市建立中国仲裁协会的"分会"，由中国仲裁协会设置在各地的分会负责各地仲裁委员会的监督和行业管理工作，组织本区域的仲裁委员会开展经常性的仲裁业务交流、总结、业务刊物出版、仲裁业务宣传；检查、监督仲裁机构的日常运营；接受当事人投诉和广大社会公众对仲裁机构的意见等。根据《仲裁法》的规定，虽然仲裁机构间没有隶属关系，但是仲裁协会间可以是隶属和业务指导关系，使得分会在接受总会的业务指导下开展工作，从上而下淡化仲裁协会的行政色彩，带动和辅助仲裁委员会的去行政化。

7.3.3　推动仲裁制度全面深化改革

全面深化仲裁制度的改革是加强仲裁机构法人制度建设的重要保障，应通过全面深化仲裁制度改革，从根源上解决仲裁机构法人规范体系建设制度保障和环境问题，推动仲裁的社会化和市场化进程，加强对仲裁制度的正确认知、推动仲裁机构广泛参与国际竞争等，促进仲裁制度全面深化改革。

一是提高仲裁机构的自治化程度。当事人的意思自治、仲裁机构自身的自治是仲裁存在的正当性和合法性之来源。推动仲裁机构的全面深化改革应以尊重仲裁机构的自治性作为前置条件，应推动仲裁机构自主发展。按照《仲裁法》中对仲裁机构人员构成中的专家比例的规定，从调查的结果来看，达到《仲裁法》"法律、经济贸易专家不得少于三分之二"标准的仲裁机构仅有北京仲裁委员会和上海仲裁委员会。因此，应进一步优化人员结构，减少行政机关和事业单位身份的人员数量比重，增加专家学者、法律工作者、经济商贸人员的数量比重。积极吸引院校、商事协会等机构的人员加入仲裁机构，使仲裁委员会的成员范围更广、更具有代表性，建立完善的管理人员选聘和退出机制，提高仲裁委员会人员队伍的专业化水平。对仲裁机构人员的晋升、绩效评价、职称待遇、工资发放等方面的管理不应参照行政事业单位，而是应符合仲裁机构的现实需要和市场需求，建立健全仲裁机构人员能上能下、能进能出、收入可增可减的人事管理机制。明确仲裁员的选任标准，提高仲裁员的个体素质，建设高质量的仲裁队伍。例如，普洱仲裁委员会的成员广泛吸纳高等院校、司法、市场监管、科技等政府部门的成员，并放开专业人才的选拔标准，构建更加开放的专业人才引进体系，使得专业人才涵盖金融、商事、建筑、法律、环保等多个专业。北京仲裁委员会实行市场化的用人机制，积极引进国内外著名高校民商法、诉讼法、国际贸易法、仲裁法等专业的硕士研究生，并对员工实行绩效考核与合同制管理。通过这些手段达到优化人事管理的目标，值得其他仲裁机构借鉴。例如，2019年9月23日，江西省委办公厅、省政府办公厅印发了《关于完善仲裁制度提高仲裁公信力的实施意见》，提出："存在将仲裁委员会及其办事机构作为行政机关内设机构或者下属单位的，须完成人、财、物脱钩，依法保障仲裁委员会独立开展工作不受干预。"本书认为，应对仲裁机构的法人代表和秘书长的构成人选性质做出具体规定，从人事制度上推进仲裁机构"去行政化"。明确仲裁委员会的法人代表和秘书长不得在仲裁机构兼职，且应由具备条件的专职人员担任。针对当前存在的一些仲裁机构"参照公务员"来管理工作人员的问题，应坚决改进此类做法，加强专业人才的引进，积极构建绩效与竞争机制，实现人员管理与激励制度的优化。

二是提高仲裁机构专业化水平。总体上看，由于我国仲裁机构受计划经济的影响较为严重，在仲裁员的聘用上受到行政的干预较多。仲裁员的选聘标准、程序、范围透明度和公开度都不完善，直接影响了仲裁法人制度建设。因此，应进一步规范仲裁员的选聘规范化和透明化力度，使得仲裁员队伍能够做到对行政权力的脱离，真正由市场和当事人进行选择。赋予仲裁委员会用人自主权，严格设置仲裁员的准入门槛，将曾经从事过审判员、法律研究或教学工作并且具备一定职称、具有律师执业资格、在基层享有较高威望、善于调处民间纠纷等方面的人才纳入仲裁的队伍。纵观国内外仲裁机构对仲裁员的能力和素质均有较高的要求。如《意大利民事诉讼法典》《阿根廷民商事诉讼法典》中都对仲裁员的担任资格进行了翔实的论述，我国《仲裁法》也对仲裁员的职称、经历等方面做出了要求。应使得仲裁人员能够积极更新仲裁工作观念，在仲裁工作中，仲裁人员不但要掌握法律、经贸的相关知识，更要树立契约精神，尊重当事人的合意与自治；应具有扎实的专业知识，了解本行业的业务内容；具有较强的办案能力，对仲裁的各个流程和环节有较为翔实的了解，能够满足当事人的仲裁需求；能够严格尊重职业道德，在工作中保持中立和公允。同时推进仲裁机构内人员组织和管理的扁平化，增强仲裁员工作效能。加强仲裁员的职业道德建设和"仲裁法基础知识、仲裁规则、仲裁员办案规范、裁决书制作"等业务技能培训，使得仲裁员能够秉持客观公正的态度做出居中"公断"。

三是推进仲裁机构的社会化进程。仲裁的社会推广，其目标就是提高仲裁机构的独立性，用社会化的力量发展仲裁机构，在市场选择和竞争中，促进仲裁机构内涵式发展，加快仲裁机构法人制度发展进程。将仲裁看作一个市场，推进仲裁机构与仲裁机构、仲裁机构与法院等方面的竞争，可以增强仲裁机构改进仲裁服务原动力。在将仲裁机构的"等客上门"服务转变为仲裁机构对区域经济、产业特色、商事制度等方面进行调研的基础上，主动对商事主体开展仲裁法律服务活动。通过仲裁机构自身服务的改进，占领仲裁市场。在市场化的竞争环境下，倒逼仲裁机构必须致力于专业化发展，提高仲裁员的专业化水平，以及案件办理能力。仲裁机构的法人制度建设应建立在市场化方式推广仲裁的基础上，运用市场的力量发展和壮大仲裁机构，推动仲裁机构在市场的选择和竞争中完善自身制度。在仲裁机构的生存和发展过程中，调解、行政裁决、行政复议、诉讼等多元化的纠纷化解机构都是其竞争对手，需要仲裁机构在加强自身法人定位的基础上，提供优质的产品——争议和纠纷的解决服务。仲裁机构的市场开拓应争取主动性，将传统的行政干预转变为市场运作，扎根本土商事事务，服务当地经济发展和商事制度完善，通过可靠的公信力、公平高效便捷的仲裁服务来获得生存发展的空间，促进仲裁机构可持续发展。从美国、日本等发达国家仲裁机构的成立和运作方式来看，无不是通过市场化的方式获得发展的。仲裁机构独立的法人促进了其市场竞争力的提升，而市场竞争力的提升又促进了仲裁机构独立法人的形成。仲裁机构与法院实质上存在较大的竞争关系，不同仲裁机构间也存在竞争，而仲裁机构获得发展壮大的关键因素则在于能够提供独立的、优质高效的纠纷解决服务。因此，有必要运用市场机制，促进不同的法律制度供给主体与消费主体间的公平交易，减少交易成本，通过"价格"机制，刺激法律制度的消费主体进行消费。只有通过市场化的力量，才有助于仲裁机构的生存与发展。提升仲裁员和办案人员的专业化水平，给予当事人更多的选择权，以最专业的、最强大的力量解决好当事人的纠纷，提高仲裁质量和办案效率。将仲裁机构的社会法律服务水平作为其生存和发展的重要标准，使得仲裁机构在具有更高社会认可度的基础上，推动其获得发展。加快仲裁规则、受案、仲裁人员的专业化进程，拓展仲裁领域，针对不同类型、不同区域、不同行业的商事纠纷，制定相应的仲裁规则。

推进仲裁规则的专业化，有针对性地对不同类型的争议和纠纷进行研究，在此基础上制定相应的仲裁规则，供当事人选择。每个仲裁机构应走差异化和特色化仲裁之路，在市场竞争的环境下，变同质化竞争为差异化资源互补，培养业务特长，在某一区域或领域实现做精仲裁。为社会提供公益性的、专业的法律服务是仲裁机构的重要使命，应立足经济发展重点、商事事务特色、产业转型任务，根据不同类型的纠纷和争议，制定相应的仲裁规则。推进仲裁员的专业化发展，推动仲裁员名册与行业相匹配，增进仲裁员名册的专业性，使得各领域都有专业的仲裁员，建设高质量的仲裁员队伍。加强仲裁员和办案秘书的培训和知识技能的更新。加强仲裁委员会办案秘书绩效评估与考核机制建设，利用绩效增强工作能动性，提高为仲裁庭服务的能力。

四是加强对仲裁制度的正确认知。应积极构建良好的仲裁文化，其代表了仲裁机构的核心价值观，是全社会对仲裁制度认知的一种集中体现。仲裁文化是仲裁机构法人建设的意识形态的基础，并体现文化认知水平的提升，对于构建全社会认可、赞同仲裁的氛围具有重要意义。仲裁文化建设有助于全社会形成对仲裁公信力的肯定，促使商事主体更广泛地使用仲裁来解决纠纷和矛盾。仲裁机构的法人制度不仅体现在仲裁机构的法人独立性、结构治理独立性等方面，更体现在仲裁的"契约"文化理念上。仲裁文化是现代仲裁制度发展的基础，对我国来说，在仲裁机构法人定位缺失的形势下，应加强仲裁文化的培育，形成从民间到官方信任仲裁文化、接纳仲裁文化、愿意使用仲裁工具进行解决纠纷和矛盾的良好氛围。长期以来，由于我国受经济体制的影响较为严重，在仲裁制度推广的过程中，全社会和广大商事主体对仲裁不理解、不认同，甚至仲裁机构自身对仲裁的契约文化不认同，将仲裁机构作为一个行政机关，或者事业单位及其二级机构，对政府部门和司法的权威性存在崇拜等这些问题的存在，其根源在于我国多年来的官本文化的盛行，且对于以契约为基础仲裁文化认可程度不足。通过培育仲裁文化，形成全社会对仲裁文化的认同，使得仲裁真正成为商事主体进行纠纷和矛盾解决的首选，培育良好的仲裁文化成长的土壤，使得仲裁文化能够得到真正的传播和推广。

仲裁文化起源于契约，并融入现代市场经济社会。在我国推进仲裁机构的法人制度建设，应构建全社会认同仲裁的社会环境氛围，而这种氛围的构建则需要文化的引导。仲裁机构应该担当起传播仲裁文化的任务，向全社会、广大民众和当事人传播仲裁文化，使得更多的人认识仲裁、熟悉仲裁。而仲裁机构不应局限于自身的法律业务，而是应放眼全社会的仲裁文化认可度的提升，以及服务地区经济社会发展大局。仲裁机构应加强与各类社会组织的交流与联系，加强各类论坛、学术研讨等活动的开展，对仲裁员进行各类培训，与外国同行互访等，增强仲裁机构在社会的影响力。虽然仲裁机构的文化与企业的文化在文化的本质上具有相通之处，但是与以营利为主的企业相比，仲裁文化的核心在于为社会提供公共服务，其根本在于社会公益性。仲裁的官本化、行政化的根源与其缺少公益性社会服务机构的仲裁文化。纵观国外仲裁机构的发端，仲裁机构产生于契约文化，在契约的保驾护航下得到充分发挥，成为一个民间组织。然而，对于我国仲裁机构来说，如果始终以"审判者"自居，缺少为社会提供仲裁服务的意识，以及为全社会的商事主体提供非营利性法律专业服务的文化认同感，则无法从理念上推动仲裁机构的独立性，要在全球化的仲裁服务竞争中获得发展，赢得市场的认可也将成为空中楼阁，最终不但无法发展成为具有国际知名的仲裁机构，甚至仲裁机构自身的生存与发展也将成为问题。仲裁文化作为一种精神领域的事物，虽然不能够在仲裁机构的改革中发挥实际性的作用，但是仲裁机构改革理念上的指导。仲裁文化与仲裁机构的行为活动息息相关，并且直接影响着仲裁机构的发展战略和方针政策，以及仲裁机构自身进行非营利性机构改革，提高仲裁公信力的动力，从而通过文化的力量助力仲裁机构独立法人规范体系的构建。相对于制度，文化的影响力更加深入人心，仲裁文化直接影响着大众和商事主体对仲裁机构的认识，具有覆盖面广、影响力大的特点，直接影响着当事人能否选择仲裁机构作为纠纷解决，以及仲裁机构自身法人制度的完整性。因此必须通过文化的引导作用，推动仲裁机构发展理念的脱胎换骨，为法人制度建设提供精神领域的支持。

仲裁机构的法人制度建设过程中，应构建契约型仲裁文化。仲裁起源于契约，发展于现代商品经济。应加强当事人和仲裁机构的互信，以提升仲裁机构的公信力为基础，用契约型文化的构建引领仲裁机构的法人制度建设。将契约文化精神融入仲裁机构的法人制度建设中，以及法人制度建立的全过程。在我国264个仲裁机构的仲裁文化构建中，不可能每个仲裁机构的文化都趋同，而是应区别性对待，根据不同仲裁机构的发展特点选择不同的仲裁文化类型培育，根据区域经济特色、区域商事制度的发展，"量身打造""个性化订制"构建适合本地区的仲裁文化氛围。对外使得仲裁文化影响社会公众，对内促使仲裁文化影响仲裁机构的日常运营。在仲裁文化的引导下，促进仲裁机构能够深刻认识到自身发展只有依靠服务的创新，以及服务质量的提升、办案的公允、案件处理效率的提升、公信力的增强，才是其生存之道，而不是完全依靠政府的财政资金投入，维系仲裁机构，将仲裁机构完全推向社会，接受市场经济的洗礼，从而走出国际化之路。发挥仲裁文化的引导激励作用，培育导向式文化资源，将文化建设融入仲裁机构常规法人建设中，弘扬仲裁文化精神。

五是推动仲裁机构广泛参与国际竞争。当前随着全球经济一体化发展，越来越多的国际仲裁入驻我国。在这种形势下，我国的仲裁机构已经不是计划经济时代处于"闭关锁国"的故步自封状态。推动仲裁机构法人制度建设，必须使仲裁机构脱离行政权力的庇护，必须通过国际化的竞争来倒逼法人制度的完善，在全球化的市场经济中获得生存和发展。近年来，国外诸多仲裁机构在我国设立了办事处或分支机构，如果我国仲裁机构法人体系不完善，独立性和公信力不足，则会直接影响到我国仲裁机构的发展。在国际竞争日益激烈的形势下，我国也于 2018 年 7 月 1 日建立了国际商事法庭，旨在积极融入全球经济一体化进程。2021 年 1 月 1 日，由北京市司法局制定的《境外仲裁机构在中国（北京）自由贸易试验区设立业务机构登记管理办法》正式施行。境外仲裁机构可在中国（北京）自贸区设业务机构，境外的仲裁机构应具有合法成立、5 年以上从事仲裁业务经验、具有较高的公信力和国际影响力。根据登记管理办法，北京市司法局负责境外仲裁机构在中国（北京）自由贸易试验区设立业务机构的登记，对其开展涉外仲裁业务依法实施管理。① 这些都足以说明我国对境外仲裁机构的接纳和包容，然而在国际竞争中，如果我国仲裁机构法人制度不健全，缺少公信力和竞争力，国际仲裁业务则会逐渐在国际贸易中被这些仲裁机构所取代，没有商事主体会选择国内仲裁机构。仲裁机构国际化的进程直接关系国际贸易主导权的获得，而仲裁机构法人地位则是仲裁机构参与国际竞争的基础。如果仲裁机构法人地位不明确，那么在仲裁业务开展中，其公信力难免被国际商事主体所质疑，导致商事主体选择其他国家仲裁机构进行仲裁业务。同时，当前国际化仲裁机构的发展已成为国际贸易和金融对一个国家国际化营商环境考察的重要标准，并将仲裁机构列为高端法律服务业，我国仲裁机构法人地位独立性直接关系高端法律服务业的发展，以及参与全球性的金融、商务、物流、贸易仲裁的程度。只有在国际竞争中锤炼仲裁机构的能力和水平，才能够更好地争夺仲裁的国际话语权，逐步使得世界各国认可我国的仲裁机构，实现我国的"仲裁输出"转变为"仲裁规则输出"，使得我国仲裁标准成为国

---

① 参见：北京市司法局. 境外仲裁机构在中国（北京）自由贸易试验区设立业务机构登记管理办法. 2021.1.1.

际化的标准和重要遵循。

应通过仲裁机构的法人规范体系建设，推动仲裁机构广泛参与国际竞争。仲裁机构的国际化体现在以下方面：仲裁机构能够广泛地参与国际竞争，承接国际的仲裁案件；拥有国际化的仲裁准则，能够与国际化仲裁接轨；在国际上拥有中国仲裁的品牌。市场是仲裁机构发展的土壤和平台，要推进国际化竞争，就必须加快仲裁机构的市场化进程，使得仲裁机构除了能够公平地参与自身行业的竞争外，还能够突显其相较于诉讼、调解等其他纠纷解决工具的优势。我国仲裁机构融入全球化的前提条件是当事人的自治与合意，使得当事人能够在自由的市场环境中选择仲裁机构。如果仲裁机构受行政化的影响严重，对于自身的法律定位与性质不清晰，则会使得仲裁这种形式与诉讼相比不具备比较优势，使得当事人不得不选择诉讼来解决纠纷与争议，最终无法得到当事人的信赖和自愿选择，机构本身也难以生存和发展。

7.4　本章小结

推进仲裁机构法人制度完善及衔接的途径如下：一是加强仲裁机构法人制度的立法与衔接。通过《仲裁法》明确仲裁机构法人地位，并理顺《仲裁法》与部委、地方政府法规政策间的关系。二是推进全国人大执法对仲裁机构法人制度的检查。对仲裁机构落实仲裁法要求的独立性情况、办案程序和自身建设、与政府及组成部门的关系开展检查。三是构建独立的外部治理体系，推进政府监督由直接"干预"向"准入式"过程监督转变、推进司法监督由程序和实体的双重审查向程序单一审查转变、加强社会监督。强化仲裁机构行业自律，建立中国仲裁协会。推动仲裁制度全面深化改革，加强仲裁机构的自治化程度，提高仲裁机构专业化水平，推进仲裁机构的社会化进程，加强对仲裁制度的正确认知，推动仲裁机构广泛参与国际竞争。

第 8 章
结　语

　　提高仲裁的公信力，完善仲裁机构法人制度，构建社会服务机构法人是推动全面依法治国的必然要求。但由于我国仲裁机构法律地位和属性模糊，其在组建方式、性质定位、管理等方面与独立性的要求相矛盾，其行政化成为仲裁事业健康发展、塑造仲裁公信力的障碍。针对这一现状，本书对我国商事仲裁机构法人制度开展了深入研究，得出一些初步结论。

　　第一，我国仲裁机构独立性总体不足。通过对我国 203 家仲裁机构的独立性进行测度发现，仲裁机构独立性总体不足，主要体现在以下方面：仲裁机构的性质主要为事业单位和参公单位；仲裁委员会主任主要由政府官员兼职担任；仲裁机构的登记管理机关主要为市政府及其办公室、法制办与司法局；仲裁机构的经济来源大多依靠财政全额或差额拨款；仲裁机构的人员构成以行政和事业单位成员为主。仲裁机构性质模糊、缺少独立性、法人治理错位是我国仲裁机构法人地位的现实困境，主要原因为：市场经济转型环境导致行政权力介入过多、对仲裁机构的社会认知不足、设立和运行主体不规范、运行和监督制约不完善。

　　第二，建议我国仲裁机构的法人类型为社会服务机构法人。我国仲裁机构不应定性为事业单位法人、机关法人、社会团体法人、民间组织和特别法人。我国仲裁机构应定性为非营利性法人，建议为公益性社会服务机构法人。主要由于仲裁机构具有非营利性、非政府性、组织性和自治性特征；仲裁机构提供社会公益性法律服务；符合《民法典》的法人种类划分；公益性社会服务机构法人定位有助于明确其独立性和社会功能。

　　第三，进一步加强我国仲裁机构的法人规范体系建设。应规范仲裁机构法人设立的条件和法人人格的取得，明确仲裁机构不能变更法人性质和法人分立，允许其进行法人合并，可在必要时通过政府部门或法院介入下自行解散、破产与合并实现终止。明确仲裁机构权利和权力的获得，法人财产的独立性和公益性，法人产权的积极外在性和不可转化性。在法人责任方面，仲裁机构法人应承担民事与刑事责任，且承担有限民事责任。在法人组织机能方面，仲裁机构应具有完整地反映法人意志的组织机能，以及独立的组织形式，法人组织机构内部相互作用并明确分工。同时应进一步完善仲裁机构法人内部治理结构，理顺仲裁委员会、仲裁庭、仲裁员等内部关系。完善仲裁机构的决策及执行职能，加强仲裁机构权力制约。

　　第四，构建仲裁机构法人制度的完善及衔接路径。推进仲裁机构法人制度的完善及衔接的途径为：加强仲裁机构法人制度的立法与衔接，通过《仲裁法》明确仲裁机构法人地位，并理顺《仲裁法》与部委、地方政府法规政策间的关系；推进全国人大执法对仲裁机构法人制度检查，对仲裁机构落实仲裁法要求的独立性情况、对仲裁机构的办案程序和自身建设、对仲裁机构与政府及组成部门的关系开展检查；构建独立的外部治理体系，强化仲裁机构行业自律，推动仲裁制度全面深化改革。

　　本书研究取得了一定成果，但也存在一定的局限性。其一，与契约理论的结合有待加强。强化仲裁机构法人地位是一项系统化的工程，需从法律、文化、行政体制改革等多方面着手，加强契约理论与仲裁机构法人制度相结合方面的理论研究。其二，法人内部治理研究尚存在局限性。本书没能对仲裁机构社会服务机构法人的定位后的《仲裁法》的完善进行深入研究。推动仲裁机构的法人制度建设，需与之配套的仲裁机构内部治理方面研究的还不到位。其三，资料来源和观测对象数据选取存在一定的局限性。鉴于仲裁机构法人制度的庞大体系，不仅涉及各级政府、法院，还涉及全国各地 200 多家仲裁机构，获得·干资料特别困难，用于本书研究的资料和数据也是凤毛麟角。因此，本书的研究囿于样本和资料的有限，实证分析的全面性和深度还有待进一步加强。

　　通过本书的研究，对仲裁机构社会服务机构法人定位做出展望：首先，以公益为"本"，增强服务意识，提高仲裁服务质量。仲裁机构应将自己的职能定位为"法律公益服务"，将传统的"审判"思维转化为"服务"思维，借鉴国外"小机构大服务"的做法，改进当前的"大机构小服务"现状。其次，以市场为"根"，创新推广手段，增强仲裁机构竞争力。在市场竞争中实现自身性质定位、结构治理、独立性、运行效能、社会监督等方面的全面优化。再次，以文化为"魂"，加大传播力度，扩大仲裁机构的影响力。注重传播仲裁精神和仲裁文化，推动仲裁观念的社会化，使得仲裁文化能够深入社会的每个角落，树立机构的品牌和形象，增进仲裁公信力。最后，以专业为"先"，提高仲裁水平，走特色仲裁之路。仲裁机构应树立专业化理念，推进仲裁员的专业化发展，建设高质量的仲裁员队伍。

参考文献

［1］　王红松.仲裁体制改革与完善［M］.北京：法律出版社，2019：124-125.

［2］　刘京莲.国际投资仲裁正当性危机之仲裁员独立性研究［J］.河北法学，2011，29（9）：
　　　　120-125.

［3］　SAVIGNY F K，RATTIGAN W H. Jural relations，or，The Roman law of persons as subjects
　　　　of jural relations：being a translation of the second book of Savigny's System of modern
　　　　Roman law［M］. Wildy & Sons，1979：136.

［4］　克尼佩尔.法律与历史：论《德国民法典》的形成与变迁［M］.朱岩，译.北京：法律出
　　　　版社，2003：129-130.

［5］　SRIVASTAVA M. Legal status of perfect and imperfect title in roperty：a historical analysis
　　　　［J］. Ssrn Electronic Journal，2012，262.

［6］　CAMPBELL K. Victims and perpetrators of international crimes：the problem of the legal
　　　　person. Journal of International Humanitarian Legal Studies，2012，2（2）：325-351.

［7］　YEATMAN A. The idea of the constitutional state and global society［M］. Law Text Culture，
　　　　2004：55.

［8］　JONES S A. Historical development of commercial arbitration in the United States
　　　　［J］. Minn. L. Rev，1928，12（3）：240-262.

［9］　DOMKE M，COHN E J，EISEMANN F. Handbook of institutional arbitration in
　　　　international trade：facts，figures，and rules［M］. North Holland Pub. Co. ：distributors for
　　　　the U. S. A. and Canada，Elsevier North-Holland，1977：286.

［10］　FERRARO P. Legal and organizational practices in nonprofit management［M］. Kluwer Law
　　　　International，2000：357.

[11] MALIK M. Law's meaning of life: philosophy, religion, darwin and the legal person by ngaire naffine[J]. Modern Law Review, 2010, 73(6): 1076-1078.

[12] KALTOFT M K, Nielsen J B, Dowie J. Separating risk assessment from risk management poses legal and ethical problems in person-centred care[J]. Studies in Health Technology & Informatics, 2018(251): 23.

[13] WIEDEMANN K. Automated processing of personal data for the evaluation of personality traits: legal and ethical issues[J]. Social Science Electronic Publishing, 2018: 262.

[14] GLEIM J, ZIMMERMANN R. Presumptions of survivorship or simultaneous death in cases of "Common Calamity"— scots law against the background of European legal developments [M]. Social Science Electronic Publishing, 2018: 54-63.

[15] CARIC S. Legal person of business entities[M]. The Zbornik Radova, 1989: 88.

[16] HAMIDA W B. Professor philippe fouchard[J]. Transnational Dispute Management, 2004, 1(3): 263.

[17] MOSER M J. Managing business disputes in today's China: duelling with dragons[M]. The Netherlands: Kluwer Law International, 2007: 296.

[18] FISHMAN J J. The Development of nonprofit corporation law and an agenda for reform [J]. Social Science Electronic Publishing, 2015, 34(3): 617-683.

[19] ITEYA Y. Case study of arbitration in China. In: New horizons in Intemational commercial arbitration and beyond[M]. The Netherlands: Kluwer Law International, 2005: 119.

[20] GOTANDA J Y. Setting arbitrators fees: an international survey[J]. Van derbilt Joumal of Transnational Law, 2000, 33: 66.

[21] HOELLERING M F. Is a new practice emerging from the experience of the American Arbitration Association[J]. Intl Tax & Bus. Law, 1986, 4: 230.

[22] WARWAS B A. Status and Functions of Modern Arbitral Institutions[M]. The Liability of Arbitral Institutions: Legitimacy Challenges and Functional Responses, 2016: 19-116.

[23] CRAIG W L. Some Trends and Developments in the Laws and Practice of International Commercial Arbitration[M]. Texas International Law Journal, 2016, 50: 699.

[24] REISER D B. Dismembering civil society: The social cost of internally undemocratic nonprofits[J]. Or. L. Rev, 2013, 82: 829.

[25] SABHARWAL D, ZAMAN R. Vive la difference? Convergence and conformity in the rules reforms of arbitral institutions: The case of the LCIA rules 2014[J]. Journal of International Arbitration, 2014, 31(6): 135.

[26] WARWAS B A. The triad of modern functions of arbitral institutions—in search of the

sources and scope of institutional arbitral liability [M]//Liability of Arbitral Institutions: Legitimacy Challenges and Functional Responses. The Hague: TMC Asser Press, 2017: 117-196

[27] DOMKE M, Glossner O. The present state of the law regarding international commercial arbitration[M]. Dordrecht: The Present State of International Law and Other Essays, 2013: 332.

[28] HCINSZ T J. The revised uniform arbitration act: an overvicw[J]. Dispute Resolution Journal, 2001, 56(2): 28.

[29] HITCH J D. Considerations on the transnationality of international commercial arbitration awards in the context of the demand for legal certainty [M]//Legal Certainty in a Contemporary Context. Singapore: Springer, 2016: 61-67.

[30] YARKOV V V. Access to justice: foreign persons and Russia's new arbitration procedure code (Part Ⅰ)[J]. Review of Central & East European Law, 2017, 32(2): 121-189.

[31] HENRIQUES D G. The role of good faith in arbitration: are arbitrators and arbitral institutions bound to act in good faith[J]. Asa Bulletin, 2015, 33(3).

[32] RUBINO-SAMMARTANO M. International arbitration: law and practice [M]. CITIC Publishing House, 2003: 254.

[33] PAULSSON J. The extent of independence of international arbitration from the law of the situs [M]//Contemporary Problems in International Arbitration. Dordrecht: Springer, 1987: 141-148.

[34] WALSH T W, Teitelbaum R. The LCIA court decisions on challenges to arbitrators: an introduction[J]. Arbitration International, 2011, 27(3): 283-314.

[35] BLODGETT M S, Mayer D O. International letters of credit: arbitral alternatives to litigating fraud[J]. American Business Law Journal, 2008, 35 (3): 443-467.

[36] 凯尔森.法与国家的一般理论[M].北京:商务印书馆,2017:92-94.

[37] 罗玉珍,方世荣.行政诉讼制度与社会稳定[J].法商研究,1990(4):1-5.

[38] 马骏驹.法人制度的基本理论和立法问题之探讨(中)[J].法学评论,2004(5): 28-39.

[39] 陈晓军.互益型法人法律制度研究:以商会、行业协会为中心[M].北京:法律出版社,2007:126.

[40] 史尚宽.民法总论[M].北京:中国政法大学出版社,2000:669.

[41] 屈茂辉.机关法人制度解释论[J].清华法学,2017(5):128-138.

［42］ 袁忠民.仲裁机构的学理与实证研究［M］.北京：法律出版社，2008：158-159.

［43］ 袁发强.中国商事仲裁机构现状与发展趋势研究［M］.上海：复旦大学出版社，2011：32-33.

［44］ 陈福勇.未竟的转型：中国仲裁机构现状与发展趋势实证研究［M］.北京：法律出版社，2017：51-52.

［45］ 汪祖兴.仲裁机构民间化的境遇及改革要略［J］.法学研究，2010，32(1)：112-125.

［46］ 刘晓红，冯硕.制度型开放背景下境外仲裁机构内地仲裁的改革因应［J］.法学评论，2020(3)：125-138.

［47］ 郑金波.中国仲裁机构定位研究［J］.仲裁研究，2010(3)：81-86.

［48］ 姜丽丽.论我国仲裁机构的法律属性及其改革方向［J］.比较法研究，2019(3)：142-143.

［49］ 梅傲.仲裁机构地域性困局究因［J］.河北法学，2020(9)：125-140.

［50］ 周江.也谈仲裁机构的民间性［J］.北京仲裁，2007(3)：65-85.

［51］ 涂卫，王晓川.我国仲裁机构的法律定位：以仲裁管理体制改革为背景的考察［J］.中国青年政治学院学报，2012(2)：102-107.

［52］ 伯尔曼.法律与革命［M］.贺卫方，高鸿均，张志铭，等译.北京：法律出版社，2018：56.

［53］ 王保树.中国商事法［M］.北京：人民法院出版社，1996：28.

［54］ 林一飞.中国仲裁机构改革初论［J］.仲裁研究，2006(3)：7-14.

［55］ 赵秀文.论我国经济贸易仲裁机构制度的改革与完善［J］.河北法学，2005(5)：7-13.

［56］ 沈四宝，薛源.论我国商事仲裁制度的定位及其改革［J］.法学，2006(1)：67-71.

［57］ 曾晓阳.“第四权力”的法理思考［J］.甘肃政法学院学报，2009(5)：81-84.

［58］ 刘奕君.我国仲裁机构改革之研究［J］.广西政法管理干部学院学报，2010，25(3)：87-89.

［59］ 张祖平.我国商事仲裁机构的性质与改革困境［J］.上海政法学院学报(法治论丛)，2011(5)：53-56.

［60］ 屈广清，周清华，吴莉婧.论仲裁制度中的第三人［J］.中国海商法研究，2000，11(1)：226-235.

［61］ 贺嘉.供需关系视域下我国仲裁机构改革路径探析［J］.商丘师范学院学报，2017(11)：90-95.

［62］ 涂卫.仲裁机构监管与治理机制研究［M］.北京：法律出版社，2015：201-202.

［63］ 袁忠民.仲裁在我国的发展演化成因及今后的规范［J］.法学，1992(7)：45-46.

［64］ 李登华，孙茜，武汉仲裁委员会.论仲裁机构的性质及其规范化［J］.中国仲裁法学研究会，2011：3-6.

[65] 马克思.剩余价值学说史[M].北京：人民出版社，1975：456.

[66] GRUNER D M. Accounting for the Public Interest in International Arbitration: The Need for Procedural and Structural Reform[J]. Columbia Journal of Transnational Law, 2003, 41 (3): 923-964.

[67] CISAR I. Legal status of the arbitration tribunal under the international law: can the arbitration tribunal be an international legal person[M]//COFOLA 2010: The Conference Proceedings. 1st edn. Masaryk University Brno, 2010: 1499-1518.

[68] 仲崇玉.组织体说的法理内涵和政治旨趣[J].私法研究，2016(2)：75-97.

[69] MIRON R, Rosu C. The legal person as an arbitrator in international and national arbitration proceedings[J]. Juridical Current, 2020, 23(1): 80.

[70] 梅迪库斯.德国民法总论[M].邵建东，译.北京：法律出版社，2000：101-102.

[71] 王振茹.苏联国家仲裁机关[J].俄罗斯东欧中亚研究，1983(3)：28-32.

[72] 邦涅尔.苏联仲裁制度[M].王振茹.北京：法律出版社，1987：28-29.

[73] 四宫和夫.日本民法总则[M].唐晖，钱孟珊，译.台湾：五南图书出版公司，1995：276-277.

[74] 张圣翠，张心泉.我国仲裁员独立性和公正性及其保障制度的完善[J].法学，2009(7)：142-151.

[75] BURGESS J. The federal arbitration system and Australian economic performance[J]. Journal of Industrial Relations, 2004, 46(4), 413-429.

[76] 彭云业，沈国琴.论仲裁制度中当事人意思自治的扩与限[J].法学评论，2001(4)：58-61.

[77] 石育斌.国际商事仲裁研究[M].上海：华东理工大学出版社，2004：107.

[78] 肖海军.商会法律制度研究[M].北京：中国人民大学出版社，2010：102-103.

[79] 周妍.罗马法原论[M].北京：商务印书馆，1996：322-323.

[80] 费安玲，陈汉.罗马法与学说汇纂[M].北京：中国政法大学出版社，2017：59-60.

[81] 曾建国.国际商事仲裁法通论[M].上海：百家出版社，1995，357-358.

[82] 刘季富.英国都铎王朝史论[M].郑州：河南人民出版社，2008：117-118.

[83] BLANKE G. The application of EU law to arbitration in the UK: a study on practice and procedure[J]. European Business Law Review, 2014, 25(1): 1-66.

[84] 何勤华，王帅.法治与王权的博弈：布雷克顿的实践[J].政治与法律，2014(12)：118-127.

[85] 布莱克斯通.英国法释义[M].游云庭，缪苗，译.上海：上海人民出版社，2006：99-100.

［86］杨良宜，莫世杰，杨大明.仲裁法：从1996年英国仲裁法到国际商务仲裁［M］.北京：法律出版社，2006：257-258.

［87］周汉民.美国商事仲裁的新发展［J］.国际商务研究，1990(4)：55-56.

［88］赵秀文.非内国裁决的法律性质辨析［J］.法学，2007(10)：18-25.

［89］井口直樹.日本仲裁人協会(JAA)模擬国際仲裁セミナー実施報告(2)［M］.Jcaジャーナル，2012：59.

［90］陈福勇.美国仲裁发展模式考察［J］.环球法律评论，2009，31(3)：107-116.

［91］LAPRES D A.法国仲裁改革及其对中法相互执行仲裁裁决的影响［J］.杨钦，林小路.北京仲裁，2011(3)：79-101.

［92］叶青.仲裁制度研究［M］.上海：社会科学出版社，2009：65-66.

［93］休曼.瑞典仲裁法实践和程序［M］.故华宁，译.北京：法律出版社，2012：147-148.

［94］汤普逊.中世纪经济社会史［M］.耿淡如，译.北京：商务印书馆，2017：108.

［95］黄风.罗马私法导论［M］.北京：中国政法大学出版社：2003，111-116.

［96］GODWIN W. Rules of arbitration of the international chamber of commerce ［M］. International Construction Contracts：A Handbook，2013：55.

［97］MCALINN G, NOTTAGE L R. Changing the（JCAA）rules：improving international commercial arbitration in Japan［J］.Journal of Japanese Law，2004，18：23-36.

［98］SLATE W K. Institutional developments at the American arbitration association［J］. ICSID Review-Foreign Investment Law Journal，2009，17(1)：1-10.

［99］韦伯.论经济与社会中的法律［M］.张乃根，译.北京：中国大百科全书出版社，1998：98.

［100］GERBAY R. The London court of international arbitration［M］. Arbitration in England，2017：79-82.

［101］HOF H V, HOLLAND R. What makes for Effective Arbitration? A Case Study of the London Court of International Arbitration Rules. 2019：28-38.

［102］TOSCANO D. Singapore international arbitration centre（SIAC）［M］. Asabulletin-Kluwer Law International Then Aspen，2009：465.

［103］茨威格特，克茨.比较法总论［M］.潘汉典，米健，译.北京：法律出版社，2003：203.

［104］李广辉，林泰松［M］.仲裁法学.北京：中国法制出版社，2019：174.

［105］林莉红.民间组织合法性问题的法律学解析：以民间法律援助组织为视角［J］.中国法学，2006(1)：37-46.

［106］齐炳文.民间组织［M］.济南：山东大学出版社，2010：253-254.

［107］马长山.民间社会组织能力建设与法治秩序［J］.华东政法大学学报，2006，9(1)：

3-15.

[108] 杨源哲.对商事仲裁机构负责人监管缺失的原因及对策[J].人民论坛,2019(23)：
114-115.

[109] 吉玉泉.仲裁独立性与民间性的宪政学考察[J].长白学刊,2010(3)：75-79.

[110] 谭启平,应建均."特别法人"问题追问：以《民法总则(草案)》(三次审议稿)为研究
对象[J].社会科学,2017(3)：82-91.

[111] 张新宝.《民法总则》对法人分类的规定及其解读[J].社会治理,2017(7)：34-41.

[112] 贾西津.国外非营利组织管理体制及其对中国的启示[J].社会科学,2004(4)：
45-50.

[113] 潘俊星.仲裁文化概论[M].西安：西安出版社,2013：78-79.

[114] 陶修明.关于实现优质仲裁的几点思考[J].北京仲裁,2018(1)：134-140.

[115] 牛颖秀.强制合并仲裁权的理论追问与制度完善[J].北京仲裁,2018(2)：45-62.

[116] 马俊驹.法人制度通论[M].武汉：武汉大学出版社,1988：68.

[117] SAMUEL A. Jurisdictional problems in international comnlercial arbitration：a Study of
Belgian, Dutch, English, French, Swedish, US and WestGerman Law[J]. Schulthess
Polygraphischer Verlag, 2009, 11：50.

[118] 林一飞.中国仲裁协会与仲裁机构的改革[J].北京仲裁,2007(3)：46-50.

[119] 陈景善.公司法人营利性再考[J].比较法研究,2019(2)：104-115.

[120] 肖沫香,罗勉.论经济仲裁的独立性原则[J].华中理工大学学报(社会科学版),
1998(1)：66-69.

[121] 吴如巧,李震.从国家到社会：中国商事仲裁制度的反思与完善[J].社会科学战线,
2020(7)：189-196.

[122] DERAINS Y. International chamber of commerce arbitration[J]. Pace Law Review, 2014,
3：89-90.

[123] 梅迪库斯.德国民法总论[M].邵健东,译.法律出版社,2015：152-153.

[124] 叶永禄,李琴.回归本原：中国仲裁发展路径探析[J].北京仲裁,2010(3)：43-58.

[125] 陈清泰.商会发展与制度规范[M].北京：中国经济出版社,1995：62.

[126] FISHMAN J J. The development of nonprofit corporation law and an agenda for reform
[J]. Emory Law JournalSummer Fall, 1985, 34：617.

[127] 肖海军,傅利.非营利组织法人化管制的检讨与厘正：基于公法强制转型私法自治的
进路[J].社会科学战线,2017(9)：226-235.

[128] 许志华.商事仲裁已决事实效定位之批判与重构[J].学术交流,2018(3)：75-84.

[129] 陈惊天.新时代中国仲裁事业发展的六个维度[J].人民法治,2018(3)：1.

[130] 王红松.仲裁机构在事业单位分类改革中的困境及建议：以北京仲裁委员会为例[J].北京行政学院学报，2012(3)：1-4.

[131] 王红松.《仲裁法》存在的问题及修改建议[J].北京仲裁，2004(2)：20-27.

[132] 张圣翠.我国仲裁市场竞争法律制度的困境与突破[J].政治与法律，2015(7)：95-104.

[133] 罗楚湘.仲裁行政化及其克服[J].江西社会科学，2012(3)：148-154.

[134] 涂卫.我国商事仲裁机构内部治理结构的不足及完善[J].中国青年社会科学，2015，34(6)：123-129.

[135] 汪祖兴.试论我国仲裁监督体制的完善[J].华东政法大学学报，2009(6)：50-59.

[136] WERNER J. Should the New York Convention be revised to provide for court intervention in arbitral proceedings[J]. Journal of Interna-tional Arbitration, 1989, 6：115.

[137] 李由义.民法学[M].北京：北京大学出版社，2010：275.

[138] 哈腾鲍尔.民法上的人[J].孙宪忠，译.环球法律评论，2001：392-403.

[139] 江平.法人制度论[M].北京：中国政法大学出版社，1994：25.

[140] 费埃德伯格.权力与规则：组织行动的动力[M].张月，译.上海：上海人民出版社，2005：109.

[141] 董连和.论我国仲裁制度中的意思自治原则[J].清华大学学报，2006(21)：130-137.

[142] STEIN E, THOMAS V. Carnival corporation：has the eleventh circuit set international arbitration off course[J].Journal of International Arbitration, 2010, 27：529.

[143] 吴清旺，贺丹青.物的概念与财产权立法构造[J].现代法学，2003(6)：122-126.

[144] SHERWYN D J. Mandatory arbitration：why alternative dispute resolution may be the most equitable way to resolve discrimination claims. International Journal of Oncology, 2006, 28(4)：831-839.

[145] 金锦萍.非营利法人治理结构研究[M].北京：北京大学出版社，2005：155.

[146] 毛建岳.略论仲裁机构民间性的法律保障[J].时代法学，2008(4)：85-90.

[147] 宋连斌.仲裁法[M].武汉：武汉大学出版社，2010：33-34.

[148] 程佳丽.境外仲裁机构落地中国的法律问题研究[J].仲裁研究，2019(2)：55-64.

[149] BAGNARU A M C. Role of arbitration as an alternative to state justice[J]. Perspectives of Business Law Journa, 2013, 2：57-65.

[150] 王莉.国内仲裁司法监督实证研究：以北京仲裁委员会为例[J].北京仲裁，2004(1)：13-22.

[151] 王红松.关于《仲裁员守则》《仲裁员聘用管理办法》《章程》的修改说明[J].北京仲裁，2006(3)：132-136.

［152］KARRER P A. Swiss rules of international arbitration of the Swiss chambers' arbitration institution［J］. Swiss Rules, 2013(22)：56−57.

［153］孟德斯鸠.论法的精神［M］.张雁深，译.上海：上海译文出版社，2020：108.

［154］李毅.商事仲裁机构内部治理结构实现路径之探析：以非营利性法人的机构定性为分析框架［J］.武汉仲裁，2019(1)：56−74.

［155］宋连斌，杨玲.我国仲裁机构民间化的制度困境：以我国民间组织立法为背景的考察［J］.法学评论，2009(3)：49−57.

［156］马尚英.加大执法监督工作力度推动法律法规贯彻实施［J］.人大研究，2011(7)：4−6.

［157］WIENER K. China's largest international arbitration institution adopts new procedural rules［J］. Deutsche Zahnrztliche Zeitschrift, 2016, 39(9)：699−704.

［158］张新宝，汪榆淼.论"为其他非营利目的"成立的法人［J］.法学评论，2018, 36(4)：1−16.

［159］吴如巧，盛夏.中国仲裁协会创建之殇：困局、反思与突围［J］.仲裁研究，2015(2)：28−36.

［160］张卫平.仲裁裁决撤销程序的法理分析［J］.比较法研究，2018(6)：10−25.

［161］KING B L. Management and union attitudes affecting the employment of inexperienced labor arbitrators［J］. Labor Law Journal, 1971, 22(1)：23.

［162］SCHMIEGELOW H. A counterintuitive efficiency divide between common law and civil law：rules and structures of civil procedure in eight developed or newly industrialized countries. In：Institutional Competition between Common Law and Civil Law［M］. Berlin, Heidelberg：Springer, 2014：119−182.

［163］MIRON R, ROSU C. The legal person as an arbitrator in international and national arbitration proceedings［J］. Juridical Current, 2020, 23(1)：80.

［164］RAU A S. The culture of American arbitration and the lessons of ADR［J］. Social Science Electronic Publishing, 2005, 8：31−32.

［165］CISÁR I. Legal status of the arbitration tribunal under the international law：can the arbitration tribunal be an internatiaonal legal person［M］//COFOLA 2010：the Conference Proceedings. 1st edn. Masaryk University Brno, 2010：1499−1518.

［166］JEMIELNIAK J. Processualization of international commercial arbitration and competition in the market of arbitration services［J］. Acta Universitatis Agriculturae Et Silviculturae Mendelianae Brunensis, 2016, 58(5)：399−406.

［167］DAVIS E. Corporate personality and the collective humanity of legal persons：Aggregating the rights of stakeholders and redefining nationality in international adjudication[M]. Ssrn Electronic Journal, 2014: 78.

[168] KURKI V A. Why things can hold rights: Reconceptualizing the legal person[M]. Social Science Electronic Publishing, 2015: 356.

[169] HAVLAN P, SOCHOROVÁ D. Das eigentum juristischer personen des öffentlichen rechts im tschechischen recht[M]. Institut für Ostrecht C. H. Beck Verlag, 2013: 114-115.

[170] CRISTINA H. Reflections on the institution of arbitration in Spain [J]. Acta Universitatis Lucian Blaga, 2012(2): 19.

[171] 谭启平. 论我国仲裁机构的法律地位及其改革之路[J]. 东方法学, 2021(5): 150.